U0528356

| 主编·汪剑钊 |

金色俄罗斯
Золотая Россия

# 普希金（第二卷）

[苏] 特尼亚诺夫 / 著
张冰 杜健 韩宇琪 / 译
张冰 / 校

四川人民出版社

图书在版编目（CIP）数据

普希金：上、中、下／（苏）特尼亚诺夫著；张冰，杜健，韩宇琪译，张冰校. —成都：四川人民出版社，2022.2
（金色俄罗斯／汪剑钊主编）
ISBN 978-7-220-12555-3

Ⅰ.①普… Ⅱ.①特… ②张… ③杜… ④韩… ⑤张… Ⅲ.①普希金（Pushkin, Alexander Sergeyevich 1799—1837）—传记 Ⅳ.①K835.125.6

中国版本图书馆 CIP 数据核字（2021）第 264354 号

PUXIJIN
## 普希金（第一卷、第二卷、第三卷）

［苏］特尼亚诺夫 著
张冰 杜健 韩宇琪 译 张冰 校

| 出 版 人 | 黄立新 |
|---|---|
| 策划组稿 | 黄立新 张春晓 |
| 责任编辑 | 张春晓 |
| 装帧设计 | 张迪茗 |
| 责任校对 | 郭明武 |
| 责任印制 | 祝 健 |
| 出版发行 | 四川人民出版社（成都市槐树街2号） |
| 网 址 | http://www.scpph.com |
| E-mail | scrmcbs@sina.com |
| 新浪微博 | @四川人民出版社 |
| 微信公众号 | 四川人民出版社 |
| 发行部业务电话 | （028）86259624　86259453 |
| 防盗版举报电话 | （028）86259624 |
| 照　　　排 | 四川胜翔数码印务设计有限公司 |
| 印　　　刷 | 成都东江印务有限公司 |
| 成品尺寸 | 140mm×203mm |
| 印　　　张 | 23.875 |
| 字　　　数 | 569 千 |
| 版　　　次 | 2022 年 2 月第 1 版 |
| 印　　　次 | 2022 年 2 月第 1 次印刷 |
| 书　　　号 | ISBN 978-7-220-12555-3 |
| 定　　　价 | 128.00 元（一、二、三） |

■版权所有·侵权必究
本书若出现印装质量问题，请与我社发行部联系调换
电话：（028）86259453

第二卷
|寄宿中学|

# 第一章

*1*

部长的一天过去了。

今天他既未去国务委员会，也没有进宫觐见皇上。午饭后，他那儿来了一批客人：最后一位客人是来自秘密发行处的一个很不起眼的小官吏，默默地交给他一包东西就走了。这个客人平常来也是办完事儿就走，绝不耽搁。

德裔秘书无声无息地透过门缝窥视了一眼，只看见部长那宽阔的驼背。他一动不动地坐在那儿写东西——秘书透过他的背部就知道——部长是在给皇上写呈文。他已经写了一两个小时了，一刻不停，一刻不缓地写呀写，就像一架机器，用均匀的圆体字写满一页又一页。办公室里很安静，部长要求绝对安静，绝不容许任何人违反这个规定。办公室那架英国式挂钟均匀单调地发出嘀嗒声。办公室的女主人斯蒂芬斯女士穿着软拖鞋生气地在房间里走来走去。10年前，当部长还只是一个名不见经传的发行官时，他的妻子，一个英国女人产后死了。他却对刚生下的婴儿连看都不看一眼就离开了家，在外面失踪了两个礼拜。他甚至都没有出席妻子的葬礼，大家都以为他也死了。他回到家时遍体鳞伤，浑身湿透，脏里吧唧的。他的眼睛游移不定，所有活物中他注意到的唯有他的女儿。他沉默了一个月，随后就开始为职位奔走。他从不进死者的房间。他的心已然破碎，生命在他眼里已经结束了，可在现实生活中他的生活却刚刚开始展露端倪。

如今他已经40岁了，他当上了部长和国务秘书。实际上整个国家的职责除了军事事务以外，都担在他的肩上。他权力无边，他有很多政敌：贵族阶层在诋毁他，官吏阶层在诅咒他，宫廷内部的人对他是又怕又恨。如今他住在谢尔盖街，住的是一幢不大的二层小楼，妻子一去世他就搬了过去。这幢住宅很舒适，家具都是英国式的。办公室在楼上并不很大，他就在办公室的皮沙发上过夜。办公室的窗户朝着空旷冰冷的塔弗里达花园和波将金娜低矮的宫殿，它已经长达4个世纪之久没有住人了，窗户已经开始劈裂，这隔着树木也看得出来。只是偶尔，遇上亚历山大·康斯坦丁耶维奇和伊丽莎白的命名日，这座宫殿才会突然恢复勃勃生机，灯火辉煌，光照四方。花园里所有甬道都被打扫得干干净净，穿着华丽的人们重新开始在园中散步，怀着各种不同的感情从各个角度观看谢尔盖街。随后，伊丽莎白的命名日和皇室贵族的命名日过去后，窗户再次被钉死，仿佛一场大雪掩盖了波将金娜宫，使其煞像一座空荡荡的剧院，剧院里已经没有了任何演出，到处游荡的剧团也离开了似的。

他避开上流社会而独居，远离交通干线，谁也不接待。偶然有几个近处的朋友来造访部长：矿主拉扎列夫、保税人佩列茨。拉扎列夫是精明强干，身体健壮的亚美尼亚人，连同自己所有的本家和亲戚定居莫斯科一个胡同，这个胡同因此而被称之为亚美尼亚胡同。拉扎列夫最近正在考虑为本族同胞开办一所泛东方学校，为此进程和部长商讨有关问题。佩列茨在财政金融方面头脑灵活，思维敏捷，胆大心细，常常能为部长提供一些出乎意料的新理念。

最后他不再阅读并且一下子站了起来。

部长个头很高,手很长,骨架很大。脸色很白,额头是斜的,中国人式的眼睛半睁半闭。他把一沓纸小心翼翼地比齐了,搁在写字台暗藏的文件格里,打铃,吩咐秘书到他办公室里来。

弗朗茨·伊万尼奇是部长的私人秘书,听见铃声立刻进来。

"伊利切夫斯基到了吗?"

"已经来了两天了,请求今天接见。明天听说就要走了。"

"伊利切夫斯基今天见不了。"

"如果不更改的话,会不会得罪他呀。"

"弗朗茨·伊万尼奇,可爱的朋友。"部长说,"准备酒水。我要高质量但普通的波尔多葡萄酒。上次给贝京寄了点特殊的波尔多,对他不需要这样,他不好这口。而沙托—马尔戈又全都喝腻了。我不知道他为什么变得这么挑剔。"

部长笑了,满嘴坚固的黄牙牙床全都露在外边。

今天晚上他在等客人来访。伊利切夫斯基——他在进修班时期的同窗——被任命为托木斯克省长,马上就要出发去任职地点。

部长把沉甸甸的双手放在一沓纸上。

"请您考虑另选一位报告人,要有特点的,懂点文化有点墨水的。不然的话,我们还得费劲儿。"

长长的窄条纸被一折两半,一半到折叠处都是抄写员一行行手抄的,都被划掉了,而旁边——也就是在纸的背面——就全都是部长所写的了。

"我们找了一年也没找到。特点问题不该我们操心,我们该想想普通关系问题。"

"这帮怪人。"部长无不遗憾地说道。

"我恭顺地恳求您更换这帮人。"弗朗茨·伊万尼奇突然声音更小地嗫嚅道。

两人都沉默了。

"你说。"部长换了一种口气说道。

"拉扎列夫昨天塞给了伯爵的室内男仆科丘别伊100卢布,打听伯爵昨晚去哪儿了。他是个暗探。"

部长和秘书再次沉默。

"我会很高兴把他撤掉,"部长用枯燥的嗓音说道,"可用谁来代替他呢?找不到可靠的人呀。"

办公室又只剩下部长本人了。最重要的时刻来临了——查阅来往信件。

他捡起一包方才收发员送来的邮包,开始仔细阅读起来。这些信件都是经过邮局暗中检查的,是专门为他复印的。消息不妙。从奥地利写给法国侨民的信件说到战争,就好像战争实际上已经在进行似的。来自特维尔的信件证实了他所知道的一切——一份内容丰富的"哭诉"已经被呈给沙皇,这次行动肯定即将展开。

大公夫人叶卡捷琳娜·帕夫洛芙娜是皇帝最挚爱的妹妹,住在特维尔,极力想要领导哥哥,向他提交一些受压迫贵族的笔记,这些笔记被部长称为"哭诉",并且已经安之若素了。最近一次的"哭诉"按信中所署是卡拉姆津。他把此信丢进壁炉。他拿起火钩,把灰烬搅了搅。除了卡拉姆津的名字外,对他而言这批来信里没有任何新东西。卡拉姆津是个可怕的对手。有一次他果然得以挡了他的路:卡拉姆津从未被任命

250

为教育部长正是由于他的坚持己见。不过，拉祖莫夫斯基①并不见得比他好多少。战争的事情尚未定下来，对此他要比这封信的作者懂得更多一些。

他在壁炉前坐了一小会儿，眼睛盯着火苗，一边用火钳搅动炉灰，搬动炭块，一边静静地观看它们如何慢慢变为灰烬。战争作为一种混乱和偶然性是他所憎恶的，而且战争的后果是不可预料的。目前一场大战不可避免，但他对此次战争将使一切失败和毁灭这一点没有丝毫怀疑。因此他早就决定，在政治中也和在生活中一样，不能而且也没必要事先把一切都考虑得十分周详严谨，把一切都彻底严密地规划好。这是事物自身所拟定的法则，他必须迫使自己像一个中学生一样屈从于这一法则。

他忽然不再思考已经威胁了国家一年之久的战争的问题，就好像战争的危险压根儿就不曾存在过一样。但卡拉姆津呀卡拉姆津，卡拉姆津才是最危险的敌人。这才是今天就必须仔细周密地想好的急事，而且刻不容缓。

他从书架上取下一本《堂吉诃德》，随意翻开一页，开始阅读。平常一本喜爱的书能使他心灵安宁。肥胖的潘斯与干瘦的贵族的友谊是他所曾见识过的最崇高的诗意。孤独消失了，一切都恢复了牢固坚硬而又便于观察的了。他读了半小时，放下书本用自己特有的圆润的字体在纸上写了一行字："关于特殊寄宿学校。各方面的状况。"

这是一桩新型的事业，极端之重要：事关培养大公的大事，而且其

---

① 指伯爵阿列克谢·吉利洛维奇·拉祖莫夫斯基（1748—1822），俄国国务活动家，曾担任国民教育部部长。——译注

中一位将注定成为王位的继承人。这件事似乎是在不经意间，皇帝亲自在上次会面时交给他办理的，同时还夹杂着许多重要的谈判问题，沙皇做这些事驾轻就熟；就好像这不是一项任务，而仅仅只是一个从他那方面看并不见得非办不可的小事而已。

## 2

近来一件事变得日益鲜明，即从今年开始皇帝忽然几次谈起其兄弟的事儿。他从未有过兄弟之情。父亲死去那年他快年满10岁，而在此期间，他只见过自己的兄弟两次。他的弟弟们全都被交给母亲抚养，如今时而住在加特齐纳，时而住在巴甫洛夫斯克，玩打仗游戏。他却没有去过加特齐纳。如果不是某一次，在和母亲谈及其弟弟们时，他察觉母亲脸上浮现出一种他非常熟悉的表情——恐惧和憎恶的话，他兴许会对他们采取与此不同的态度的。

他自身的礼貌恭敬地束缚着他。从童年时代起，他就对所有事情负有罪责。对皇后，他的罪责是当着皇后的面对父亲表现亲昵了，但不表现亲昵是不可能的，因为他害怕父亲甚于世上的一切。而在父亲面前，他起初没有罪责感，随后在现实生活中却产生了罪责感。他如果事先知道阴谋的事情，也许会参与谋杀父亲的行动，简言之，他也许会成为一个弑父者的。如今他在母亲面前已经背负罪责10年之久了，而母亲默默无言地自认为自己乃被害人当然的无可争议的继承人，而儿子面对她——被害者的妻子——是个罪犯。他还是个孩子时就被娶了妻，对他这位巴登公主出身的冷漠而又性冷淡的妻子，他有些轻微的厌恶。虽然夫人成为俄国皇后已经多年，但还是无法习惯俄国人的生活方式，骨子里仍然是一个巴登公主。他总是气冲冲地强迫自己在她的交往圈出场。

波兰女人纳雷什金娜是他的情妇。他喜爱的那个妹妹叶卡捷琳娜,对任何事都勇往直前,放荡不羁,特像他的弟弟康斯坦丁,她同样也能令他感到一丝安慰。如今她已经嫁人,住在特维尔。

他嗓音干哑,性格像他父亲一样暴躁,但他从童年时代起习惯于控制自己的脾气,对自己的老师、宫廷中人和外国人露出迷人的微笑。接着就出现了对阅读、内容微妙的谈话、自己独处时的自言自语和幻想的喜好。他已经习惯于一连几小时地露出笑容,而一刻也不让笑容从他的脸上消失,他能眼观六路而又一无所见。曾经在这样的时刻见到过他的弗列因娜说他有一种天使般的笑容。他的眼睛是蓝白相间的,脸很宽,肤色犹如少女一般白皙,脸上总是挂着一种甜蜜的不出声的笑容,嘴唇也十分丰满圆润。他的目光十分散漫,带有一种神秘的特殊的谜一样的表情——原来他是个近视眼。犬牙式的咬合不齐反倒赋予其一种任性的表情,但却与公认的绰号"天使"无任何抵触。

他身上最真挚的爱是爱自己:爱自己走路的样子,爱自己日渐沉重的身体,也爱自己白皙的双手。宫廷生活教会他一种精微细腻的生活态度,这已经近似于一种女性的矫情,一种卖弄,但却很难被人所识破:他非常喜欢黑色的制服,因为它能突出他皮肤的白净。如今他已经成为一个渐入老境的衣着讲究者。他像女人一样,怀着嫉妒之情关注着每条皱纹的出现,关注着头发的日渐稀疏。他起初梳的是一种蓬松发式,随后又喜欢闪闪发亮的白色龟甲皮。很快社会上又时兴起了早秃顶。他走路的样子是那种摇摇晃晃式的,因为腿脚发软,可他本人却相信,他之所以这样走路是因为想显得轻松自如而已。

从青年时代起父亲就教育他喜爱打仗,但他之所以热爱父亲,不仅因为他长期抚慰着他,更重要的是在离婚期间思想的缺席所致。在大家眼里他是一个背信弃义者。的确，在他眼里，突然背弃许下的诺言这根本不算什么了不起的事儿，甚至毫无必要地破坏诺言违反诺言在他看来也不算事儿。他之所以会这样原因在于他头脑的动摇不定：他说，许诺和反驳都是机械地进行的，而思考则是过了一段时间以后才进行的事儿。在国外期间，他头一次明白自己居然管理和统治着半个世界，自己居然以高不可攀者闻名。他只热爱国外的城市和外国人，因为在国外他感觉自己才是真正的主人。在俄国，除了他在其中居住或停留的几座宫殿外，其他宫殿还是很舒适的，而城市除外——绝大部分城市很小也很不规则，他记忆最深的是俄国的道路，很粗糙，坎坷不平，坑坑洼洼，脏里吧唧的，处处都透着一种大粪的臭味。农民脸上都有一副凶恶的野兽相。他非常看重地图上俄里数字所表示的空间的打动人心的力量，那地图就挂在他的书房里，此外还令他感动不已的是人口的数量：五千万人口。当他在俄国时，这个数字和空间让他吓了一跳。在欧洲他特别喜欢谈论这一点，而一谈到这个话题，有时候连他自己也会被吓到。

阅读、教养和长期在敌对的女人和父亲中间度过的宫廷生活，使他养成了精细的品质，思维的模棱两可，闪烁其词，对人性格的深入了解，以及善于利用偶然性事件的能力。他能敏锐地感知威胁或是有益于政权的一切征兆。虽然对政治问题他所知不多，辨析不清，但由于处在欧洲事务的核心，他似乎把整个国家都租给斯佩兰斯基来经营似的。必须把自己所有的时间都用来研究欧洲的必要性并向他提出了许多之前尚一无所知的问题，任何想要使统治变得体面或看起来体面的愿望，都意味着要很好地研究这类问题。斯佩兰斯基身为神父的儿子受过特殊的教育，因而恰好对研究此类问题情有独钟。他善于进行逻辑的思考，也善于提出问题。他有处理公文的特殊才华。

神父之子的谦虚，以及他那一口流利的口才，周密审慎的礼貌恭敬，加上超越常人的热爱劳动的精神，都令他感到很高兴，但近来他却积攒了许多相反的证据。这些证据是斯佩兰斯基那些政敌们提供的，而且具有相当高程度的可信度。除此之外，斯佩兰斯基本就是一个能力超群的人才。拿破仑曾经把自己的一幅肖像赠给他，这种过分亲密的举动甚至带有一定的侮辱性，因为这位神父的儿子之所以因出众而被遴选，正是由于他谦虚贤明的品格。他以两个签名加强了斯佩兰斯基的命令的分量，这两份圣旨都旨在反对达官显贵们的无知愚昧。他对自己青年时代的好友斯特罗加诺夫的建议记忆犹新，他丝毫也不犹豫地主张签署命令，向贵族阶层征税。

命令颁布后从四面八方传来的载道之怨声——对此，斯佩兰斯基曾经警告过他——令他害怕了。蒂尔西特协议令贵族阶层怒火填膺，苛捐杂税令他们怒不可遏。波兰人在维尔诺向他抛出了谤文，其胆大妄为飞扬跋扈到了闻所未闻的地步，和拿破仑的战争已成势在必行了。他并不是一个勇敢者，但近五年他一直生活在战争中，但却无论如何也无法适应战场血腥的厮杀、尸积如山、战场的恶臭。有一次在战事进行中他居然哭了鼻子，像个女人似的哭哭啼啼。如今他毫不怀疑如果战争打响的话，挨揍的将是俄国人，到那时他的统治便自然会垮台。他开始怀疑国务秘书的忠诚度，这秘书完全可以背叛他，利用战争这个机会建立新的国家秩序。他和拿破仑的友谊以及作为部长对拿破仑的崇拜，都是人所共知的。根据各方面来的情报可以看出，他不时地会提高政权的可信度，所有这一切都是危险的征兆。来自秘密办公厅的桑格连已经监视斯佩兰斯基的家半年之久了。皇帝把其父忠实的仆人阿拉克切耶夫召到身边，此人心地单纯，没受过教育，也是贵族出身，在谈话中总是自称

"忠实的奴隶"。这种老式的忠诚令他感动不已。在和斯佩兰斯基谈话时，他总觉得自己说的每句话，似乎都和欧洲人说的一般无二，以致关于所有问题，只要他签字了，就会在下一期《莫尼特尔》的一篇文章中大获赞赏。这的确是一种声望，可这一切预示着很大的危险，同样也令人反感。而对他本人来说，按照他的信念，这样做既无必要也很有害。有时候斯佩兰斯基以其见解的突然性和忠诚度令他感到吃惊，于是他又会怀疑，伤心和嫉妒。

阿拉克切耶夫不懂法语，但却懂得炮兵射击和前线打仗的艺术——在后一个领域里他们是两个无私的竞争对手。周围的人们或者和他一样知道他的父亲是被杀害的，或者是曾经亲自参与过谋杀的。只有阿拉克切耶夫是父亲唯一忠实的仆人，和他的友谊证实并且也抵消了弑父之罪。和阿拉克切耶夫谈话，他觉得是和自己的老叔、和父亲的仆人谈话一样的感觉，觉得自己都年轻了似的。

他的父亲被谋杀和自己的统治时期很快就要满10年了。他的身材和体形变得臃肿了，肚子也大了，他不得不系上弹性束腰宽带了，他的脸色也变得越来越煞白了。就其出身而言，他是个德国人，但在旅行中他的脸失去了特点，就像那些世界闻名的演员一样。他脸上只有那种微笑和白色的脂肪还是德国人的。

他忧郁而又散漫地看着自己那些小弟弟们，莫斯科人的议论他心知肚明。每个弟弟都在窥伺时机，等待着一举取他而代之。他曾经失去两个还在婴儿期的女儿。一位英国御医起意想要安慰他：皇上还很年轻，将来还有继承人的。他仔细地盯着那位英国人，陷入了沉思。

"不不，我的朋友，"他对御医说，"神祇不爱我的孩子。"

得知这一点的德国先生说皇帝不愿意有孩子，因为不想拥有提前到来的皇位继承人，而现在他本人就是无可争议的皇位继承人。

他的小弟弟们令他枕席不安。他自己也知道也许这只是他个人的疑心罢了，但却总是模糊朦胧地预感到危险的临近。尤其令他感到奇怪的是母亲在近两年冬季的行为：她竟然带着她的孩子们从就近的巴甫洛夫斯克搬迁到早已被人忘记的加特齐纳。宫中女官沃尔康斯卡娅不久前说过，皇后摒除了儿子们身边所有的伙伴们，特别是那些最能引逗他们开心的人。母亲女友的儿子小别肯道尔夫就是这样被摒除掉的。皇帝自己很难也无法对自己周围的人进行了解和监视，而母亲却像一头母虎一般呵护着自己的虎崽子。打断这层关系或减弱这层关系的唯一办法，就是把他们迁出加特齐纳，迁到自己的宫殿里，根据童年时代的回忆，他对加特齐纳从小就十分害怕。他甚至都物色好了给他们安排的房间和住处。宫殿内新的厢房过去曾经住过他的妹妹，现在都空着。妹妹们都出嫁了，走了。但必须寻找一个借口，不然的话母亲无论如何也不会同意的。这时发生了一件事，对这件事周围人都在议论，而他打听到的情况是这样的：已经年满14岁的尼古拉大公，把自己的老师阿德龙格给咬了。阿德龙格教他伦理学和拉丁语。大臣们告诉皇帝说，被伦理学折磨得烦闷无聊之极的大公，走到阿德龙格身边，假装和他亲密的样子，在他肩膀上狠狠地咬了一口，还狠狠地踩了他的脚。他还找了个借口——是教训教训他。弟弟们野蛮的风习简直令人无法容忍。他随口对斯佩兰斯基说了自己想要开办一所特殊的教学机构的想法。

## 3

要接见客人的部长连忙穿上正装。他喜欢也善于着正装，从小就是一个爱好穿扮的人。浅灰色燕尾服，白色的袜子，他这是在模仿英国人的时髦。

他下了楼，穿过女眷的住处，来到客厅。客厅很宽敞，四面墙边都摆满了家具，沿窗户摆着一罐罐的花。

这里的任何东西都不会令人想到这是一个国务活动家的家。窗下立着一株正开着花的茶树，淡淡的幽香弥漫了整个房间。一张封闭的办公桌放在这里已经两年了，里面锁着一项重大举措的计划，对这个设想，部长还不曾向任何人透露，决心等自己将来得以摆脱各类琐事之后，专心致志地干好这件事。这是一部哲理和日常生活风习类长篇小说的创作计划：《一家之父》。杂事总也干不完，计划也就一直期待去实现。这是他心里的一个秘密和一个真挚的希望。他私下里认为自己是一个天生适合从事文学工作的人。

第一个到来的是伊利切夫斯基。此人曾和部长在亚历山大罗夫中等师范学校坐过同一条板凳。不久前他才想起自己这位老同学，于是便任命他为托木斯克省长。在波尔塔瓦中等师范学校教授修辞学的这位老同学，特意前来表示感激和感谢的。

此人个头高大，肩膀却很窄，头发发白，脸色白净，一双浅灰色狡猾的眼睛。在中等师范学校人们给他的绰号是"蜡烛"，管他叫"帕捷尔·达米阿努斯"。部长已经五年没见过他了。

看样子老同学很胆怯，一双眼睛炯炯闪烁。

"万分尊贵的父亲。"他带着北方口音，狡猾而又恭顺地盯着斯佩兰斯基，恭恭敬敬地对斯佩兰斯基说道，并用眼神询问自己和他保持怎样的关系合适。

"你好，达米安。"斯佩兰斯基回答道。他以他的回答告诉对方，自己并未忘记中等师范学校那段时光，而且对老朋友还记忆犹新。在中等师范学校期间,这两个人都曾是优秀学生。当时大家公认伊利切夫斯基在诗歌创作和修辞学方面是大拿,而斯佩兰斯基则在演说术和哲学方面首屈一指。在待人接物、礼貌礼节、委婉话风等艺术方面,二人却又是竞争对手。老校长称他们两个是"阳光",因为他们像"阳光一样,往往都会从手中漏下去"。

可是,伊利切夫斯基却被贪婪之心攫夺了。尽管他的眼睫毛是低垂着的,但他仍然早就把房间里的一切看了个一清二楚。屋内摆设的简朴显然令他有几分吃惊。圆桌上方银制的枝型吊灯吸引了他的注意力。朋友在生活方面早已远远地超过了他。

"你兄弟科兹马和妈妈有信吗?"他问部长,"他们生活得怎么样?"

"很健康,谢谢。"斯佩兰斯基答道。

斯佩兰斯基的弟弟是一个县里的神父,而母亲则是个烤圣饼的女人,独居于一个小镇上。

忠实于自己的法则——把亲近者分散到帝国各个地方以便收集情报,从这些情报中嗣后总能产生新的重大成果,为此部长任命伊利切夫斯基担任托木斯克的省长。由于此人比较自私,因此部长今天准备和他谈谈如何在西伯利亚根除贿赂和高利贷的问题。

另外两个客人很快也到了——萨姆波尔斯基[①]老人和他的女婿马林诺夫斯基。部长飞快而又深深地给老头鞠了一躬。萨姆波尔斯基老人从童年时代就是斯佩兰斯基的恩人,部长的夫人和她的母亲就是这位老人把他们从伦敦带回来的,因为老人曾经为了布道而在伦敦当过神父。嗣后老人还当过当时曾是皇位继承人的亚历山大的忏悔神父,此后还在匈

---

① 指安德烈·阿法纳西耶维奇·萨姆波尔斯基(1732—1815)。——译注

牙利他的妹妹那里待过。老人到过许多地方，如今独居，在宫中拥有很大影响力。

就其外貌而言老人丝毫也不像一位俄国神父，他脸上刮得干干净净，说英语。他的女婿马林诺夫斯基瘦骨伶仃，笔杆条直，衣服上所有的扣子都扣得整整齐齐，脸色红润，眼睛炯炯有神，略有几根白发，煞像一个英国人。他在伦敦生活过多年，伦敦是他最喜爱的城市，在他身上打下了不可磨灭的烙印。他挽着耄耋之年的老丈人进的屋。

斯佩兰斯基打铃吩咐上茶，茶是英国式的——即刻当下，就在桌前。弗朗茨·伊万尼奇也来了。

这次谈话是半公开半公事公办式的，部长喜欢这种谈话方式，因为他作为一个演说家和雄辩家可以引导谈话，在这方面他堪称大师。萨姆波尔斯基老人对宫中的一切都耳熟能详。他从不直截了当地提任何问题，也不直截了当地追问答案，斯佩兰斯基善于了解他需要了解的一切信息。马林诺夫斯基是老人的女婿和一个忠诚的人，但伊利切夫斯基今天却是个多余人。部长在引导谈话的进行。他边笑着边回忆在中等师范学校时，伊利切夫斯基如何在牌戏中赢了他的往事。

"但对我来说早年苏兹达尔那些雄辩家们更要我的命，他们一来就玩'敲鼻子'。修辞学有一次差点儿气歪我的鼻子。"

马林诺夫斯基笑了笑，伊利切夫斯基精神稍稍一振。

"我早就不玩牌了，"斯佩兰斯基说道，"因为我发现玩牌很容易生气，而且很容易让赢我的人成为敌人。在我的地位上这很危险。但我承认我有时候很惋惜。《旧约》里的亚当很强壮。"

他带着同样的笑容，中间不加任何停顿地对萨姆波尔斯基说：

"就这样，似乎受过文职教育的人理应如此。"

从各个方面，通过形形色色的各类人等，斯佩兰斯基力求对大公的教育是文职教育，而非军事教育，受过此类教育的人可以为贵族阶层提供榜样，从而得以进入高校。这样一来，引起如此大风波和喧嚣仇恨的关于考试的法令，也就成为必不可少和十分必要的了。萨姆波尔斯基对他的意图了如指掌，并深切同情。

要准备入大学考试，大公们可以在任何一所中等学校进行。这就可以使他们免除参与宫廷内部的钩心斗角，飞短流长，无事生非，这对大家都有好处。"特殊寄宿学校"正是这样一个教学机构。

伊利切夫斯基恭顺地端坐着。这里的人都是自己人，只不过都比来自波尔塔瓦的诗歌教授要略高一点。他的眼睛灼灼有神，他入神地用手指拨弄着银制枝型烛台的底座。斯佩兰斯基察觉后微微一笑。他突然谈起西伯利亚根深蒂固的高利贷贿赂公行的事，别斯捷尔总督坐镇首都对那里实行遥控，而奇迹总归要发生，总有一天，你会发现西伯利亚已经不在原地了，它被抢夺一空了。

"这不，如今我们只能指望达米安了。让他先在托木斯克实施整顿，然后再推广到……"

伊利切夫斯基挪开了抚摸枝型烛台的手。

"手下没人呀，安德烈·阿法纳西耶维奇，除了手头这一小撮人以外，再也没有人了。"斯佩兰斯基对萨姆波尔斯基说，"老人陆续都凋零了，新人凡是诚实的，说话都没人听。万物之初始于话语，可我们的官吏至今连一句完整的话也不会说。"

这是他喜欢的谈话和抱怨。或许该用整个体制的力量来整顿、贯彻、思考和有序化。法律理应协调而又严格地贯彻执行。扩张了帝国疆域的将军们，不仅未能创造一种被视为管理之焦点的均衡，反而成为帝国的敌人，因为他们不明白什么是秩序和法制。可是，国家缺乏低级管理层官员，而且善于理解体制的助手也早就告缺。

"我们缺乏一种共同的精神。"马林诺夫斯基忽然开口说道。

斯佩兰斯基满意地看了他一眼。他懂得他的思路。

他半闭着那双中国人似的圆咕噜的眼睛开口说道，就好像对周围的一切都视而不见似的，宽大的前额光溜溜的。他说起来毫不停顿，小声而又平稳，他的交谈者像是入迷一般望着他。在这场绝对要求所有交谈者都保持静默的谈话最后，在他头脑里必定会产生新的想法，法律的条款，新的使命和机构，但看起来与这场谈话并无显著关系。他年轻时代曾经做过布道，而如今也和从前一样，他对他头脑里想象出来的完善和谐景象感到十分愉悦。

办公室是他习惯的谈话地点。他瞥了一眼英国式座钟和钟上嘀嘀嗒嗒不紧不慢、按照机械的、他无法理解的法则行走的、透过玻璃门能够看见的钟上的秒针，他的确需要秒针，它和这些围绕着他的沉默的交谈者一样，都是他必不可少的。

部长说话时也知道这里的任何人都不会打断他说话。他对自己言语的力量心知肚明，并且也在宫中尝试过。皇帝从不打断他的发言，而且到谈话终结时，看上去似乎已经被他说服了，对他的所有建议都同意了，可部长刚一离开，这种逻辑就轰然解体——沙皇被他的谈话搞得心情沉重，过后就忘了。

部长谈到他所需要的人手，谈到这些人的性格，他也在思考皇帝。我们需要的究竟是感情炽烈的人还是懂得规则的人呢？表面上看，似乎善良的心地比什么都更重要。可是，是谁说的，感情丰富的人往往会想：这是一个不遵守法则的人。感情丰富的人犹如一部机器，对自己的工作流程一无所知，只会按照盲目的、由教育启动的习惯运行。

卡拉姆津那些女读者们是无法理解这些道理的。

窗外是一片寂静。20年前，患有抑郁症的波将金曾经在这里休息，烦躁时他会咬指甲或摔碎贵重的花瓶。此刻周围是一片寂静——小女儿和她那位爱唠叨的奶奶躲在后面的屋子里。最不爱说话的、对这种谈话已经习惯离开的弗朗茨·伊万诺维奇，坐在旁边。座钟喑哑而又不紧不慢地敲了11下，搅乱了部长的思路。

于是，他急忙比预想更早地结束谈话：他需要一个本质上善良的人，需要理智，需要一个服从感性和为其既定的规则的人。没有这样的人就不会有稳定的秩序。理性应当像如今的习惯那样用来教育人。习惯在即教导人们如何搞好家庭生活，但习惯却无法教会人以理智。贵族在家里有的只是淫荡，而在教会人士那里只有无知。

伊利切夫斯基的眼睛发亮了。这位老年的中等师范学校的哲学家和雄辩家回忆起了校长和代表的布道词。他摩挲了一下小胡子，像在中等师范学校时那样说道：

"仁慈的父亲！理性只是部分的考量，而只有美德之士才能获得完整的知识。"

"是啊，"他的前同学说道。"la vertu est un element, peut-etre, le plus rare。[①]"中等师范学校用的语词"美德之士"在法语译文中忽然有了雅各宾党人的意味。

伊利切夫斯基在向斯佩兰斯基诉苦。他的儿子奥洛夏正在长个儿，孩子头脑非常敏捷，想象力相当出色，写东西写得非常好，非常快，诗

---

① 法语：美德或许是一种罕见的品质。——译注

写得非常棒,还没有语法错误。可现在上大学又有点早,而上中等师范学校又不合适,因为他的爱好属于文职类的,而非宗教信仰类的。把他带到托木斯克去,一定会毁了他的才华。

这番诉苦来得再合适不过了。

斯佩兰斯基连忙高高兴兴地给予回答:

"本城有好多优秀的法语学校,英语学校柯林斯,法国人的缪拉尔特、德布阿,而如果不想去法国人的学校,就可以再等等看。也许我们能找到个合适的。达米安,总之肯定能给你的奥洛夏找一个合适的学校的。"

托木斯克的省长很快就告辞了,他和斯佩兰斯基像从前那样道别,说的是拉丁语:

"Pax t'ecum. Ave. ①"

斯佩兰斯基却把萨姆波尔斯基老头子和马林诺夫斯基留了下来。门刚一关上,他就小声说起刚才他只部分想到的而忽然又开始整体的一个想法。

如果把大公们送进大学学习,就得及早培养他们。要想让他们及早戒除队列操和贵族的生活习惯,把他们从那些溜须拍马之徒手中解脱出来,对他们进行严格的教育,就应该专门为他们设立一所特殊的中等学校,关于这个机构的名称,他已经部分地想好了,他在阅读普鲁塔克时忽然想到一个体面的名称,不如就叫法政学校或吕克昂②。这所法政学校,伯爵及其他学生都可以上。到时候从这些学生中一定会产生国家各

---

① 拉丁语:再见,愿主与你同在。——译注
② 亚里士多德于公元前 335 年创办的古希腊哲学学校。——译注

个重要部门未来的工作人员。

这是一个新型的事业。

萨姆波尔斯基表示怀疑,沙皇究竟愿不愿意这么办,而最主要的,是特维尔那个妹妹是什么意见。马林诺夫斯基对后一个问题非常关心。他的脸也因此而变得红扑扑的。关于所需人员问题,新人问题,以及教育新人的方法问题,这是他近五年来一直在研究的问题,当然他研究的还有好多其他问题。他比斯佩兰斯基大六岁,在工作岗位上已经工作了30年,因此总是能凭借嗅觉考虑新的位置和新人。他是莫斯科慈善委员会的奠基人,也是劳动者之家的主席。他本人从青年时代起就是个新人,在英国传道待了三年,并且在那里娶了萨姆波尔斯基的女儿。伦敦生活的经历给他打下了深刻的烙印。他终其一生都煞像一个英国人,并且说英语像英国人那样流利。可是,当说到最动人的时候,才搞明白,他是教会人士。他在英国研究了一种对于俄国全新的产业——纺织工厂——并且对纺织工业对于俄国的益处深信不疑。随后还在土耳其管理过外交事务,懂得土耳其语,还曾把《圣经》从欧洲语言译成俄语。但他一直致力于成为政治活动家。住在英格兰时,他得出一个坚定的信念,即俄国政府是一个专制贵族政府,或地主领主达官显贵的政府,人民处于最底层,受到迷信和无知愚昧、奴役和酗酒的压迫。奴役制既毁掉了奴隶也毁掉了主人,应当把代表们聚集起来,拟定新的法律,创造一种新的为俄国所缺乏的精神。只是现在他青年时代的理想才趋近于实现——如果不知餍足的波拿巴不妨碍的话。此外还有一重障碍:那些老朽官员们都已经腐化堕落,秘书们公然受贿,当官的懒惰奢华成性。我们必须做的,不光是要毫不留情地彻底改变官吏阶层,而且还有创造新人。为什么一切要从少年开始抓?我们无法单纯选拔优秀人才——俄国面临的仍然是同样一种灾难：偶然性和庇护。假如没有机遇和庇护——遵守教规者就不会产生，而既然有机遇和庇护，也就难免有坏蛋留下来，全部困难端在于此。

斯佩兰斯基对他的问题连一个也没有回答。实际上，到底该如何创造新的人才呢？但他只是微微一笑，就好像诸如此类的问题和怀疑他早已经有了答案似的。

部长手里即刻便出现了一沓纸和铅笔，一言不发的弗朗茨·伊万尼奇立刻把铅笔削得尖尖的。一份特殊法政学校的蓝图很快就拟定好了。新的中等师范学校应当起一个古代法政学校的名称，更确切地说，应当叫吕克昂，即亚里士多德在游玩时，由他的学生们所创办的雅典郊外学院门廊上写的那几个字。国家要人的新人中应当在与家务家庭家族彻底隔离的状态下产生，年轻人要从社会各个阶层进行选拔，对他们的生活习惯和最初的知识要进行考核。他们应当构成一个社会团体，在写字桌和服装方面，和古代的吕克昂没有任何差别，教学用俄语进行，学生的生活方式和相互关系应当贯彻完全平等的原则。马林诺夫斯基所说的集体精神就是这样形成的。学生永远都不会出现在宫廷，宫廷想要把这所中等师范学校搬到宫殿里去，但课要在学校里上，不然的话人心就散了，纪律就松弛了，御前侍卫和宫中侍役总管们的生活习惯只会败坏新的人种。学生也许只有穿着家庭的服饰才可以在宫廷里露面——为的是和伯爵们进行自由和私人间的游戏。不含任何鄙俗气息的同学之间的情谊应当是神圣的。人数吗？成绩优秀者应当和总人数成反比，年轻人总共只要 10 人，无论如何不多于 15 人。学生的年龄就按尼古拉和米哈伊尔大公的年龄比齐。学生学习历史、地理、逻辑学、雄辩术、数学、物理和化学、抽象概念体系、自然法和民法、民俗学后，逐渐从一门学科转向另一门学科,并通过自己的努力学习掌握全部科目。任何人都不会给学生详尽无遗地进行讲解,而只能用问题激发他们的求知欲,从而培养他们的能力。而受到同龄人精神感染的大公们,会随着时间的迁移而具有美德,即使在才能方面没有进展也罢。因为在这一过程中,已经可以听到自然的声音,可以把才气吹进本来不具有才气的人心里,部长认为这不是不可能的。国家未来的命运就取决于他们。那些染有不良习性的学生会在学校教育中得到矫正。学生不会像所有那些弟兄们一样,不会因为父亲的遗产问题而轻易发火和愤怒,就像如今的恺撒一样,也不会有虚假伪善和背信弃义。学生从这所学校毕业以后,头脑清明而又开放理性,绝没有他们父辈身上那种因循守旧的习惯,从而得以更好地为国家和祖国服务。因为这些年轻人聪明而又正直,能够洞悉国家的思想和理念,从而得以保卫这个行将衰老的国家。国家政治生活中的重要岗位都将由他们来继承。

"到那时会不会有体罚呢?"马林诺夫斯基忽然小心翼翼地提了一个问题。

看起来他是个实干家,而实干家的品质恰好是斯佩兰斯基所十分喜欢的。

"不会有的,瓦西里·费多洛维奇,"他简要地回答道,"这既非为了贵族的自由,也不是因为体罚带有侮辱性,使受体罚者终生抱屈。我们很走运:为了大公们,藤条被废止了。"

但是,还有一件重要的事情——挑选教师的问题。

适于教导这些新人才的人又在哪儿呢?外国人都很冷漠,很遥远,他们无法理解许多事情。有什么必要永远处于监护中呢?即使没有外国人也未见得就找不到:用母语应当什么都能教。不妨就让马林诺夫斯基当教师好了,今天就是他拥护为新人才和新的教学机构搞个浸礼盒的。在此之前就连部长也没想到过这个问题,这个想法是突然蹦出来的。

"关于您的事情我和马尔蒂诺夫谈一谈,问题就会解决的。"

马林诺夫斯基恭敬地表示了感谢。年轻的库尼岑或许更配得上他来培养吧?

库尼岑是特维尔一个中学教师,他的命运斯佩兰斯基曾经有过参与。他在海德堡和哥廷根学习已经是第三年了,据传言,学业成绩十分优异。他在那里学习哲学和法律,前不久刚刚回国。

"库尼岑人不错。"

于是记下来库尼岑的名字。

矮个儿的萨姆波尔斯基挪坐到比较舒适的皮安乐椅上,一动不动地坐着。他那张瘦瘦的脸上平静无波。他睡着了。

时间已经到了深夜。马林诺夫斯基小心翼翼地把老头子从安乐椅上扶起来,就好像从摇篮里抱婴儿似的。他把老人包裹在毛茸茸的大衣里,小心翼翼地扶着坐上马车。部长把他的教师一直送到大门口。

一条黑影在对面的塔夫里达花园里闪了一下,消失不见了。或许是个夜间的酒徒正在回家,抑或是个强盗正在伺机作案。但也可能是个暗探?不过大门很坚固,门闩也很牢靠。

部长返回家。弗朗茨·伊万尼奇他已经打发睡觉去了。旁边那间屋里睡着他最亲爱的——女儿——和她那位爱唠唠叨叨,凶恶的老太婆,是一个带有预兆性的梦给他带来的,意在身体力行地昭示:对女人生活安排不好会有怎样的后果。他迈着毫无声息的大步在屋里来回走动,走在绒绒的地毯上,周围一片静谧。只有他一个人还在办公室,只有他一个人还精神饱满,意气风发。渐渐地灵感消逝了。他给风纪监督员增加了一个条款,即每四个人就必须有一位风纪监督员。放荡会毁了这所崭新的教学机构的。风纪监督员应该本着同一个计划采取行动,应该对主要领导部门做汇报和总结。对学生总是与否应当取决于学生的学习成绩,为的是杜绝宠儿和暗探的出现,就像当年在他那所中等师范学校里一样。不久以前,就在这张桌子前,曾经就坐着这样一个人物——伊利切夫斯基。他可千万别在托木斯克犯事儿:达米安这人很贪。他的儿子倒是可以送进这所学校——也许比他父亲强。最主要的任务,是不要让设立新的教学机构的方案落到教育部长拉祖莫夫斯基——他的死敌——的手里。他决定就此问题公开请示皇上。

他把新的蓝图放进特殊事务文件夹里,开始阅读和修改早晨刚刚写成的给皇上的呈文。他的脸色渐渐变了。能对亚历山大产生作用的,是毫不掩饰的恭维、百分之百的无边无涯的奉承,而对谈者与此同时却似乎融化于无形了,像雪人似的化了,忽然之间就不存在了似的。脸色煞白的他扭转了这种风气:总是在不必要的地方插话,对皇上说:"皇上!"或是"天底下最仁慈的皇上!"他管这称之为恭维奉承话。他一边润色手稿,一边欣赏自己清晰而又简洁的笔迹。他之所以写得一笔好字全赖他有个好的开端。

写完呈文,他长长地呼了一口气,活动着手指,走进窗前。波将金的城堡掩映在死气沉沉的树木中间,显得暗哑而又空旷。波将金当年也曾是莫斯科大学的学生,一度因为懒惰和不听课而被退学,是一个才华和罪孽都非同一般的人物。

他在窗前站了一会儿,观察着周围的一切。

他忽然缓缓地笑了一笑,笑得牙床都露出来了。

"全都是我,全都是我一个人干的,格里高利伯爵,"他笑着小声嘀咕道，"你就别费力寻找了吧。"

4

他们站在窗前，而皇帝和往常一样，当他想要注意聆听时，就把手掌贴近耳朵。

大公们将在一个和俄国各个阶层的孩子们完全平等的环境下接受教育，毕业后同样都可以进入大学读书。为了实现这一方案，斯佩兰斯基提议任命马林诺夫斯基为校长，他有丰富的教学经验，并推荐年轻的哥廷根学者，他本人也认识的库尼岑为教授。

实话说，此时的皇帝本人对所有这一套方案，还没有形成任何个人的看法，但他却已经能清晰地想象母后将会如何震惊和愤怒。他们就站在他办公室的窗前。他的卧室在宽敞的叶卡捷琳娜宫里有着一种轻柔的色彩。他希望屋里的一切陈设都能简朴，甚至稍稍显得有些慵懒也无妨，但千万不要亚洲式的大红大绿五光十色，后者是叶卡捷琳娜所喜欢的。屋里没有把丝绸混搭起来，荷兰式的壁炉，印度的花瓶，金子不多，只保留最必要的物件。和非常奢华的拿破仑的宫殿不同，亚历山大皇帝在一切方面都追求线条的简单，空旷的空间和蔚蓝色的天空。他就是穿衣服也很简朴：在所有的军服里，他为自己挑选了一套带有银色纽扣的黑色制服。老太婆专门为他建造了一座特殊的宫殿，但他不喜欢，根据某些回忆材料，他更喜欢庞大而又古老的旧宫殿，住在那里面他会觉得自己很年轻。

他觉得林荫道上走着的，是要塞司令的女儿，一个美丽的尤物。他刚才在听部长汇报时吹着口哨，时不时地眯缝着眼睛望一眼窗外。他总是稍稍显得炫耀地夸大自己眼睛近视的程度。他的眼神如谜一样深邃。

他的耳朵稍稍有点儿聋。即使他不像今天这么精神涣散，反正许多汇报也会被他疏漏掉。把弟弟们都送进大学，从而得以让他们远离军队这个想法，他朦胧中觉得很喜欢，但与此同时又觉得有些荒谬。

斯佩兰斯基特别坚持的一点是，千万不要把新开办的教学机构交给教育部办，因为这是一个特殊机构，因而要求特殊的监管和审核。拉祖莫夫斯基和斯佩兰斯基一直都是对手。皇帝答应不把草创蓝图交给拉祖莫夫斯基。在和斯佩兰斯基谈到孩子或是家庭时，他总是会觉得有一种优越感，因而对他总是不自觉地有些居高临下。部长谈到孩子们时总是带有一种感情：如今这个世道喜欢流泪也成了一种时髦。斯佩兰斯基的家庭生活占据着他的身心，所以，关于自己的家庭，他总是无论巨细都一清二楚。部长是个鳏夫，住的是个小房子，非常喜爱女儿，等等。所有这些都不算什么，也是亚历山大所喜欢的。与此同时，这些特点也足以在亚历山大身上唤醒优越感。唯一能引起亚历山大某种尊敬感的是这样一个传言，说部长和他已故夫人的妹妹关系很近。

透过窗户可以看见老花园的远景，可以看得很远。卫戍司令的女儿几乎还只是一个小女孩，玫瑰色的脸蛋，却从那次以后再未出现过。他提议斯佩兰斯基去看看新的厢房，却突然真的眯缝起了眼睛：他似乎觉得在他周围部长那张中国式的看不出喜怒哀乐的脸上，隐隐显出一丝笑意。他皱紧眉头于是看见：其实并无什么笑意。在斯佩兰斯基的脸上，和往常一样，看不出什么表情，如果硬要说什么表情的话，毋宁说这是一种谄媚逢迎的表情。

雪已经开始融化了，宫中内侍帮皇帝穿上厚厚的棉花制服。宫殿墙上的狮子也张开了大嘴——这是上个世纪人们的口味，如今看起来十分荒谬。看见沙皇黑色的制服和旁边部长的大衣，沿着宫殿墙边排列的哨兵无声地挺直了身板。皇帝看了哨兵一眼,不由得在心里品评着他端正的姿势是否标准。空气清冷,他不觉缩紧了脖子。

斯佩兰斯基看了厢房觉得很满意,但要求扩建一系列附属建筑。

厢房坐落在一个非常醒目的地方,很便于监视学生,于是,关于兄弟们的教育问题便这样定下来了。

关于这所未来的寄宿学校,皇帝脑子里的概念还很模糊。他说,他兄弟的那些同学们,一周内可以一到两次骑马去彼得堡。可是,一个马车夫从皇村到彼得堡须付 25 卢布。显然,他认为,来自各个阶层的学生们应当有马骑,或者需要知道雇一个马车夫会花多少钱。对此,部长并未反驳。他从不会用一些细小的考量麻烦皇帝。

然而,在公众女官的厢房里却乱成一团——几颗女人的脑袋刚一出现在窗口,便又倏忽不见了。当沙皇带着部长回来时,他们两个看见沃尔孔斯卡娅老太太带着年轻的侄女,两人都行起了半跪礼。皇帝听见自己身后通常有的小声嘀咕:"notre ange。"① 他痛恨这种小声嘀咕,但却不知道假如自己没听见的话究竟该怎么应对。他放走了斯佩兰斯基走进自己的办公室。他还想在园子里继续走走,他希望能够偶然见到那位卫戍司令,那司令的女儿是个天生的尤物。

宫中侍役总管递过来一个托盘,盘子里放着一封信。他飞快地读了信,信是母亲寄来的。在信里她总是用第三人称指代自己,如同过去在普鲁士宫廷里对臣下说话的惯例。一周后便是父亲去世的周年纪念日,母亲很固执,事先已经提醒过他一次,生怕他忘了或是记不得这个日子。如今这个日子已经成了母亲永久的纪念日,而对他来说却是一个不

---

① 法语:我们的天使。——译注

堪回首的日子。彼得保罗要塞在进行永无止境的祈祷法事。母亲高高地站在父亲的坟墓旁边,而他和其他人则在下面站立。这就像是一场话剧,对他来说是不堪忍受的,就好像是当众对他的一次羞辱。

母亲的这种提醒显得很粗鲁。

在园子里散步并且和卫戍司令相遇看来是不可能的了。他气得脸色煞白,巨大的下巴也颤抖了起来。他双泪横流而这是一种生理现象:泪水如冰雹一样砸在他胸前。流泪之后他觉得轻松些了,但他克制着自己,于是脸色越发煞白。宫中仆役总管站在那儿等着吩咐。

他呼吸声粗重起来。他用有点儿喑哑的嗓音突然磕磕巴巴地问道:"又嗅鼻烟了吗?"

他狠狠地掐了仆人一把,靴子腾腾地踩着。地面,双脚突然变得似乎沉重了,他走了几步路,躺倒在安乐椅上。

眼泪又一次夺眶而出。

仆人们把靴子从他脚上拽下来,放松了弹性束腰宽带,肥白的肚子解脱了束缚,呼吸也变得轻快了。他看着仆人那长有几根金发的白白的头顶,心绪渐渐平静了下来。

过了五分钟,一切都过去了。他重新把握住了自己。他把沃尔康斯基叫来,平静地下了一道道指令。随后他把公文包交给拉祖莫夫斯基部长,公文包里躺着特殊寄宿学校的建设蓝图,应当对斯佩兰斯基实施检验。寄宿学校规划中"各个阶层"这个词组显得如此大胆,却又是那么理智。

## 5

接到新——又一个新的举措!——教学机构规划草图的老拉祖莫夫

斯基，起初并未对它给予多少关注。恰好此时他有些抑郁，女儿、仆人和官员们都对他的抑郁非常担心。

去年，为了让他履行教育部长这个闲差而把他从莫斯科招来，迄今还没有接待过任何人，因为他一直忙于豪华住宅的建设工程，同时对莫斯科的住宅依依不舍。在莫斯科，在豌豆宫，他有一座货真价实的老爷豪华住宅，全是用整块的橡树方木建造的，光园子就有四俄里见方，池塘里还有罕见的鱼。他当时就住在如画般的美景、书籍和鲜花的包围和簇拥中，赶跑了妻子，儿子也囚禁在了什利谢尔堡要塞里，不放任何人进来，甚至连亲戚也不例外。他生活在骄傲和孤独中，恐吓着忙忙碌碌的莫斯科。人们都在传说伯爵残酷的性格。

作为一个放牛的牧人之子，拉祖莫夫斯基却很快就成为俄国第一位达官显贵，但他并不拥有一个仆人、官员。他喜欢鲜花。在莫斯科近郊的戈连卡，他在自己的园子里种满了鲜花。从国外来的园艺师在园子里培育了新的植物品种，称其为"拉祖莫夫斯卡娅"。原来就是刺柏，细小的叶子，绿莹莹的，带有奇妙的尖刺。秋天刺柏会挂满熟透了的野果，伯爵对这些植物具有一种父母般的情怀，给这种植物起了他的名字，而没有给女儿起。温室里一条小甬道的两边种了满满两排"拉祖莫夫斯卡娅"，而且故意把植株搞得很密，灌木丛的尖刺喜欢钩客人的衣服。老头子笑了，他觉得这很好玩。当皇帝在莫斯科时，他曾向皇帝推荐了这种玩法。老头一口流利的法语令亚历山大很开心——老侯爵式的口音和模样，几乎全吃荤不吃素的饮食习惯，把玩着夹鼻眼镜的瘦骨伶仃的双手，稍稍驼背而又十分灵活的身板，以及他那在从未见识过南方歌手的人眼里煞像侯爵时的身材。就这样，拉祖莫夫斯基被任命为部长。

迁居到彼得堡后,他建造和改建了自己的豪宅,买了丰坦卡街上的一块地和巨大的园子,园子位于奥布霍夫和谢苗诺夫桥之间,却从未到过部机关。他很怀念戈连卡,因此只有建造新的豪宅和园林才能使他开心。要找他只能通过唯一一个人——约瑟夫·德·梅斯捷尔——子虚乌有的撒丁国王的使者。老头子和他常常把自己关在自己的图书馆里,里面连一本俄文书也没有,一连几小时地聆听一个热情洋溢的法国人讲话,偶尔小声打断他一下。到这个图书馆的人,会有一个老仆人递上一杯黑咖啡——老头子在时髦玩意儿中顶不喜欢"巧克力"这个暴发户,也是在这里,在一尊中国式的瓷罐子里,栽种着他喜爱的"拉祖莫夫斯卡娅"。

只是过来几天后,他才注意到皇帝寄来的一个公文:特殊寄宿学校规划蓝图。名称中的"特殊"二字令他吃了一惊。他想起这里指的是年轻的大公们,于是连忙打发人把约瑟夫·德·梅斯捷尔请来。他们关起门来密谈。伯爵的抑郁症尚未痊愈,对戈连卡的怀恋,手头缺乏心爱的书籍,部分书尚未从莫斯科搬运过来,以及他本来就很不喜欢的彼得堡的外观更是令他心情沉重。然而他却对寄宿学校的计划方案突然感起兴趣了:他本人一度也曾在位于瓦西里岛第 10 条的特殊游戏"学院"受过教育,这所学校当时只有几个学生,曾经受到旧宫廷的极度关注,称其为"10 条学院"。

"寄宿学校"这个名称他很不喜欢。这令他想起自己如此出乎意料的一去不复返的、并且一下子就被老年所取代的青年时代。曾经在巴黎也有一个寄宿学校名噪一时——女子学院,是国王和达尔图阿伯爵两个人给予庇护的。马蒙泰尔和拉加尔普在那所学校教文学,孔多塞教数学。一些巴黎最美丽的太太们把约会定在那所学校,政变以后一切都被取消了，相当一部分教授和女职员的脑袋都掉了。

约瑟夫·德·梅斯捷尔不吭气，只是感到惊奇。他笑了一笑：伯爵回忆起了一首歌唱寄宿学校的巴黎歌曲，便小声哼唱起来：

> La, tout le beau sexe s'amuse
> Du carre de Ihypothenuse
> Et de Newton. ①

他也正是因此才喜欢拉祖莫夫斯基的。当他们坐在他的温室或图书馆里，法兰西生活风习就依然在俄国这个达官显贵的密室里继续：不曾有过政变，也不曾有过可恶的波拿巴。他熟悉拉祖莫夫斯基的家谱：但没有必要。因为这位仍然是像儿童一般残忍，有学问而又非常轻浮的侯爵。

约瑟夫·德·梅斯捷尔边回忆边哼唱着：

> Voulez-vous savoir la chimie,
> Approfondir Iastronomie. ②

他们在谈话。约瑟夫·德·梅斯捷尔是一个在宫廷充满流言蜚语的诗人，宫中的人称呼人都只叫外号。纳雷什金的夫人是皇帝的情妇，而他却是一个"幸福的丈夫"。这个法国人称斯佩兰斯基是"你们那位雅

---

① 法语：美丽的女性在这里游玩/直角三角形的立方/和牛顿。——译注
② 法语：难道您不想弄懂化学吗/难道您不想深化您的天文学知识吗？——译注

各宾党人"，部长也跟在他后面称他是"我们的雅各宾党人"。渐渐地部长的面目被抹黑了，只要一提到神父的儿子他就反感得要命。

"所有哲学中等师范学校学生的外貌，"他说，"都有某种古风，但难道你不觉得他们身上都缺乏树木的美德——沉默如金——的品质吗？"

当约瑟夫·德·梅斯捷尔离开时，"拉祖莫夫斯卡娅"尖利的刺钩住了他的袖口。他们两个又大笑起来——法国人这次笑带点强制性；而约瑟夫·德·梅斯捷尔伯爵却是在心疼自己的制服。

两周后特殊寄宿学校规划草案被拟订修改好了。部长还在草案后面附了一张斯佩兰斯基的草图，是别人寄给他的，此外就是自己的一份报告，以及约瑟夫·德·梅斯捷尔的一个详尽无遗的笔录。在新近作家群里，就这种形式掌握的程度而言，任何人都无法与之相比——此即朋友私信的形式。

接受计划草案后，皇帝立即着手阅读。他喜欢阅读，而且对语言熹微精妙的地方颇能体察。他对具有很大诱惑力的罗曼史不感兴趣，把草案从头到尾读了一遍，有些地方尤其是不允许的地方，他用铅笔勾了并且做了记号。与此相仿，某些哲学家颇能引起他的愉悦感来。是这个时代迫使他成为一个懂礼貌的人，他大谈教育与美德，这一点上他和欧洲那些国王们别无二致。在刚刚签署的办校宣言中，总是会谈到俄罗斯人民，东正教战斗精神，公民的美德和俄国崇高的使命。他连读都没读就签署了这份文件。因此，那些敢于否定他由于名号所系而不得不对之加以宣扬的东西——俄国的伟大，对所有俄罗斯风物的热爱等——的哲学家，都令他感到分外愉悦。

拉祖莫夫斯基完全认同约瑟夫·德·梅斯捷尔的思想，后者敢于起而反对用理性的方法和广泛的知识加以论证的理性和知识。俄罗斯人是否生来就是求知的？他们尚未用任何论据证实这一点。罗马人是彻底的无知愚昧之徒，他们没有过伟大的画家、雕塑家和数学家，但他们都曾是伟大的战士。西塞罗称阿基米德渺小可怜微不足道，知识和理性作为新制度的推行者，使人一般来说不适于从事伟大的事业，鄙视别人的意见，批判政权。知识对于俄国来说是不必要的，国家骂学校，而学校空无人烟。学校是一个任何人都不会旅游的国家最好的旅馆。在学校里，人们会往青少年的大脑里灌输多余科目的一大堆废物，其中对于青年人的大脑最有害的，是体系性叙事和抽象概念史。

法国的国家体制在于引进唯物主义。青年一代应当了解一点：人所创造的神祇在社会上使得政府成为必要的，而服从政府成为一种必然。其他一切能够过早唤醒哲学思维的，甚至是由那些具有良好愿望的人所阐述的学说，都具有很大危险性。在法国此类研究所产生的后果，人们可以说是耳熟能详。

接下来，自然科学史同样也毫无益处。拥有好姓氏的年轻人都同意这样一句说法，宁愿参与三个坏团伙打六次仗，也不愿意学习化学。化学是空洞无物的科学。对于俄国这样一个具有强烈好战精神的国度来说，科学不仅无益，而且还有害。科学能剥夺人们的勇气。优秀的教育家都是神父，当然了，是指非俄罗斯的和半文盲的神父阶层。新的教育机构应当按照耶稣会士的创举为典范来创办，青少年不应当与外部世界有任何联系。他们应当生活在一个孤岛上。青少年应当既灵活又听话。监管人应当一刻不停地对他们实施监管，严格的沉默法则应当统治所有的地方。夜里学生们每人睡一个单间，好避免不必要的交往。通往集体宿舍的门都是玻璃的。集体宿舍本身要从四面八方照亮。一个可靠的保安要在集体宿舍周围彻夜巡逻直到早晨，保证少年们的平安，就像保护病人的安宁那样。每隔15天出台一次给予成绩优异者的以示鼓励的小十字架,有点儿像弗拉基米尔和安娜勋章,但用普通金属制作。

他翻了一页,翻到拉祖莫夫斯基的笔录,读到了技术学校的宗旨这一条——本校旨在培养来自俄国最为显赫姓氏家族子弟担任国家最重要的岗位职责。计划草案后面还附有斯佩兰斯基的草图。第一条是关于担任最重要岗位和来自各阶层青少年的。在一张特别的纸上写了马林诺夫斯基和库里岑的名字。

皇帝心情激动地读完约瑟夫·德·梅斯捷尔用清晰的笔记工工整整抄写的这一页。他用铅笔勾掉了他特别喜欢的有关青少年睡觉地方、玻璃门以及夜间执勤那一段。厢房里搞一个游廊就足以解决这些问题了。腐化堕落在任何情况下都是不能允许的。他对弟弟康斯坦丁所耽迷的、每次读书前都要哈哈手气擦擦手的愚蠢的习惯感到厌恶。他喜欢未知的烟云,喜欢一切笼罩在模糊和朦胧烟云下的一切。有时候他会列举其国家某些涉及反道德行为的法律:吸引他的不光有涉及法律的规定本身,而且还有这样一条,即在所有调皮捣蛋行为中,想象力是一个法则,对其的研究是受到尊崇的。显然,智性的愉悦是只有那些优选者才得以问津的一种愉悦;对此种愉悦而言,他那位头脑简单性格朴拙的弟弟康斯坦丁是无缘问津的。谈到小十字架那段文字,令他笑了一笑给画掉了。法国人不懂得俄国人的习俗:弗拉基米尔和安娜勋章笃定会在所有女性倾慕者中,惹出一场轩然大波来。那些臭小子们便会挑衅打斗,会故意破坏纪律。他读完开头的两封信,在办公室里走了几步,走出白色大厅,然后又走回来,为的是延长心中的愉悦感和快意,推迟阅读文件的时间。接着,仍然还是为了同一个目的,他下了楼,把双手背在身后在园子里散起步来。副官在几步开外跟随着他,但皇帝不愿意和他说话交谈。他只是偶尔断断续续发表几条意见,对此,那位年轻人便会恭恭敬敬地用长句子来加以回答。

"空气很新鲜。"

"是啊,阁下,春天早就该来了,可不知怎么还是没来。"

"有风。"

"是啊,阁下明鉴,从一大早起就吹着劲风,也许傍晚时分会变得暖和一点吧。"

他喜欢这种无特定话题的谈话。

将军站得笔挺笔挺的:看见皇帝来了,他把整个身子都朝皇帝倾斜了过去,并且和往常一样幸运地得到了皇帝的拥抱。两人开始了一场谈话,这种谈话两人都喜欢,谈话中贯穿着叹息,忽然展现的微笑以及意味深长的沉默。阿拉克切耶夫凝然不动眼睛一眨不眨地望着皇帝,他的眼神十分晦暗,枯黄的脸上露出悲戚的神色。一种隐秘的忧伤时时刻刻压迫着这位简单朴实、神色严峻、干练实在的炮兵司令。对这位司令,你可以在一切方面完全信赖他——这和有时候会引得他本人也涕泪滂沱的忧伤是一样的吗?皇帝为能有机会安抚这位将军而感到特别高兴。在他们两人的谈话中,间隙发生得越来越多——这是精神疲惫的征象——当皇帝用毫无意义的目光久久地凝视着前方时。每逢这种时刻,阿拉克切耶夫重要的是保持沉默,就好像他原本就知道沉默有着非同寻常的意义。间歇过后,两人都笑了起来。

皇帝为将军翻译了约瑟夫·德·梅斯捷尔笔录中的几句话。这位法国人对于数学的反应忽然引起了阿拉克切耶夫的警觉。

"不不,老兄,阁下,"他沉吟了片刻,突然用尖细的带有鼻音的嗓音说道,"没有地理学是无法教会人们筑城学的,而没有图纸是弄不懂炮兵的。只有文官才不需要懂得这些。"

将军认为文职官员最重要的美德是不要妨碍或是妨害军事行动和军纪，但他明白培养此类人才的重要性。

但这位将军却觉得自然科学史和历史是不必要的。

"关于自然你想得越少，睡得越甜。至于历史——好在有神祇保佑。"

两人都笑了起来。

"老兄，阁下，"阿拉克切耶夫忽然变得柔情万丈地用歌唱般的语调说道，"我是几块铜板铸造成的，如果培养年轻人是为了重要的国务岗位的话，那我们该选拔谁好呢？只有善人才是忠实的仆人。虽穷，但可靠。我就是这么认为的。"

皇帝点了点头。在和斯佩兰斯基谈话时，有着广袤空间的国家只是欧洲极其巨大的一部分，而在与阿拉克切耶夫的谈话中，国家却成了他的巨大封地和领地，那里有许多忠实和不忠实的仆人。

"至于体罚，我认为，应当取消。"

阿拉克切耶夫此时挠了挠前额。

"要不，"他狡猾地说，"那些大公们还都是些少年郎，假如他们亲眼看见别人怎么受体罚，自己就会往好了学。"

在这个问题上皇帝没有让步，他摇着脑袋，但神色显然变得欢快了起来。

两人很快就开始懂行地研究其寄宿学校的校服样式来，列举了各种色彩，关键是不要与军队的色彩混淆，还要让人看了舒服，最后敲定了早已被废止的老立陶宛鞑靼团的制服颜色：单排扣的长外衣、深蓝色带红色立领和红色翻袖口的制服。领子上带两个襻儿：低年级的是银色绣花，高年级的是金色绣花。

皇帝勾掉了拉祖莫夫斯基计划草案里关于"必须是声名显赫的贵族姓氏"这句话，而在斯佩兰斯基的笔录里勾掉了关于"所有阶层"这句话，然后大笔一挥签了字，但未署名，这意味着读过并赞许。

对伯爵们的教育应当只限于在寄宿学校里，而这种学校在权力方面和大学是平等的。学生从贵族出身的少年中选拔。人数不少于20人，不多于50人。每个学生都分给一个单间，有特殊编号。

校长任命四等文官马林诺夫斯基担任，寄宿学校的校舍责令立即进行翻修。

此件尚待皇后批准。

## 6

皇后—母后这个夏天住在巴甫洛夫斯克，在皇村对面，规模适量而不算大，来人探望也容易。其父亲的品位就是这样，一切方面都和女人的品位相反。

皇帝弯下腰来让两个弟弟亲吻。干瘦苗条，穿一身军服被押得像一只高脚杯似的尼古拉，用嘶哑的嗓音致了欢迎词。皇帝无不惊奇地望了他一眼：他长高了。母亲和往常一样，在宫人、随从和一群德国老女人的簇拥下接见了他：老太太李文和贝肯多尔夫一成不变地永远陪伴在他身边，就像女保镖似的。母亲衣着和父亲在时一样，穿着厚厚的高跟鞋，身板笔直，像哨兵一样。她头上戴一顶高筒直礼帽，上面插着一根鸵鸟毛，光溜溜的脖子上戴着项链，左肩上一个黑色蝴蝶结，蝴蝶结上有一个马耳他白色十字架。她穿一件和她的年龄不相符的高腰裙子，带有皱褶的小袖口，胖乎乎的手上戴着细羊皮手套，一直套到肘部以上。

她身上的衣扣都系得紧紧的,很快地,口齿不清、发音不纯正地,差点儿没捯过气来地说完欢迎词。

旧宫是新宫的政敌,来自皇村和有关政变的传言在这里很有市场。不过,关于这一切,皇帝都心知肚明。

按惯例在院子里的散步就长达一个多小时,园里的一切和无多大内容的闲聊都令人想起父亲。他担心地时不时地偷着瞅一眼他的弟弟们,很快就胆子大了起来。他们在湖边分了手,于是弟弟们之间的谈话声立刻大了起来。和他们走在一起的教师拉姆兹多尔夫是个身体孱弱的德国人,皱纹满脸,就像埃尔米塔什的老太太的雕像。看样子这些雕像根本就没有留意他的存在。另外一个男伴身体虚弱,但看上去要比他聪明也固执得多。

母亲和老太太们在和皇帝交谈,竭力想要引起他注意,而他则仔细谛听着。他耳朵有点儿聋,谈话他听不清,只能听见弟弟们的说话声。

在谈话中尼古拉几次打断弟弟的话,他的声音很尖锐,说到忘乎所以的地步时,他竟然突如其来地大声而又粗野地笑了起来。看样子米哈伊尔显得很委屈,说话的声音带着哭腔,好像马上就要哭出来了似的。老太太李文忽然脸红了,跑到前面去,气喘吁吁地、急剧地打断他的话。皇帝听见她对弟弟们语速飞快地用德语说了几句什么话,浑然忘记了礼节要求在此场合下说法语,弟弟们断断续续而又任性地回答了她。

弟弟们全都没有受过教育,都很粗野。

母亲依然迈着慢吞吞的小碎步走着,父亲活着时,每逢出席正式场合,她都是这样一种步态。

不远处走着一位宫廷少年侍从,扛着一把普通的椅子,椅子上有一个草编的垫子——这是一把只供皇后坐的椅子——从开始执政起,她就一直保留这样一个习惯：这样一种毫无品位的简朴当时正是一种时髦。皇后肥胖，习惯坐草垫。他们在池塘边歇下来，皇帝坐长椅，皇后坐自己随身带的椅子。母子俩欣赏着被朝霞映红的湖水。太阳下去了。已经对特定的情感有了某种习惯的皇后，在巴甫洛夫斯克时总爱欣赏落日和朝阳景观，和从前自己住在这里是一样。而在加特齐纳，令她联想更多的，却是丈夫尚武和勇敢的习性，于是，她也像丈夫那样射击那些被猎人直接朝她驱赶而来的兔子。

当圆形大厅里高高的铁制烛台上的油脂蜡烛被点亮时，公众女官中那位最年轻的，坐在拨弦古钢琴前。宫廷少年侍从在其身边伺候着。突然，她头也不回地向后伸出一只手，只见那个宫中少年侍从连忙把一把扇子递在她手中，和他的父亲当年对他那样。油脂蜡烛发出嗞嗞响，冒出了一缕缕的烟，火苗跳跃。皇帝提议尼古拉和他一起打台球，这可是示好的表示呀。台球是儿童用的，规格要小一轮，是专门为大公们制作的，而球本身则是皇后亲自打磨出来的，她善于也喜欢打磨骨头做的球。老李文为了恭维她，说在整个俄国只有两个皇室家族从事这种艺术：彼得大帝和她。皇帝身上有弱点，对此两宫中人都知道：在所有游戏中他都喜欢占上风。拉姆兹多尔夫把身子附向大公，以便警告他这一点。可是尼古拉性情急躁而又相当用力地把老头子推开了。

游戏开始了。尼古拉准头很好，而皇帝却像故意似的，输掉了一球又一球。随从们开始关注这两个游戏者，渐渐地所有人全都屏息静气。入迷的尼古拉绕着台球桌飞跑，一边瞄准一边大声笑，但每发必中。他的两颊绯红，看得出来，他的想象力已经被彻底激发出来了。皇后最担心的就是皇位继承人身上的这种特点：和他父亲一样，他也忘乎所以了。打出一个幸运的反弹后，尼古拉高呼道：

"Hourra!"①

皇帝做了一个不得不如此的样子。他突然放下台球杆,中断了游戏。

在丈夫在世时习惯于在这种游戏中诚实不作伪的皇后,看起来开始有些担心了。不过,话说回来,谈话仍在继续进行。皇帝问拉姆兹多尔夫,弟弟们学习怎么样,最近一次作文练习是以什么为题的。皇后对教师使了个眼色。教师回答说成绩表明他们正在变好,最后一次练习题目是"和平优于战争的好处是什么"。皇帝表示赞许地点点头。他看着已经平静下来的尼古拉问,关于这个重大问题,他写了什么意见。坐在那儿的皇后脸上没有了笑容,明显不满地听着他们的对答,却并不参与他们的谈话。

老头子拉姆兹多尔夫沉吟了一会儿,忽然回答道:

"没什么。"

皇帝默默地看了他一眼,又看看弟弟,忽然转身,走了,就好像从未提过这个问题似的。而皇后脸上红扑扑的,立刻把身边的人都打发走。

的确,对于男伴给出的、拉姆兹多尔夫刚才提到的那篇作文的题目,大公在笔记本上什么也没写,没写一行字,一个字,以此表现了一个少年人的执拗和任性。皇帝的不满实在是太明显了。

只剩下了母子二人。

皇帝眼皮都不抬地问母亲,她是否认为在对其儿子们的教养和教育中,有必要实行某种改良了呢。他提请其关注正在叶卡捷琳娜皇后宫开

---

① 法语:棒极了!——译注

办的一个新的教学机构——寄宿中学——他亲自担任该校的庇护人。校长他想任命现担任弟弟们男伴的格林卡。她对此又什么意见？最后这个想法皇帝是在散步时突然想到的。所有这一切都是因为，他补充道，偶然性是无法预见的，也是未知的，谁将最终站在最后一层台阶上还未可逆料。

他追加了后一句话，是因为他不相信她。关于继承人的问题他总是绕过母后。比他只小两岁的弟弟康斯坦丁，是一个不懂得节制的家伙，他喜欢他，可母亲却嫉恨他。使母亲宽慰的一个想法是，王位的继承人最好任命尼古拉。他还知道母亲暗中希望能活过他。只须暗示一下，说他可能会任命尼古拉为继承人，就足以抚慰她了。可实际上他并不打算这么做，无论如何在最近的将来他不打算这么做。

说到此处他抬起了眼睛。母亲脸红红地坐着，就连肩背上也充了血，她压低眉毛看着他，接着垂下头。她呼吸急促。她脸上的表情是他十分熟悉的：贪婪、犹豫不决和对他的恐惧。

她气喘吁吁地回答他说，男伴格林卡的优点她知道得很清楚，他很有学问，人也谦虚，但她却认为没必要中断他业已开始的对大公们的教育。

过了几分钟，皇帝就离开了巴甫洛夫斯克宫。

为了教育和培养大公们而开办的寄宿学校，马上就要开张了，虽然大公们现在仍然还在皇后身边。

1811年1月颁布了寄宿学校的诏旨。

# 7

在向莫斯科新娘市场运送姑娘们的同时，一些贵族子弟们被送到彼得堡来学习。

时过境迁了。父亲们忽然明白了，这些小鸟儿们如果没有在彼得堡受教育的经历，就会出不了门，就会被人遗忘，就会被人超越，到那时非但不可能把他们留在身边，而且留在身边还会产生危险，就和从前那些纨绔子弟那样。没有受过教育休想有个人前程。尽管所有人都不清楚将学习什么科目，但这并不重要。只有某些实在太老的达官显贵们照旧采取原有的方式在国外教育子弟。

关于开办寄宿学校的法令激起了父母们的希望和自尊心。

尤其是那些仕途受阻或中断的父辈们，尤其热衷于这一理念。

在彼得三世失势以后立刻堕入衰落、终于爬到极其高尚的训练少校职称的戈尔什金的儿子，八等文官，托木斯克宗教事务省长，其领地早在其出生时就已拍卖了的留里克维奇伯爵，保罗在临终前将其调到身边但也未能因此而获得提升的前巴甫洛夫斯克长官，所有这些人都开始紧密张罗把自己的子弟送进这所学校。根据苦涩的经验大家都知道，必须有人从中庇护，没有强有力的靠山，这事终究没戏。于是大家纷纷开始开发人脉和关系。

# 第二章

*1*

他刚一醒过来,就只穿着内衣跑到窗前。窗下是黢黑深邃的沟渠,沟渠有着光滑的河床,周围都是石头和墙壁。朋友们为瓦西里·里沃维奇在莫伊卡河边的杰穆特旅馆租了三间房,都很阴暗。现在,在较大那间屋里,住着叔叔,旁边是亚历山大的屋,后面那间黑暗的小屋带有隔断,是阿努什卡住的。隔断后面是厨师和室内男仆住的。床很沉重,窗户上的窗帘很密实。

在阿努什卡的侧屋里喝饱了茶后,他急急忙忙出门,连她嘱咐的话也顾不上听。

"千万别迷路,亚历山大·谢尔盖耶维奇老爷。"

叔叔还在睡觉。可丫鬟们已经聚集在走廊里,一个没戴头巾,另一些稍稍穿扮了一些,戴着包发帽,还有几个睡眼惺忪的仆人,整个房间里挤满了人。

他出了楼门走上沿河的石板路,他不知道这条路的名字,除了他们暂住的莫伊卡外,这座陌生城市的外观令他惊奇,和莫斯科没有一点相像之处。没有宽阔的林荫道,没有躲藏在绿荫中的庄园,没有每到春天便盛开丁香花的胡同,也没有赋予莫斯科街道以大车店模样的大门,更没有其墙根土台上蹲坐着莫斯科乞丐和破衣烂衫穷人的大大小小的教堂。在一条长得看不见尽头的街上，他看见两三个拉丁式教堂，更像是普普通通的楼房，而不像教堂。这就是谢尔盖·里沃维奇说过的涅瓦大街，卫士扛着明晃晃的大斧在巡逻。他转了个弯儿，沿着一个方形的广场走下去，看见条空荡荡的河——像一条沟渠，河床衬砌着大理石。他沿着此时宽阔无人的滨河路走下去，越走越远，最后，终于走过桥。前面是低矮的房屋，这里是最贫穷的地方，看起来，这个贫民窟比莫斯科的更加可怕也更加触目惊心。桥边站着一个人，穿着破破烂烂的衬衣，透过家织粗麻布的衣服窟窿能看见其身体，赤裸着细瘦的双脚，脸上漠然无任何表情。

他往更远处走去，但却没有迷路。他不向任何人问路，随着路的走向转弯。这里没有莫斯科式的小胡同：街道直直的，花园，石头，河。涅瓦大街上走着几辆四轮轻便马车。人明显多了起来。

叔叔早就起床了，他很生气：亚历山大居然说都不说一声，不知去了什么地方。他开始理解谢尔盖·里沃维奇了，他实在无力对付这个家族的野蛮习性了。他嘀咕了几句，开始向侄子解释彼得堡是怎样的一座城市。

"你如果往左转，就会走到一条特别像伦敦的邦德街的街，不过，这条街还应该更长一点才是。还有，如果你来到一条街，既看不见它的头，也看不见它的尾的话，那么，我的朋友，这就是涅瓦大街了。哎，夏园就是夏天的园子，你自己也猜想得到。等你不再嘀咕你的规则了，走了也就差不多半个小时了。但你就不要再走了，大中午不要在外边走——皇上一般都在这个时候散步。也不要走得太远，因为这会迷路。要想不迷路，就得常问路：杰穆托夫酒馆。是个人都能告诉你在哪儿。"

叔叔瓦西里·里沃维奇对他说过街道的事儿，此刻他已经走在街道上了，而且，看起来他对这些街道熟悉的程度，不亚于叔叔。

瓦西里·里沃维奇睡了好长时间，一直睡到午后，随后就出门不知去了哪儿。夜里很晚他才回来，那时亚历山大已经睡着了。可亚历山大白天在城里逛够了，直到逛饿了才回到家。就这样在最初的几天里两个人差不多都没有相互见过面。叔叔恢复了自己过去的关系：去拜访了达斯科夫、勃鲁多夫家，朋友们争先恐后地邀请他做客，不是吃午饭，就是去吃晚饭。文学战争也在火热进行中，他的事情多得要命。而侄儿应该重复自己的全部规则，复习所有这些算术和语法，以便能应付父亲一辈的耶稣会士们所提的问题。瓦西里·里沃维奇在吃饭时向朋友们告了那些耶稣会士们一状：

"如果预先就要求学生们具备一定的学养，像所有那些圣父们通常所做的那样的话，ces reverends peres,① 那样的话要他们还有什么用？可怜的孩子们已经被那些科学折磨得够苦的了。我这次来把侄儿带来了，他很有灵气也很有求知欲，可到这里非但无法满足他的求知欲，还不得不复习这些运算规则。让那些圣父们都见鬼去吧！"

瓦西里·里沃维奇一有机会就喜欢吹毛求疵，为的是弘扬彼得堡自由卫士的荣誉。不过，他只是没有机会，也不愿意检查侄儿的水平。有一次他在侄儿的桌上发现一本伏尔泰的赞美诗和庇隆的长诗，起初感到吃惊，继而读得放不下了，于是把书拿到自己屋里，甚至都忘了告诉亚历山大一声。

过了两天谁都说不出瓦西里·里沃维奇拿走的那些书在哪里：窗台

---

① 法语：那些神圣的教士。——译注

和地板上，到处扔的都是书。对手的书叔叔是不会用剪刀剪的，而是用叉子叉，像是开膛破肚，而亚历山大立刻就认了出来：这几本书就是乱堆在地板上的。叔叔瓦西里·里沃维奇一直以文学斗争为生活的养料。无怪乎希什科夫以其瓦良格—罗斯式的口气挑逗他说：叔叔在冲向战场。

有一天深夜，亚历山大醒来了：听见旁边那屋有人悄悄地发出呼哧呼哧声，呼噜呼噜声，呻吟声。他蹑手蹑脚地走到门口。叔叔只穿件衬衫坐在板凳上，地板上放着一只燃着的蜡烛，被光照亮的他的手里端着一本书，瘪瘪的肚子一起一伏。他看了吃惊的亚历山大一眼，继续笑个不停。最后，他用手帕擦了擦额头，叹了口气，对亚历山大说：

两匹马！

他朗读道：

是谁在那里驾驭着双轮马车奔驰，
骑在敏捷的两匹骏马身上？

"两匹马就是一对儿"，他最后做了解释，"这用的是人家的语言，而用瓦良族罗斯人时代的语言，意味着一对儿。例如，他们的弹唱诗人，他们的希赫马托夫公，这个浑身是毛的小丑，这样写道：两匹马。这是精神病院，是烟草，我的朋友。半夜的黎明！"

大伯向四面八方吐着唾沫。

他把整首诗给亚历山大读了一遍：

除了"两匹马"外，令他感到伤心的是，此诗中连一点值得他留意的东西也找不到。

"无聊,"他说,"多么无聊!这就是所谓的弹唱诗人!这种弹唱诗人最好的地方是阁楼上!阁楼才是他应该待的地方。"

令亚历山大惊奇的是,大伯居然也会说脏话。他又从地板上捡起一本书,是希什科夫的词典。

"打响嗝,"大伯读了头一句,忽然发火道,"瞧!这是把广场和酒馆里的脏话往诗歌里拽呀!而所有这些做法都受到鼓励!还能印成书!这个老家伙是在组建自己的喽啰和团伙吧。这个酒馆里的小鬼!这才是他所谓'座谈'的实质!这得让所有人都知道!什么才是真正精致的品位呢!想一想都觉得可怕!"

"仁慈的先生们,你们称我是'为品味而奋斗的斗士',"他嚷道。"是的,我是一个品位斗士。但你用的词太荒谬,太下流,是魔鬼的语词。但从今往后我也开始采用这个词了。我是品位斗士!我生来就这样,死后也如是。"

文学激情使他像是换了个人似的,亚历山大头一次看见他如此激怒。

"指甲——见脚;刀——见脚,"大伯读着希什科夫字典,"裸体——见脚;除了脚还是脚。灰尘——见火药。我为什么看灰尘偏要看火药呢!"

旁边屋里的人同样也没睡着,从简短的说话声和点钱声可以断定,墙那边正在进行牌戏。

"打呼噜——见发出呼哧声。"大伯读着读着摊开了双手。

"在梦里打呼噜是一回事儿,"他对亚历山大说,"在大庭广众中发出呼哧声则是另外一回事。前者是一种不幸的习惯,后者却是教养的标志。由此可见,我偶尔会在睡梦里打呼噜,但压根儿不会当着女人面发出呼哧声。希什科夫所受的教育却是,对他来说,全都无所谓——打呼噜还是发出呼哧声。"

随后他立刻就从"两匹马"的出处的那本书中,读到克雷洛夫一首新的寓言,按照他的观点,写得很粗陋,那种和谐是受到外界排斥的一种:

> 一根长长的树条,
> 农夫赶着鹅进城卖!

"Иной——иной——ык——гу——гнал,"① 瓦西里·里沃维奇嘟囔道,"这叫什么发音!"

新的寓言以其道义性激起了他强烈的怒火。

"是啊,我们的祖先是拯救了罗马!是的!是的!是的!"大伯嚷道,"而且拯救成功了!而您的,仁慈的先生,却在放鹅!多么显著的差别呀!您和您的寓言离德米特里耶夫远着呢。"

大伯灵心大发。他此时已经不再称呼其对手的名字了:希什科夫是个老家伙和老爷子。在他嘴里一个叫马卡洛夫的被称作马拉科夫或简言之,曰马拉卡。

"《圣经》中的索多玛和疯人院!"说到此处,连他自己也吃了一惊。

他从板凳上跳了起来,忽然记下一个韵脚。他在连自己也未能察觉的情况下,为了捍卫禁止的品位,使用了一些极其强有力的表达法。

在旁边那间屋子里,牌戏结束了——有人透过牙齿吹着口哨,忽然

---

① 这些是瓦西里·里沃维奇认为毫无韵律的俄语发音,没有特殊含义。——译注

又小声嘀咕道:

> 那个被时代召唤来的头发灰白的老头
> 整整一路都在陪伴自己的时代。

大伯突然安静下来了。
他静静地偷听了一会儿,庄严地冲着墙那边对侄儿说:
"沙里科夫,西斯马托夫的歌儿莫非现在没人唱了吗。"
亚历山大听得津津有味。他喜欢这一切——窗外的夜色,大伯的万丈豪情,墙那边的歌声,以及大伯参与其中的文学战争。大伯的文学观点对他来说是无可争议和不容辩驳的,他全身心地站在大伯一边。最后大伯轰然一声倒在床上,打发亚历山大去睡觉,一分钟后,两人就都睡着了。

## 2

杰穆托夫的房子,一直延伸了三条街,三条街上各种各样的居民,在各条走廊里跑来跑去的女仆们,脸色阴沉的室内男仆们,以及重新敞开的门里突然传来的杯盘叮咣声——所有这一切都在很大程度上吸引着他的注意力,他的眼睛忽然睁开了。根据走廊里一行飞快闪现的窄窄的脚印和匆匆忙忙披上的纱巾,他知道这是有人在约会。沉默寡言地坐在安静角落里的那位外国人,却原来是个小提琴手,每天早晨演奏着同样一首练习曲。这是一个新的世界,丝毫也不像莫斯科,也不像哈利托尼耶夫胡同,没有什么东西令他想起尼基塔打盹儿的那个前厅,父亲的书房,以及他本人在壁炉前长待的那个角落。有一天晚上,他忽然在自己的那堆东西里，发现一包硬硬的蜜糖饼干，是阿琳娜塞进去的，这令他想起阿琳娜，他心里想着阿琳娜把饼干吃了。

瓦西里·里沃维奇对首都很不满意。天气热得他实在受不了，他从早到晚坐在窗前，擦着汗水，吞着柠檬汁儿。一些团队不时会在涅瓦大街上训练队列步法，这让他想起自己从军的时代：黑海战争始终在没有胜败的情况下继续。大伯读了《北方蜜蜂报》并嘀嘀咕咕。只有在巴黎才有化装舞会和旋转木马，是为了庆祝刚刚诞生的罗马国王的，而在其他地方，到处都是除了火灾还是火灾，威苏维火山时不时地有发生喷发的危险。在瓦西里·里沃维奇为了了解最新诗歌动态和时尚而购买的《欧洲博物馆》里，有一篇文章是论述如何为出发进行远征的士兵生产汤粉的，还有一篇文章是哲学方面的：《是否可以把自杀者当作疯子？》。

"当然，可以呀。"瓦西里·里沃维奇吞了一口柠檬汁儿，生气地说。

杰穆托夫门口有人在打架。早晨，瓦西里·里沃维奇命令酒馆仆人给他送一杯——仆人送来了一杯巧克力：主人不肯还空器皿。作为一个名副其实的恶棍，他竭力想要到处抓私心。

大伯骂仆人是傻瓜，并在仆人背后喊道：

"强盗！"

瓦西里·里沃维奇在彼得堡作为一个闻名遐迩的纨绔公子，希望能够更新英国刀具中烫小型发卷的夹子的储备，指甲锉刀，但很快他就得出结论，什么都得不到——由于大陆体系的原因轮船根本就不行驶，于是不得不用卷发纸来替代。这在阿努什卡和仆人那里引起了哄笑，他们一看见戴着卷发纸的老爷要去睡觉，便会四散而逃。瓦西里·里沃维奇在一切方面奴隶般的遵循时尚，购买了一顶带有平面帽身和小帽檐的圆形帽，戴上后使人觉得他的脸是圆圆的。出门散步时，他会不无几分厌恶地把细窄条的卷发纸紧紧绷在头上，再蹬上骠骑兵的靴子。他的两腿和裤子都细溜溜的，锁芯新的时尚放在他身上压根儿就不合适，但在彼得堡人们都是这么穿衣服的。此外时而是玫瑰水不够了，时而染须剂不够了，室内男仆阿列克谢简直快跑断腿了。瓦西里·里沃维奇家的厨艺似乎大大落伍了。如今时尚的是散发着奇特恶臭的奶酪和空心包子。热包子却没蒸够，犹如小说里描写过的那些嗜血的野兽。有许多新菜品是勃莱兹从不知道的。

一大早，还在吃早饭时，大伯就向厨师定制了午餐。勃莱兹嘟囔道：

"好的。随便您。可以放在空气里吹一吹，就成了空心包子了。这个城市里没有温室。热包子欠火这不难办，这里没有什么奥妙。"

他眼望着别处，气狠狠凶巴巴的样子。

老爷严厉地追问了勃莱兹。而勃莱兹最隐秘的自尊是他的厨艺，此时受到了深深的重创。他把勃莱兹带到彼得堡不是无缘无故的：他最危险的对手就被排除了，而勃莱兹最危险的对手就是厨师塔尔季夫，他把法国大使科连库尔的餐桌变成一则神话。沙皇温室里曾经流传着这样一个关于7只奇妙无比的梨的故事。两年前，塔尔季夫花了700卢布买了这间温室用于给厨房供应食材。沙皇给科连库尔送去了10只梨，可路上梨被人偷走后运到了莫斯科。小偷被抓住后送去当兵了，梨也找到了，其中3只梨腐烂了，剩下的7只梨塔尔季夫花了700卢布在彼得堡给买了下来。瓦西里·里沃维奇耸了耸肩膀说，这一切都是科连库尔自己杜撰出来的，他是一个长于搞阴谋的阴谋家，而他的勃莱兹丝毫也不亚于塔尔季夫本人。如今既然科连库尔已经被召回，而瓦西里·里沃维奇又对其厨师塔尔季夫的名望无丝毫同情,所以,便想用勃莱兹谦卑的才华使其彼得堡的友人们小小的吃惊一下。勃莱兹是他亲手缔造的,可是,他发现原来他夸大了勃莱兹厨艺的优点和长处了。他的厨艺已经落伍了,而他却在许多方面与时俱进。有一次他家的午餐被拒绝了,安娜·尼古拉耶芙娜打发人去酒馆买外卖。每天夜里他都疼得直叫唤:胃在折磨他,新菜品于他并不合适,所有菜都撒胡椒面,干巴巴的,或是又薄又酥。口味的法则就是如此,对此是不容分辩的。

很怪就有一条消息令勃莱兹激动不已,城里到处都买不到牡蛎,因为轮船停运了。瓦西里·里沃维奇还在路上时就对亚历山大讲述了国外牡蛎的事情,并且已经在没有实物的情况下教会他如何食用牡蛎:稍稍洒上些柠檬汁儿就可以食用。他的嘴已经因为回忆美食而扭歪了。他还指望在彼得堡的地下室里能找到牡蛎,然而此刻却怎么也找不到牡蛎了。这令瓦西里·里沃维奇怒不可遏。

"涅瓦河干了,comme mon cul①。"有一天早晨他绝望地对亚历山大说,"没有牡蛎了。法国人不让英国人的船进来,而法国人自己又受到了禁令的限制。这就是大陆体系所结下的恶果。我认识拿破仑皇帝,我承认他身上是有许多值得尊重的品质。可这都是次要的。多么可恶呀!"

3

有一天瓦西里·里沃维奇表情怪怪的——这种表情他在父亲脸上也曾见识过——对亚历山大说:

---

① 法语:*像我的屁股*。——译注

"今天咱们去一趟伊万·伊万诺维奇·德米特里耶夫那里。他告诉家里人说6—7点之间他在家。"

他看了一眼侄儿，感到不太满意。

"亚历山大，你可得对他客气一点，得十分客气才行。记住，你的命运就取决于他。"

亚历山大拧着眉毛看着大伯，脸上看不出丝毫客气的迹象来。

瓦西里·里沃维奇几乎转眼间就陷入了绝望和嫉恨：这小家伙满脑袋糨糊，而且事情办得也不顺利。天主教修道院院长尼果尔听说寄宿学校就要关了。屠格涅夫正在到处奔波，跑动，求人，你根本抓不住他的人影。总之在彼得堡每个人都在忙自己的事，对别人的事根本就不想过问，和莫斯科人截然不同。至于寄宿学校那更是想也别想，没有重要人物做后台，想进去门儿也没有。伊万·伊万诺维奇·德米特里耶夫是这个家最早的保护人。文学界的人脉关系，他娶安娜·里沃芙娜妹妹而未遂的婚礼，所有这一切都拉近了他和瓦西里·里沃维奇的关系和距离。他向侄儿解释了事情的现状，重申一句，希望侄儿能非常客气殷勤才是。如果亚历山大能偶然在德米特里耶夫脸上看出作为关心的征象的德米特里耶夫特有的表情的话，那该有多好哇！于是他立刻想象这应该是怎样的一种情形。"别人的解释"太冗长，"时髦的夫人"太诱惑，寓言故事太短小。他从最新出的书里选了两则寓言："公牛与母牛"和"大象与老鼠"，建议侄儿读一读，自己则准备找时间听一听。而亚历山大却仍然拧着眉头看着大伯，看样子一点儿也不急于朗读德米特里耶夫的寓言。大伯等了一会儿只好自己朗读起来。

六点整他们动身去见德米特里耶夫。

德米特里耶夫笑着迎接他们到来。他头发已经花白，但脸色却十分红润,眼睛有点儿斜,眼神带点怀疑的神色。他请求瓦西里·里沃维奇原谅:他分配给友谊的时间不能超过一小时。

"我在这儿住的不是我自己的房,我的家在莫斯科。"他说。说完就开始抱怨,显然他这么抱怨已经不是第一次了——成天就是处理来往信件,发送公文,礼节性地拜访宫廷,不断地给人家投送名片。人人都能剥夺我们的时间,而这些时间我们本来可以过得更有意义一些,或至少会给我们自己带来真挚的欢乐也行呀。这种宫廷学问里有多少繁文缛节呀!

他接待他们时穿的是普普通通的家常衣服,并且一开口自己就说到这一点:

"把我的带星星的肖像授予茹科夫斯基多么丢人!对于公众来说,我又不是什么部长,而是个文学家而已。"

"诗人!"瓦西里·里沃维奇补充道。

"写诗需要时间,"德米特里耶夫说,"红门附近我那座小院子怎么样?"他脸上挂着明显的忧思问了一句,却当即打听其卡拉姆津的近况:身体健康与否,为什么不写信来,是不是一劳永逸地冷淡诗歌了?

"咱们在莫斯科举办的诗歌晚会多么出色呀!"他摇摇脑袋,对瓦西里·里沃维奇感慨道。

他始终都没有注意到亚历山大的存在。

他有意使自己的表述简洁,他对话语的简洁十分关心,他也以说话简洁这一特点著称,因此,他说话和所有人都不一样。他的书房也归置得十分简朴:长长的写字台上一尊皇帝的胸像,角落里一个带着玻璃罩的蒙着眼睛的忒弥斯胸像,墙上一个普通的挂钟,一个书橱,窗边几个插着菊花和蜡树的大罐子——主人喜欢花草。然而,尽管如此,这个书房却很宽敞，甚至可以说太宽敞了，用花缎装饰的糊墙纸和软和的安乐椅都很奢华。德米特里耶夫住的是公家的房子，四面墙上挂的都是大画。其中一幅上描绘的是在昏暗的树林里举行的夜宴，另一幅表现的是某次战役。

"有时候我头脑里会浮现出这样一个念头，即我生来之适合在莫斯科生存，别的地方都不适合我。而在这里有时候你会想要出国去，想要离开俄罗斯。"

瓦西里·里沃维奇立刻抱怨彼得堡的生活：哪里也找不到牡蛎，找不到洗手间，洗手间事情虽小，却是生活必需的。这一切都是因为轮船不通航的缘故。

德米特里耶夫斜着眼仔细地看了他一眼，对他的这番话不置可否。

"是啊，莫斯科，莫斯科。"他重复说，而这次瓦西里·里沃维奇感觉到他这位从前的朋友——正在想着自己的心思的部长，不愿意和他讨论重要的话题。

"你说哪儿有牡蛎呢。"他慌窘地说道。

"我的朋友，"德米特里耶夫最后略带责备地回答说，"您要是在我的故乡，塞兹兰，吃过我们家乡的小鲟鱼，您可能再也不会想什么牡蛎了。"

在塞兹兰他也没待多少年，但午饭后的时间他喜欢沉湎于回忆。可是瓦西里·里沃维奇却无法迫使自己在彼得堡思考塞兹兰。他准备谈一谈"座谈"的事，并且已经开始呼哧发声了，但却未能成功。伊万·伊万诺维奇在所有问题上都和"座谈会"观点相左。一些可笑的令人沮丧的传言传到他耳朵里了：据说在"座谈会"上人们私下里在嘲笑他新出的诗集《我的无所事事》这本书的题目。诗集的名称一度有其特殊的含义,因为卡拉姆津当时出版了诗集《我的无所事事》。把自己的诗集命名为《我的无所事事》,伊万·伊万诺维奇想表明自己的观点与卡拉姆津完全相同,同时也表示了自己的谦虚谨慎态度。不过,传言毕竟需要进行检验,而目前暂时还不能否认"座谈"是礼貌周到的:他们选举伊万·伊万诺维奇作为庇护人,和扎瓦多夫斯基、莫尔德文诺维奇以及拉祖莫夫斯基平起平坐。

"如果就连他们也迷路了的话,"他对瓦西里·里沃维奇说,"那么,应当说他们的目的还是值得尊重的。他们推选卡拉姆津为荣誉会员。"

德米特里耶夫就年龄和地位来说都比他高,此刻,作为卡拉姆津的朋友,他曾经也和杰尔查文友谊甚笃。他在文学界主张和平。

瓦西里·里沃维奇顺便说到伊万·伊万诺维奇新出的寓言《三个旅人》和《大象与老鼠》引起了人们的议论。在莫斯科人们正在贪婪地阅读。尤其是《三个旅人》甚至都不能被称之为寓言,从各方面来看应当是一首长诗。

伊万·伊万诺维奇忽然脸色大变:他的一双斜眼炯炯放光。

"寓言是一种忘恩负义的体裁,无论如何都写不好,"他笑着说,"我们的语言怎么也词不达意。"

"那么《公牛于母牛》呢?《三个旅人》呢?"大伯略带责备地反驳道。

"这的确是寓言,或按您的说法,是长诗,应当算是我最好的诗作之列。"德米特里耶夫漫不经心地说,"看样子莫斯科人还记得我。"

这时瓦西里·里沃维奇说起了克雷洛夫的寓言,说这些寓言的语言别扭,关于道德只字不提——全都是为官方编撰的。

"农夫赶鹅到城里去卖……嘎嘎叫的一群鹅！——Ык-гу-гнал-гугу！"①

德米特里耶夫笑了。

"这里的和谐是模仿所得！这只有在他们'座谈会'人的笔下才可以见到！鹅嘎嘎地叫！"

这时瓦西里·里沃维奇才斗胆说，惊动耄耋之年的加夫里拉·罗曼诺维奇，是希什科夫的罪过。"座谈会"会给他带来多少麻烦，这不难想象！据说每逢他们聚会，喷泉街人车都无法通行。敌视"座谈会"的聚会是在老朽的杰尔查文家里举行，老人为这些聚会提供了他家里的一个很大的客厅。"座谈会"的成员被称为贡献给祭坛的祭品和牺牲，反对派则认为老头子发疯了。

渐渐地德米特里耶夫身上的官气就消失了，看样子他对文学界的赞誉还是很敏感的。

他摇晃着脑袋，怀着深沉的抑郁谈起了自己伟大的朋友：

"现在他正在兹瓦克休养。人也老了。只是有时候唱唱老歌，但精神饱满，精力旺盛。有时还会进宫，哪儿都敢去。正在从事文学批评，还是写颂歌。"他叹了口气，摇着脑袋说。

他用斜眼四下里瞅了瞅，嘀咕道：

"天哪，千万不要让他受二茬罪了！"

大伯最后终于想起自己此行的目的。侄子在他身边成长得很快，记忆力惊人，也是伊万·伊万诺维奇的崇拜者，已经开始胡涂乱抹地写诗了。

---

① 这里是瓦西里·里沃维奇模仿鹅的叫声。——译注

德米特里耶夫头一次认真地看了亚历山大一眼。他看样子似乎不大高兴,小男孩已经开始胡涂乱抹地写诗了——他的眼神变得严峻起来。

"让他还是先学学押韵吧,"他说,"年轻人最好是先读读别人的东西,而不是一上来就写自己的。"

大伯急忙表示,他把自己的侄儿带来,是想把他安排到寄宿学校去读书。

"这个主意我很赞赏。"德米特里耶夫说。他瞅了一眼钟表,"这毕竟是机构。总算开始用母语教孩子们了!不然的话哪儿都找不到几个善于用母语写作的人!"

大伯心惊胆战地听着钟表嘀嗒声,犹豫不决,不敢打断朋友的话。

"不过米哈伊尔·米哈伊洛维奇·斯佩兰斯基和阿列克谢·吉利洛维奇是同意了的,"德米特里耶夫说,"我也渐渐地想要创办一些教学设备齐全的法律中学,在什么地方都行。没有许可证我是不会允许司法稽查官到法庭奔走的。我们已经过了愚蠢的学徒期了。"

他身上文学和作家的细胞忽然消失不见了,任何人也不会认为半个小时前这里的人还在讨论诗歌的事情。

最后,瓦西里·里沃维奇直截了当请求他介绍侄子入学。

已经晚上七点了。

伊万·伊万诺维奇斜着眼郑重其事地盯着这位少年郎。少年郎头发卷曲,脸色稍稍有些发黑,眼珠滴溜溜的。他身上可看不出有什么求知欲。

"我说说吧,"部长一边起身一边说,"我和阿列克谢·吉利洛维奇伯爵见面时说一说。可这人现在变得那么笨重臃肿,不近人情,滑头滑脑的,连我都说不上什么时候能见到他。"

他朝客人们笑了一笑，用硬邦邦的像木头一样的手掌拍拍亚历山大的脑袋，送他们出门。

走出门外，大伯四下里打量了一番，评价部长住的这条街道：

"好阴暗的地方。"

彼得堡在他眼里是个他不认识的庞大而又陌生的城市。大伯很生亚历山大的气。侄子不爱与人交往，身上稍稍有些野性。在准备去见德米特里耶夫时，瓦西里·里沃维奇对于这次会面的想象可是和这完全不一样的。

一切都进行得很顺利，而分手却很冷淡。

亚历山大忽然问杰尔查文住在哪儿。

"在那儿，"大伯一挥手回答道，"在喷泉街。加尔诺夫斯基家旁边。房子很好，可据说老头子已经老得不成样儿了。戴着包发帽在院子里走来走去，像个老太太，穿着带条纹的睡袍。整个一个鞑靼人的穆尔扎。像个小鬼似的鼻音很重地嘟囔着赞美诗。"

他们沉默了好久。随后大伯欢快了起来，对亚历山大说：

"随它去吧，这个寄宿学校。咱不去寄宿学校了，咱去找那些耶稣会士吧。你看见过他们的校舍吧？他们的建筑物很漂亮。至于关于三个旅人的寓言，无论你怎么说，也还是一则很普通的寓言，绝对不是什么长诗。"

# 4

最后，屠格涅夫终于出现了。他一直忙得脚不沾地。他一边用手帕挥赶着苍蝇，一边轰然倒在安乐椅上，说他本来邀请了尼果尔院长来家里坐坐，以便介绍他和瓦西里·里沃维奇认识，向他推荐一个他未来的学生的，可几天前情况突然变了：尼果尔院长突然关闭了自己的修道院。他忽然生了一种奇特的流行病，这种病把许多学生都给撂倒了。院长大人对彼得堡很不满意，而彼得堡也对院长很不满意。斯佩兰斯基总是和他作对，而拉祖莫夫斯基是支持他的。他那所寄宿学校的骨干教师、耶稣会士谢普塔沃神父，死了。尼果尔绝望地去了奥德萨他的朋友里舍里耶那儿。耶稣会士们取代了那里原来的嘉布遣小兄弟会修士和方济各会修士以及加尔默罗会修士。戈利岑认为这是一件好事，而对于他亚历山大·伊万诺维奇来说，却无所谓，而且他也看不出有什么特殊理由要赶走那些加尔默罗会修士。他们这些修士们对于建设克里米亚来说都是有用的人才。尼果尔院长想要开办一所新的寄宿学校，想把其在奥德萨的学校也叫寄宿学校，可是耶稣会士同事们马上就要被驱赶出去了。总而言之，安排亚历山大入学的时机实在是太不走运了：稍等上半年一年的，一切问题就都不存在了。

瓦西里·里沃维奇惊呆了。他分辨不出耶稣会士修士和嘉布遣小兄弟会修士的区别，而且也和克里米亚没任何关系。新的寄宿学校和奥德萨寄宿学校把他给搞糊涂了。他听明白的只有一点：就是他想把亚历山大安排进去的尼果尔那所寄宿学校，从今往后再也不存在了。彼得堡的一切都发生了急遽的变化。他后悔当初自己屈服于毫不计较的亲情自告奋勇地提出安排侄子进寄宿学校，而这家寄宿学校如今关门了。妈妈喜欢说的那句口头禅意义多么深刻啊："咸吃萝卜淡操心。"此时才理解其中的深意。他仔细瞧了一眼亚历山大，心里很迷惑，今后该怎么和他相处，该把他往哪儿塞呢。

亚历山大看样子感到很窘迫：谈话涉及他本人的命运。他已经完全认同了今后将要和耶稣会士们一起生活这种想法了。这种生活的新意吸引着他，令他向往。他在头脑里想象耶稣会士之家高高的穹顶，死气沉沉的同学们一言不发，拉丁话语，僧侣戒条的规范严谨——对后者，他在内心已经在时刻准备加以违反了。如今所有这一切都轰然倒塌了。一想到自己还得重新回到父母的家，就令他怒不可遏。彼时彼刻，他毫不犹豫地立下决心，哪怕付出多大代价也绝不回头。他皱着眉头看着大伯和屠格涅夫，屠格涅夫察觉到他的窘迫了。

"得把他送进寄宿学校去，"他说，"那里将采用新的教学法教育孩子，也许大公们都将进去学习。斯佩兰斯基亲自担任庇护人，我甚至听说，皇帝本人也要做庇护人。耶稣会士们都气疯了。"

他答应给戈利岑递个话儿，需要的只是等待合适的时机：伯爵此时正在生气，这种时候他总是非常易于发怒。

"那家寄宿学校很好，"亚历山大·伊瓦诺维奇解释道，"据说这不是一般的寄宿学校，而是一所中等师范学校，不是大学，但和大学是一体的。说它是寄宿学校是因为里面一切齐备，说它是中等师范学校是因为那里面将不会有超龄生，说它是大学是因为那里教课的将是教授。库尼岑，我们熟悉的尼古拉申，是刚从哥廷根学习回来就被任命为教授了。"

瓦西里·里沃维奇恢复了元气：戈利岑要比拉祖莫夫斯基厉害多了，至于德米特里耶夫那更是不在话下。他感情真挚地拥抱了亚历山大一把，又和对方握了握手，就好像正在把侄子交给对方来监管似的。亚历山大的命运一眨眼间就决定了。

原来，瓦西里·里沃维奇很早以前就对耶稣会士们感到怀疑了。例如，他听说为了在学生们身上培养盲目服从的品性，他们强迫学生们在菜园里一行行地种植手杖，就是那种货真价实的带有手杖镶头的手杖。

结果呢？他们还强迫穷人们每天浇灌这些手杖，就好像那些手杖镶头会长出来是的。这帮畜生！老实说大家早就对耶稣会腻烦透了。话到此处感到幸福而又无忧无虑的瓦西里·里沃维奇想起布瓦洛的一句俏皮话。布瓦洛有一次和一些耶稣会士的教父吵架，耶稣会士们派遣了两位成员对他进行劝诫。布瓦洛问他们是什么人。他们回答说：耶稣会的。于是布瓦洛又问：是正在诞生的耶稣还是正在死亡的耶稣？因为耶稣是在牲口圈里诞生的，而是在两个强盗中间死去的。

瓦西里·里沃维奇喜悦异常。一想到侄子即将到宫中受教育，就令他喜不自胜。他不由自主地骄傲地望着亚历山大这个在一秒钟前还被他看作累赘的侄子。彼得堡命运之神的反复无常，这种偶然性的游戏，这种命运的突然转折，令他感到触目惊心。于是他说起话来就没个完。

屠格涅夫也笑了，他喜欢普希金一家人原本就是冲着这一点。整天和彼得堡的人事打交道，什么都是第一个知道，对彼得堡的所有变化都能深刻感受得到，同时还要忠实于一种重要的哲学——德国的和意大利的——这可不是一件轻松的事。亚历山大·伊万诺维奇打心眼里喜欢莫斯科的灵魂。当着大家的面不断改变其关于耶稣会士的观点和看法的瓦西里·里沃维奇，显得十分可爱。

不过，笑归笑，他对瓦西里·里沃维奇的一个观点难以苟同：耶稣会士可以是有用之才。在萨拉托夫那些德国人以及高加索各民族人民中间，在莫兹多克草原，在中国边界地区，他们的工作不是没有益处的：任何人都不会愿意自动前往那些地方，而耶稣会士却毫无怨言地迎难而上。

瓦西里·里沃维奇挥一挥手，他再也不想耶稣会士的事儿了。寄宿学校还是中等师范学校——反正是侄子即将进入的学校就是了。

屠格涅夫自己也搞不清楚。两人最后决定用那个词好一点：就寄宿学校吧，听起来更豪放一点。

大伯又要了些酒，要亚历山大把自己杯中的酒喝干。彼得堡原来是世上最幸福的城市。此时屠格涅夫忽然回忆起自己是带着怎样的好消息来见瓦西里·里沃维奇的。原来他带来了巴丘什科夫的新作。

巴丘什科夫是引起彼得堡和莫斯科两帮朋友们纷争的那颗苹果：茹科夫斯基和维亚泽姆斯基无论如何也不放他离开莫斯科。彼得堡的格涅季奇可谓羡慕嫉妒恨。近来一种更加温柔的关系把他更牢地固定在莫斯科：阿列克谢·米哈伊洛维奇·普希金的夫人，叶莉扎维塔·格里果利耶夫娜，一个聪明而又美丽的女人，成了他的朋友。话说回来，导致彼得堡和莫斯科争吵不断的这位诗人，对这一切纷争已经厌烦之极。他会不时地躲进自己那恰好坐落在两大首都之间的庄园里去。亚历山大·伊万诺维奇得以比莫斯科人更早得知的诗歌新作，正是题献给那些莫斯科的友人们——茹科夫斯基和维亚泽姆斯基的。亚历山大·伊万诺维奇相信瓦西里·里沃维奇还不知道这首新作的存在，但他却把诗稿忘在家里了。这首题献诗题目是《我的桑梓》，长达 200 行。瓦西里·里沃维奇张开双手惊呼道：

"两百行！是什么诗呀！"

屠格涅夫只记得开头两段：

> 这个时代头发灰白的上帝
> 紧跟在我们身后蹑足而来
> 他用无情的镰刀
> 割掉了草地上的花草，

> 我的朋友，让我们快点追赶幸福
> 在生活之路上迅跑，
> 让我们赶在死神前面
> 把甜蜜的琼浆满饮！

"多么迷人。"亚历山大忽然赞叹道。

"很迷人，"大伯困惑地重复道，"他超过了所有诗人！"

于是让他再朗读一遍：

> 让我们赶在死神前面
> 把甜蜜的琼浆满饮……

瓦西里·里沃维奇慌了。

"而莫斯科还什么都不知道呢。"他为莫斯科那些仍年轻的朋友们，那些当初不肯把这些诗作向他展示的朋友们感到沮丧。

亚历山大的眼睛在燃烧。他在莫斯科时对于彼得堡对于诗歌的这种狂热竟然一无所知。酒精和巴丘什科夫这些美妙的诗句在他头脑里搅成一团。他忘乎所以地请求屠格涅夫重新再朗读一次，屠格涅夫就又读了一遍。蜡烛点亮了，月亮升起来了，窗户是敞开着的，空气变得清凉起来。三个人坐在那儿，都被彼得堡的新闻给打倒了。

夜里他从睡梦中醒来。他的头脑在沸腾，在翻江倒海。天色亮了，像白昼一样。房间里充斥着巴丘什科夫的美妙诗句。

# 5

瓦西里·里沃维奇忽然像是变了一个人。从前,他会长久地缠绵在被窝里,长久地机械地打着哈欠,拍着巴掌时而把仆人叫来,时而叫厨师——总之,在出门之前,他会以一种怅然若失的状态投身于慵懒。忽然便会有一个幸福的梦境向他袭来,让他突然发出声震屋宇的鼾声,以致安娜·尼古拉耶芙娜每次一听见他打鼾,就浑身颤抖。如今一切都变了个样儿。他夜里再也不睡觉了。鹅毛笔尖沙沙响个不停,墨水飞溅,肚子一起一伏:大伯哈哈大笑了。安娜·尼古拉耶芙娜有时会惊恐地从门口探头进来,每次看到的都是同样的景象:瓦西里·里沃维奇漫不经心地把睡袍披在身上,那睡袍眼看就拖在地上了,勉强盖在他凸起的肚子上。他坐在写字台前,哈哈哈哈笑个不停,写满一页又一页纸。头上几根稀疏的头发直立着。安娜·尼古拉耶芙娜悄悄地画了个十字,这才躺下睡觉。亚历山大有时候会好奇而又带有欣赏的意味观察大伯的行为。有一次他发现自己干扰了大伯,连忙小心翼翼地退了下去:瓦西里·里沃维奇看见他,却又好像没看见他的样子,发出一种呻吟声,煞像牛的哞哞叫声。墙那边时不时地会有呼噜声和呼哨声传过来:这是大伯在朗读诗作。随后他擦擦手,发出哈哈大笑声,忽然就风平浪静下来。一片寂静——很快就传来了鹅毛笔的沙沙声。就这样,大伯始终不脱睡袍,忘记了世上的一切,在书房里一坐就是两个星期。两星期之后,瓦西里·里沃维奇像是换了个人。他把头发烫了卷,嘴上抹了唇膏,身上喷了香水,就从家里消失了。房间里出现了一个老年写手,带着一束鹅毛笔,开始誊抄瓦西里·里沃维奇的文件。安娜·尼古拉耶芙娜最见不得官样文章,对这一切都冷眼旁观。可是写手却削尖了笔尖,舌头微微伸出来，勤奋地誊抄文件，她也只得与之相安无事；有时候还会吩咐下人给写手端杯伏特加。有一个现象很快就让她心安理得了：写手在誊抄时常忍不住嘿嘿直乐。安娜·尼古拉耶芙娜觉得受辱了似的，下令不再给写手送伏特加。第二天，瓦西里·里沃维奇在出发去做客以前，不善于掩饰自己的欢乐——他表情庄重地给裤口袋里塞满了纸张，并且特意望了亚历山大一眼。他眯缝着眼睛向他坦诚地表白道：一首极其特殊种类——既调侃又不无英勇豪迈的——新型长诗问世了。当然了，亚历山大对这类事情还不在行——因此，遗憾的是，大伯当然是不会为他朗读一字一行的。所有那些神父之子们，仆人们，头发灰白的老爷爷们，希什科夫家人们——全都统统完蛋了。遗憾的是，这首长诗作者的名字，暂时尚不得而知。

但他当时很清楚，作者就是大伯。

就这样，他来彼得堡本来是为了安排侄子上耶稣会士开办的学校，而且对究竟能上一所怎样的教学机构尚不得而知时，却意外地寻找到了灵感。这一切来得十分突然，连他自己也不知道是怎么回事。他怒火万丈地痛骂了希什科夫手下那些起而反抗的信徒和追随者们，时而骂他们是仆从，时而骂他们是魔鬼，这种语词在"座谈会"会议上，经常被人使用，人们用这样的语词形容酒馆，但绝不在家使用，而这首长诗是自动产生的。他写作时就好像处于一个恶魔的掌握之中。事情是这样的，有一天他和往常一样慵懒地走到写字台前，欲胡乱在纸上涂抹点什么，好把涌上他头脑里的一个有关希什科夫的想法给写下来——忽然，脑子里忽然涌现出了好几首诗。他自己也吃了一惊，喜不自胜，呼哧带喘地，笔舞龙蛇地，他竟然读出了声：这都是些幸福的诗句。诗句像泉水一般涌现出来。他大张着嘴把这些诗句飞快地都写在纸上，很快就都写完了，修改比写作花去了更多的时间。长诗故事发生的地点是一幢住宅，有点儿像是著名的潘克拉季耶夫娜的殿堂，对这座殿堂，他以及弟弟谢尔盖·里沃维奇都记忆犹新。诗歌最后以一场来家里做客的客人之间的一场鏖战了结，和荷马笔下描写的一模一样。其中一个客人是本堂诵经员，他挨的揍最多。瓦西里·里沃维奇在他身上宣泄了自己以往所受的全部屈辱，即在其有名的和齐尔齐娅的离婚案审理期间，他从本堂神学界那里受到的冤屈和侮辱。况且直到此时诵经员们也很不听话：希什科夫把他说成是一个不信神的家伙。他活该！

至于那个拉皮条的女人，她和两打客人都曾是沙霍夫斯基喜剧的崇拜者，是"座谈会"成员，希什科夫的朋友，茹科夫斯基和卡拉姆津的敌人。瓦西里·里沃维奇用有力的笔触描写了他们的外貌和体形。他称长诗是"危险的邻居"。瓦西里·里沃维奇如今在彼得堡到处跑，到处朗读他的长诗。

他的成功是语言所无法描述的。办公厅局里那些芝麻官们，誊抄员们，都忙于抄写瓦西里·里沃维奇的长诗。这是名副其实的声望，虽然来得有点儿迟。当他在路上行走时，所有的目光都向他集中。使他伤心的只有一件事：要想发表简直连想也别想。有一次他起意要和亚历山大谈一谈，后者对此感到有些困惑：瓦西里·里沃维奇忽然开始论证，最优秀的作品创作出来不是为了印成书的。荷马当时写作不是为了印成书，因为在那个时代印刷术还没有启用，和书报审查制一样——他补充这一点显然带有几分恶毒。瓦西里·里沃维奇非常想要给侄子读一读自己的作品：年轻人，无论怎么说，是懂诗的。侄子有品位——按照大伯的见解，品位在很大程度上是普希金家族固有的特点。与此同时，大伯又羞于让侄子了解他称之为长诗之精髓的那种东西。在他留在家里的第一个晚上,他就给安娜·尼古拉耶芙娜朗读了这首长诗,借以对长诗的感染力进行了一番考察,而当时亚历山大就在普希金家。感染力是最出乎人意料的:安娜·尼古拉耶芙娜竟然哭了。某些地方用语稍嫌粗鲁了一点儿,但这丝毫也未能令他感到窘迫。而那些文学曲笔和暗示隐喻,看样子她没弄明白,但她却把某些虚构的诗中人物当真了,而瓦西里·里沃维奇就是以此虚构人物的口气代替他本人进行叙事的。由于这个人物参与了整部戏剧,这位善良的女人便开始为瓦西里·里沃维奇担心了。就连他本人也稍稍有些窘迫:这一虚构的人物造访了一幢没人住的住宅,经历了嗣后所有的冒险和危险,不多不少和他本人十分相像——人们对他公开的忏悔记忆犹新,他说他也许经受不住诱惑:

细碎的光影熄灭了,身边只有一只箱子……

安娜·尼古拉耶芙娜在舞台朗读过程中哭了,她哭的时候正有一位警员走进酒馆。

"哎呀,我的心肝,"沮丧万分的瓦西里·里沃维奇说道,"这样的事儿实际上是不会发生的。"

"那你为什么还要这样写呢?"安努什卡擦着眼泪说。

瓦西里·里沃维奇一摆手,心里只后悔给她读了长诗。但他却似乎是偶然的把那几张写有长诗的纸落在了桌子上。亚历山大读了这首长诗。《危险的邻居》的确写得很好,非同一般地搞笑。亚历山大如今怀着由衷的尊敬甚至是喜悦看着自己这位大伯。

瓦西里·里沃维奇对侄子的这种目光并不是没有感觉的。他全身心地感觉到并且知道:这就是声誉。于是他不由得眯缝起眼睛并发出吱吱的声音。

"逻辑,我的朋友!"他感慨道,"很难达到完善的程度!我通读过全集的有迪马尔斯、布丰、卢梭、蒲柏、仲马、布瓦洛、方特内尔——直到成为……成为人们认为我的那样!"

## 6

如今他已经是带着新的感觉走在彼得堡的街上了。他知道并且相信自己再也不回莫斯科了。这座城市里的一切都令他惊奇不已,首先是它的空间。望着一幢幢楼房,他自己觉得自己长高了,他的步态也显得更加坚定有力了。

他只有一个人。

他在街角大胆的小商贩那里买了馅饼,忘记了父亲的嘱咐,有一次甚至在一个沉默寡言的楚赫纳人那儿喝了一大杯牛奶。他们一到大伯就给了他三个卢布,并且像以前姑妈安娜·里沃芙娜那样,在给卢布的同时不忘告诫:

"小心别丢了。"

父亲和姑妈的嘱咐在他记忆里变得模糊了,甚至就连姑妈的模样本身也变得模糊不清了。瓦西里·里沃维奇费了九牛二虎之力,才强迫他给父母写了一封平安信。

这座新城市和瓦西里·里沃维奇的临时住处的一切,都无法令他回想起莫斯科来。童年消失了,就好像从肩头卸下重载一般,似乎从来就不曾有过。在第一个星期里,他已经忘了妹妹和弟弟的存在,就好像一个星期前他并未和弟弟妹妹一起游玩过似的。

有一次,在通过涅瓦大街时,他忽然听见人的说话声:

"皇上……"

于是,他立刻就把谢尔盖·里沃维奇的嘱咐给忘了,他拔腿往前赶，心里很好奇，但却什么也没看见。

有两个戴着黑色制帽白色缨子的人走在前面，几乎和他并排走着。一个肥胖且脸色红润衣着十分讲究的人，向四面八方挥动着手帕，周围的人全都相互不再打招呼了。

"不是，"衣着讲究的人对什么人说，"他现在在石头岛。"

通常他走河的右边，左边是冬宫和有着黢黑的卫士胸像的屋顶。他沿着莫伊卡河走，两边都是一堵墙，就好像这是杰穆托夫旅馆走廊的延续和延伸似的。有一次他走到察里津草地，察里津草地很空旷。走到这儿他才头一次看见并且不假思索地明白，原来城市都是在空地上建造起来的，原来城市的周围都是更空旷的荒地。他的脑袋开始犯晕。前面，在一大片单调的田野后面，就是涅瓦河，河床上堆砌着石头，河面上也是空空旷旷。在这座城市的这个地方，一切都是那么单调，那么和谐，而又那么荒凉。

一道铁丝网栅栏围住了夏园，绿荫湿润，隔着树木无从看到的涅瓦河，其实在此处也有它的存在。半身雕像矗立着，孩子们在游玩，但丝毫也没有让他分心。他走向天鹅桥。在沟渠里，有两只又脏又老的天鹅，伸着脖子游来游去。空旷无人的城堡，煞像一座无法攻克的要塞，矗立在岛上，四面环绕着沟渠，要塞里面没有任何生命存在的征象。他从一位路过的老人嘴里得知这是米哈伊洛夫斯基城堡，10年前，保罗皇帝就在此居住，在此薨逝。他知道这个皇帝是被人杀死的。根据父亲的讲述，这位皇帝曾经见过亚历山大，那时他还只是个婴儿。

"先生，那时候世上还没有您呢。"老人察觉到陷入沉思中的他，便说道。

"不不，有了。"他固执地说了一句，便继续向前走去。

在莫斯科一切都离他那么远，而在这儿一切又那么近，比他从前所能想象到的还要近。

这天晚上他很早就睡了，不想和大伯说话，当大伯叫他时，他闭上眼睛装出已经睡着的样子。

夜里，他谛听着彼得堡城市的喧嚣，没有巡夜人咣当咣当的敲打声，也没有迟回家的路人的笑语声，楼下的石板路上有什么人走过发出的脚步声。他望了窗户一眼：这是一个明亮的夜晚。迟迟不着家的浪子也都回家了，石板路在他脚下发出嚓嚓声。大伯瓦西里·里沃维奇在旁边的屋子里翻身打呼，这动静和父亲不一样，比父亲的动静更大更邪乎。他忽然感到很高兴自己有这么一个邻居。

## 7

很快大伯就介绍他认识了两个未来的同学，罗蒙诺索夫[①]和古里耶夫。

"喏，我的朋友，这就是你在寄宿学校的伙伴。"他让两个少年介绍一下自己，就飞快地走了。

他们相互对视着。

罗蒙诺索夫浅色头发，彬彬有礼，动作灵活。他给瓦西里·里沃维奇施礼很轻松自然。他很爱笑。古里耶夫比较沉闷，圆鼓鼓的。他们不无几分惊奇地看着亚历山大，而他则拧着眉头盯着他们。他们用法语聊了起来，亚历山大就也用法语和他们对话。罗蒙诺索夫是七个从莫斯科

---

① 指谢尔盖·格里高利耶维奇·罗蒙诺索夫（1799—1857），普希金的同学，后成为外交官。——译注

大学附属寄宿中学转学过来的学生中的一个,他谈起了他的同学们:我们都是莫斯科人。他故意对古里耶夫说,他和古里耶夫以前就认识,说的是半隐语:

"你还记得吗,我对你说过关于丹扎斯的事儿?"

两人都嘿嘿笑了。

古里耶夫问亚历山大是谁把他介绍到这所寄宿学校的。

亚历山大稍稍感到有些窘迫。他理解大伯领着他拜访德米特里耶夫的意义何在,也知道大伯有关戈利岑和拉祖莫夫斯基所说的一切意义何在,但他绝对不知道,究竟谁是他的庇护人,而且也竭力不去想这个问题。他身上父辈遗留给他的骄傲感在此表现出来了。他想起谢尔盖·里沃维奇的斜眼,当他和他说起德米特里耶夫时。

"没人。"他说。

两人吃惊了,忽然一声不吭了。

"我的庇护人是康斯坦丁大公,"① 古里耶夫说,"他是我的教父。"

他们二人忽然开始跳椅子,相互追逐,似乎根本没有察觉他,探头看看正在忙着做事的安娜·尼古拉耶芙娜的房间,飞快地道别后就走了。

亚历山大对新同学的想象却和这完全不同。他忽然为那些在修道院里无精打采的僧侣们感到惋惜,而他就要在这些穿着僧侣服的人群中,在耶稣会士们中间生活了。新同学们的冷淡、漠然和动作迅速令他感到慌窘。他隐隐感觉到一种屈辱,虽然并没有任何人得罪他。

---

① 指康斯坦丁·瓦西里耶维奇·古里耶夫(1800—1833)。——译注

# 8

夏天明显地就要结束了,夏园里的绿荫已经开始枯萎并落满灰尘。树上已经出现了一簇簇枯萎了的黄叶。8月来临了。这一年的夏天轰轰烈烈,下了多场雷雨。马路瞬间被冰雹铺满,泛着白色,就好像覆盖着一层冰雪似的。亚历山大被选为寄宿学校的候选人,这个消息也还是那个屠格涅夫一大早带来的。大伯转身对亚历山大简短地说:

"你是候选人了。"

还需要提交给部长,8月8号要进行考试。那些还没到的候选人应当不迟于12号抵达,最晚不得超过8月18号。

屠格涅夫刚离开,正坐着喝巧克力的瓦西里·里沃维奇,想要检查一下侄子的知识。他拿着希什科夫的书考亚历山大俄语语法和逻辑学知识。

"我的朋友,меч 和 мяч 是不是同一个词?"他问。

亚历山大吃了一惊,对于 мяч 是什么他知道得很清楚。大伯对他的回答很满意。

"很好。嗯,希什科夫,我的朋友,他却认为这两个词在所有方面都是一样的:它们都来自动词 мечу,метать,因为它们的用法都是表示行为和动作的。这个野蛮人!"

"那么,我的朋友,你可以说一说物体的一般属性吗?"大伯问道,吃惊地看着时刻表。

侄子的回答再次以其简洁和准确而令他感到满意。物体是坚硬的,流动的,气体的。瓦西里·里沃维奇吃惊地确信自己给"物体"这个概念赋予了另外一种完全不常用的含义。

在小学地理基础知识方面，大伯问亚历山大，法国最著名的河流是哪条，伏尔加河的起源是否像人们常说的那样，也是来自特维尔省的某个县。由于瓦西里·里沃维奇自己去过奥斯塔什科夫县，以近卫军的身份在那里生活过一段时间，所以记得这些地方。历史方面，他问亚历山大知不知道亚历山大大帝。算术方面，瓦西里·里沃维奇没有考察侄子。侄子回答说他懂得三则运算，他就放心了。和所有中年人一样，他连一个算术法则也不记得了。水库里的水泄了又重新注满，还有小贩如何在自己人中瓜分利润，这一切都只能引起他的厌恶。除此之外，他用俄语和法语向亚历山大口述了两首自己写的四行诗，以便检验一下他的书写是否正确。亚历山大听写的这两首四行诗都很自如和轻松，没有官方的铁钩和加粗的线条，笔走龙蛇，笔记虽然有些漫不经心，但更规整。但在正字法上犯了许多错误。从这些错误和笔迹看的确不失为孟德福的弟子。

大伯决定侄子最好是最后报到，8月12日报到。新概念意义上的考试由斯佩兰斯基主持，因其不确定性而令他发慌。

## 9

拜见部长那天瓦西里·里沃维奇天刚亮就起床了。身体强壮的宫内侍从带着狗在等他，把他裹在一席托加里和扑粉用的披肩里，开始为他卷发。最后大伯身上给喷了香水，竖立了高领，把他稍稍拍松一些，好像这样能使他更加轻盈似的，然后他仔细地打量了侄子一眼，就好像生平头一次见到他似的，吩咐侄子梳理一下头发。大伯的宫内侍从神色忧郁，不爱说话，沉默了一会儿，他对亚历山大说：

"您不需要夹子。您的头发天生带卷儿。"说着，用刷子刷了刷肩膀，托了托男士西装背心。

亚历山大好奇地看看镜子，两人出发了。在门槛上，大伯忽然拦住了他。

"亚历山大，"大伯对他说，"最重要的，是不要显得笨拙。"

自以为自己比较严谨行动比较自然的亚历山大，立马卡了壳。

大伯很伤心。

"我的朋友，在上流社会，步态有很深的意味，如果不是一切的话。人们都在看着你，上千双眼睛在看着你，你是否有前程，你能否顺利自如地过关，全看步态。不然的话你就完了。"

于是挺着大肚子的瓦西里·里沃维奇轻松而又自如地走到门口。

在门槛上他又给了亚历山大一个建议：声音不要太高。亚历山大的嗓音立马嘶哑了。

拜见部长持续了一眨眼工夫，但他们却和一群在亲人和教师陪同下的候选人在部长的客厅里等了足足两个小时：拉祖莫夫斯基昨晚睡晚了。亚历山大如处云里雾中：那么早出门，长长的客厅，那么多的同龄人在一起，这令他晕眩。大伯把他介绍给某个新同学，此人看起来也很窘，他用晦暗的眼神看了亚历山大一眼，然后就久久地握着对方的一只手。

最重要的时刻来临了：一个官员叫了他的名字，他站在部长面前，不敢正眼瞥部长一眼。随后一切都混淆起来了，大家全都走下楼去，最后一个身材笨重的守门人拿着一根槌形仗向他们致欢迎词——他的命运就这样决定了。

他觉得全部过程似乎只用了10分钟，无论如何不会多于10分钟，但他们去宴会时竟然还是迟到了。

大伯嘟囔道：

"我的朋友，上流社会，丝毫没有任何变化。他们通宵达旦地游玩，而到早晨，当你把可尊敬的人们叫来时，发现他们都在睡觉。走吧，我的朋友，找一家糖果点心店——我已经饿得一点儿力气都没有了。哪怕吃点儿巧克力呢。大家都这样：把儿子送进了要塞，由于父亲的缘故儿子的爷爷蹲了监狱。这是他们身上的血统在作怪。你的爷爷履行了自己的职责，而且的确没当过唱诗班歌手。"

在铺子里吃了点儿巧克力后，大伯平静下来了。

"总算卸下了一副重担，"他说，"我认为考试只是走形式。你回家后赶快给你父母写封信，告诉他们你已经被录取了。"

## 10

的确，8月12日进行的那场考试，只持续了几分钟而已：一切都已经定下来了。

除了亚历山大以外，有三个人迟到了：身体羸弱肤色黢黑的耶萨科夫，始终都在无声地嘀咕着什么话，显然是在背诵法则。亚历山大已经认识的白白的、胖胖的科尔夫[①]和古里耶夫。一个官员分头把他们一个个叫进一个屋子，屋子里一张桌子后坐着部长和几个官员，极有可能是教授。拉祖莫夫斯基的宫殿这次在亚历山大眼里显得潮湿，像是一幢未完工的建筑，根本没有初次见到时那么辉煌壮观，他本人也不过是个乏味的老人而已。那官员身上衣服包裹得紧紧的，像一个无声无息的影子似的走来走去，弯着腰，小声附在部长耳边低语几句，而部长却没有回

---

① 指莫德斯特·安德烈耶维奇·科尔夫（1800—1876）。——译注

答一个字。他凝神观看着自己修剪过的指甲，只有一次漫不经心地把夹鼻眼镜挂在眼前，露出一抹笑容。人们要亚历山大随便读点什么。一个坐在桌前，个头矮小，年龄已经不算年轻的法国人，表情生动地问亚历山大最熟悉的法国诗人是哪个，得到的回答是：伏尔泰。他不满意地笑了一笑。

两天后，部长的警卫带来一个正式的公文夹，里面是一份通知，通知说亚历山大已被录取为皇家寄宿学校第 14 号学生。他还得到校长处领制服。

大伯很满意。

"你那位校长兄弟我认识，他曾经帮助过尼古拉·米哈伊洛维奇读过所有这些证书，编年史和家谱，很费力的劳动呀。我见过他，不爱说话，但很肯帮人。代我向你的校长问好。"

他在校长住处见到了同学们，许多都是一面之交，而且在拉祖莫夫斯基的接待厅里和开始的时候，始终就像在雾里似的。校长的儿子，是一个和他年龄相仿的小男孩，也进了寄宿中学，此时扮演了主人的角色，接客，送客，介绍所有人相互认识。

宽敞的屋子以其空荡而令他震惊：校长家里的家具少得只有最必要的几件，墙上既没有肖像，也没有木刻。一切都十分考究也十分乏味。一张高高的斜面的写字台后面，站着一个大胡子的男人，穿着便服，记下了尺寸。三个或四个候选人只穿着内衣站在房间中央，亚历山大犹豫地停下脚步，为自己身上只穿着阿琳娜给缝制的内衣而感到羞涩。但是同学们身上穿的，也并不比他更好。于是他胆子大了起来。大伯在部长处介绍他认识的普辛①,也在这里。大家全都仔细打量着彼此,像刚刚刮了前额的新兵似的。大胡子的男人和管家商量着衬料和附件。其中一位少年的个头看样子令他很不满意。

"但配料留多少合适呢。"他皱着眉头问管家道。

总之,在校长家里没有什么东西令人想起寄宿中学,和他在拉祖莫夫斯基家里想象的截然不同。制服的制作也完全是以家庭的方式制作的:满是麻子的管家请裁缝下料,让把料备好,千万别耽误了。

"放心吧,"裁缝说,"宫廷呢料,在背心上还将有白色凸纹。我们这里量体,那边就已经动手缝制了。学生们穿20年没问题。"

"哪怕穿六年也够本了呀。"管家说。

这些数字领他们感到惊奇。大胡子的男人一副凛然不可侵犯的样子,居高临下地看着管家。他的嗓门非常粗厚。亚历山大从未见过像他那样的人。他离开后,戈尔恰科夫问管家:

"这个男人是什么人?"

管家回头看了一眼,小声嘀咕道:

"这帮人就好农夫一样,保持着农民的穿着,只有一点不同,此人是马尔金先生阁下的大裁缝,非等闲之辈。"

亚历山大紧靠着普辛,他还不习惯这么多同龄人聚集的场合,很容易感到窘迫怕生。他们两个人结伴一起量体,而且最后衣服做成也是一起。他们两个人心醉神迷地彼此对望着,手里把玩着圆滚滚的绒毛帽子。他们身穿夏天穿的带裤子的夹克衫,里面是毛衣、短筒靴。他们的

---

① 指伊万·伊万诺维奇·普辛(1798—1859),普希金的朋友,在皇村学校读书时的同学。普辛也是一名十二月党人。——译注

样子忽然大变样了。校长指示并且吩咐量一下正式场合穿的三件套和每天每日都离不开的呢帽,而把管家始终锁在要塞里。许多人出出进进都顺边走,来时小心翼翼,去时无声无息。学生之间开始相互认识,他则认识了戈尔恰科夫。

戈尔恰科夫穿戴上比别人都更讲究,并且竭力想要做到八面玲珑。他常常眯缝着眼睛,因为是近视眼,或是因为骄傲。亚历山大想起了父亲隐秘书柜里藏着的那个笔记本,笔记本里戈尔恰科夫的名字下面签署的字是"夜莺"。这个名字在笔记本里经常出现,而且,还总是签在有害的剧本名下。他问这个同学,他和诗人是什么关系,虽然两人还并不熟悉。

"叔叔。"戈尔恰科夫漫不经心地说,而亚历山大明白,他说的不是实话。

马林诺夫斯基是校长的儿子,总是跟在个头矮小,身材干瘦,长着雀斑的一个叫瓦尔霍夫斯基的寄宿学校学生后面。此人极端沉默寡言,而且从来都没有笑容。当给他量三件套时,他把双脚合拢站得像一个军人那样。他性格果决,看样子,他和马林诺夫斯基在所有方面都是空前一致的。

个头最高的那个人,其身材令裁缝很为难,他比亚历山大和所有同学年龄都大。他非常瘦,却很好动。他长了一副永不安分的样子。他叫丘赫尔别凯。[①]

淘气捣蛋鬼立刻就从中涌现了出来,无所畏惧的样子和慢条斯理的

---

[①] 指威廉·卡尔洛维奇·丘赫尔别凯(1797—1846),俄国诗人,社会活动家,十二月党人,普希金皇村学校的同学。——译注

步态瞬间就把他们给出卖了。有着浅色头发和眉毛,脸色阴沉,眉毛高高挑起,脑后勺还有一绺卷发的,叫丹扎斯。他做事很专注,看得出像是在等待时机。胖乎乎,黑乎乎的法国人勃罗格里奥,有一只鹰钩鼻。一眼就可以看出,他们在学校将会表现出自己的个性。到喝茶的时间了。大家都坐着,相互斜着眼睛拧着眉毛打量着,大家面临着同等的命运。那个名叫丘赫尔别凯的,动作笨拙,倒完茶水,他脸色泛白,端茶的手在发抖。淘气鬼们迅疾而又默默地交换个眼色,亚历山大明白了,高个子的命运决定了。使他惊奇的是,很快大家都用同样的眼神望着他自己了:他一时半会儿的忘乎所以,坐下时把一只腿压在了身子底下,像在家里那样。纳杰日达·奥西波芙娜曾经徒劳无功地竭力想要帮他戒除这种不良习惯,但并未见效。他觉得自己的一条腿发麻,但却一直坐到茶喝完,而且始终处于大家目光的注视下。他决定绝不屈服。

## 11

瓦西里·里沃维奇给弟弟写了一封信:他已经把亚历山大安排进寄宿中学,关于侄子的命运,看起来以后再也不用他操心了。新学期10月开始,结果是皆大欢喜。屠格涅夫帮了许多忙,德米特里耶夫也给了应有的支持。看过一场尤苏波夫的话剧,伯爵询问娜嘉的身体健康与否,并要我代问好。演出了一个老旧不堪的戏剧,跳舞倒是跳了,说不上好也说不上不好,但在莫斯科谁都不会相信:权杖一挥,仙女身上的衣裙就全都飘落了!这种效果是语言所无法描述的,可以说大获成功。别的没什么可说的了,等我回到莫斯科,会把经历的事儿全都详尽无遗地给你讲一讲。德米特里耶夫新的寓言比从前那些差远了。"座谈会"发出喧嚣和威胁。涅瓦大街和从前比增加好多优点:两边的房子都粉刷了，还种了许多许多的树。但牡蛎和人们的期待相反，在彼得堡哪里也找不到，因为轮船不通行了。剧院要和莫斯科比简直没什么可看的。沙霍夫斯基在舞台上无耻地喧哗，在剧院里颐指气使，像个暴君。人们都叫他卡尔塔文，因为他在谈话中发音不纯正，唾沫飞溅。备受赞誉的小谢苗诺娃我见到了，和大谢苗诺娃一样，实在很好：从她身上一眼就可以看出一种丰腴之美。扮演皮利托伊的勃勃洛夫像室内男仆尼基塔一样，总是摩挲着双手，这对角色而言很不体面。巴丘什科夫的新作就其所包含的思想而言很幸福。在他给茹科夫斯基和维亚泽姆斯基的题献诗里，一共有200行。

瓦西里·里沃维奇如今天亮才回家：彼得堡让他生气焕发，令他油然想起自己的青春年华。他每天起床很晚。穿着带有长袖的新睡袍，他坐在写字台前，飞快地记录下自己的想法和意见。亚历山大不止一次充当了大伯灵感勃发的见证人。

"你可算不上我的朋友，我的朋友，别打扰我。"大伯边忙着在一张白纸上书写边说，"真正的诗歌很难打扰。"随后上了早餐，大伯把餐巾挽成个结，吃得很满意，此后，他穿好衣服出了门。

有一次吃早饭时，他久久地皱紧眉头，咬着嘴唇，看样子像是在故意向亚历山大隐瞒什么秘密似的。这是在尤苏波夫那里观剧后的第二天。

"舞蹈多大程度上要取决于衣服呀！"他叹了口气说。

想要一吐为快的冲动令他感到压抑。沉吟了片刻，他又补充道：

"穿得越少越好。"

奇怪，亚历山大看了他一眼，就好像猜测到了或是知道了。这个少年的目光显得很狡猾。瓦西里·里沃维奇怔住了，在一个小本子上记下了几句什么话，然后比平常更早地出了门，在门槛上碰见了普辛，并且很豪放地抱了抱对方。

## 12

亚历山大的孤独结束了。普辛住得并不远，就在莫伊卡河边，住在一幢老式的家族祖居里。每天一早他就来找亚历山大。普辛胖乎乎的，脸圆圆的，灰色眼睛亮晶晶的，一点儿也不像亚历山大。有一次，瓦西里·里沃维奇和往常一样，正在镜子前忙于打扮自己，忘情到居然不记得自己身边有个少年郎，他们相互对视了一眼，两个人都对自己很满意。这位新朋友的一双眼睛完全是骗子式的，他们两个人都对自己的家事绝口不提，他们的答案和他们的问题一样都很简短。对于自己的父亲在哪儿这个问题，普辛的回答简明扼要，"在参政院"。他们都知道自己的父亲母亲叫什么名字。普辛的父亲叫伊万·彼得罗维奇，母亲叫亚历山德拉·米哈伊洛夫娜。随后两人相互对视了一眼，普辛就移开了视线。从此之后两人再也没问过彼此的父母，但却十分热烈地一个谈起自己的爷爷——海军上将，另一个谈起自己的诗人——爷爷。亚历山大为普辛朗读《危险的邻居》。普辛对这首长诗喜欢得不得了。两人都说到这首诗无法出版，因为是自由诗，但不出版对他来说丝毫无任何妨碍。普辛的爷爷同样也曾经非常迷人：性格执拗，神情忧郁，稍稍有些怪异。是他带着孙子去找到部长，结果把官员训斥了一顿，说部长让他们等他。普辛说，要不是爷爷，拉祖莫夫斯基会一直把他们折腾到晚上。他非常情愿地提到那些姐妹们，按照他的说法，她们发号施令都超出了必要的范围。

普辛的父母很少有时间看管自己的孩子。他的父亲是个性情急躁的、非常严肃的人，是个舰队上的军需官，不久前刚刚进入参政院。不幸的爱情毁了他的前程，对地位低级的女性的爱是他被迫离开家庭和孩子的主要原因。母亲发疯了，闭门索居，从不出房门半步。在家里实际管事的是不喜欢弟弟的姐姐们。

他们现在常常一起去逛彼得堡，时而彼此用知识使对方震惊。他们有关爱情的知识就是这么来的。在此之前，他们每个人都曾经以为，只有自己一个人才知道爱情那令人惊叹的细枝末节，同龄人中任何人都不懂得也不可能懂得这一点。亚历山大对普辛竟然和他知道得一样多而感到十分惊讶。他们彼此对对方充满了尊重。

他们一旦饿了就回家，而安娜·尼古拉耶芙娜会给他们做饭。

安娜·尼古拉耶芙娜在彼得堡找不到自己的位置：无所事事和炎热酷暑折磨着她。她在邻近一家一位路过的法国女时装师那里梳了个时髦的发型：d'Anne d'Autriche。① 从此以后一大早就在镜子前捯饬，把头发梳向太阳穴，以便让头发能螺旋性地卷起来。她的辫子很长，她把辫子分为五股，然后在头顶把这五股盘起来。瓦西里·里沃维奇对她的捯饬赞不绝口。梳着安娜·奥地利斯卡娅发型的安娜·尼古拉耶芙娜，走起路来像天鹅游弋，摇摇晃晃，走进每家都会炫耀。她心里惦记着自己那个留在莫斯科的半大小少爷，她还要为亚历山大和普辛操心，让他们喝泡有悬钩子的茶。两人都喜欢果酱，无论给他们什么他们都能吃个干净，这使她的自尊心得到极大的满足。

"祝您健康，吃吧，请。"她一个劲儿地说。

望着他俩，她叹息不已，手里的织针织个不停。瓦西里·里沃维奇

---

① 法语：安娜·奥地利斯卡娅发型。——译注

吩咐她,不要让亚历山大·谢尔盖耶维奇和伊万·伊万诺维奇玩物丧志,但这两个人实在是太能玩了。头一天晚上,刚玩回来,就开始互相打斗,竭力想要把对方的手拧过来,揪倒在地板上。他们厮打了好久,都很顽强,气喘吁吁,都不看对方眼睛,此刻头脑里都只有一个念头,怎么来战胜对方,把对手压倒在地板上,随后骑在对方身上,或跨坐在对方脖子上当马骑。普辛在厮打中动作慢但很顽强,而亚历山大动作快又灵活。最后,普辛开始占了上风,再使一个脚绊儿就可以很快决定胜负了。安娜·尼古拉耶芙娜本来想要实行瓦西里·里沃维奇的命令,冲上前去拉开了两个朋友。但一分钟后她就躺在了地板上,一个人扭住了她的双手,而另一个则抱住她,压住她,以便使她失去反抗力。最后两个人都脸红脖子粗,两人的眼睛都潮乎乎的了。等安静下来后,两人和解了,就又出门去玩了。安娜·尼古拉耶芙娜窘迫地梳理了一下头发,轻轻地,带着几分惊奇地,就像瓦西里·里沃维奇有时候那样吩咐道:

"真是太调皮了……"

# 第三章



### 亚历山大·彼得罗维奇·库尼岑的日记

我住的那家烤圣饼的女人说,市场上有人对她解释了星象的意义:据说她出生在大车上这不可能是无所谓的。在大车下,可以看得见,她和她的竞争对手都认识大熊星座,而此刻在它旁边闪闪发光的就是彗星。

我向她解释说彗星是物理世界的一种现象,是徒劳的,老太太怒不可遏。

所有的一切都打上了阴暗的战争即将打响的传言,一切都屏息静气了。我不相信,尽管在巴黎已经没有人再找我兑换俄罗斯纸币了。

今天去了一趟科尚斯基[①]家。他住在一个邋邋遢遢的房子里,房间的一半被一个体形臃肿的厨娘所占据。他却只管在人群中出风头——我们这位花花公子在家里只穿粗帆布衣服,生怕把衣服穿破到衣衫褴褛。尼·费对所有事物都居高临下,都脸色阴沉,也许自认为是俄罗斯第一号诗人吧。他严肃地批评巴丘什科夫新近创作的诗作,认为其表现了反

---

[①] 指尼古拉·费多罗维奇·科尚斯基(1781—1831),语文学家,翻译家,皇村学校教师。——译注

对规则的滔天大罪。我认为这是出于嫉妒。"显然，我不得不——"他说，"出版诗律课。"我担心，哥廷根也滋长了他的傲气，而智慧和才华却未能有所增益。

科尚斯基朗读自己写的诗，这把我给折磨苦了。他的哲学是最为简单的那种——歌颂寂静。话说回来，这种做法和罗蒙诺索夫的做法别无二致。最后五个诗段是献给米哈伊尔·米哈伊洛维奇·斯佩兰斯基的。

最后在桌上出现了一瓶烧酒，压根儿就不是什么哥廷根的。厨娘递过来萝卜——诗人便开始用酒来祭奠巴克科斯，而我就回家了，第二天是星期天，我还会和弟弟见面的。

好像刚才我才离开哥廷根。屠格涅夫、加利齐、卡尔佐夫刚把我和凯丹诺夫①送到兰杰尔—申坑，大家一块儿过了最后一夜，虽然心里有点儿压抑，但还是挺欢快的。那是一个有月亮的夜晚。屠格涅夫以其惯常的冷静叫醒了准，强迫他又拖来一瓶瓶的红葡萄酒。遗憾的是，卡维林去了耶拿——不然的话我们一定会把这最后一夜称之为疯狂之夜的！月亮，稠密的菩提树，尼古拉·屠格涅夫本人对往昔生活的回忆，甚至尼古拉·屠格涅夫都被迫甩掉了他那长烟头杆，甩掉了他惯常的傲气。而这一切都突然消失了，像如烟的梦。

我在哪儿，我的那些同学们怎么样了呢？他们已经变得认不出来了。全都被从伟大梦想的整齐有序抛入了脏脏的实在中去。

我去过亚历山大·伊万诺维奇·屠格涅夫家。我知道，所有我们这些哥廷根分子，正如凯丹诺夫所说的那样，都由那些教授们加以考察然后一群群地赶进寄宿学校。什么是寄宿学校呢？亚历山大·伊万诺维奇

---

① 伊万·库兹米奇·凯丹诺夫（1782—1843），俄国作家，历史学家。——译注

对我的问题这样回答,说对这个问题,很难有一个正面的答案,但反面的答复却很容易找到:寄宿学校不是中等师范学校,也不是大学,也不是贵胄军官学校,但却既是这儿,也是那儿,还是第三种,只要人们一天搞不懂它究竟算什么,寄宿学校就仍将这样存在下去。这就是全部理由和根据。

亚历山大·伊万诺维奇和其弟弟性格不同,他没有遵守教规者那种冷漠的博古通今和对可怜人类的不完善性投以最高的蔑视的傲慢。相反,他忙着款待那个女人,嘴里不停絮絮叨叨。他说得很对,说无论是我还是尼古拉·伊万诺维奇都不懂得俄语——我们语言的书写方式很笨拙,很费力,应当设计得更短一些,更简单一些才是。我尽量说话,不用任何修辞格。

我对他到死都负有责任。我用什么来支付,什么时候支付?我绝对不能欠账,因为我没有钱还账。弟弟米哈伊尔讲述了皇家骑兵队的故事,他在里面待过,现在一想起来还浑身战栗,牙咬得咯咯响。迄今为止他一直从亚历山大·伊万诺维奇处按每月5或10卢布的领钱,穿的大衣也是从他身上脱下来的。我尽其所能地表示了感谢,允许他阅读弗朗松——他的书在巴黎很难找到——向他讲述巴黎和哥廷根——亚历山大·伊万诺维奇说:"和我没什么账可算的,但您得很好地感谢阿拉克切耶夫。给他写一封漂亮的信,写得活泼一点,然后再上门认识一下。"而本人看起来窘迫得脸都红了。比较这两首题献诗,我读着读着就哭了,只不过不是由于感激之情。弟弟米哈伊罗是伯爵办公厅一个当兵的,因此,说他是他的仆人,也都一样。不但如此,人们让我从旁理解到,在彼得堡还有快乐的尼姆法女文官谋士普加洛娃,有伯爵的安慰,还能很好地用外国的新奇玩意儿来对她表示孝敬。我在海德堡给母亲买了条纱巾，的确花的是一点儿小钱，却不得不为此缩减自己的面包。得知地址后，我给女诱惑者寄去，还附了一封语气相当恭敬的信。

伯爵没有接待我，这得谢谢他。怎么回事？弟弟是个士官生，规定给他发的薪水一次不能多于 60 卢布。

我这是在准备什么——这连我也不知道。我问过马林诺夫斯基。他有一些庞大的计划。营造共同的氛围，培养没有恭维奉承和盲目服从的交往方式，培养人的自尊心。——须知他们今后是要成为国家栋梁的，但是不是称职呢？他们的劳动会不会白费呢？——如果我这么想的话，我一定会拒绝。劳动是否会白费？——假如我真的这么想过，我也会即刻摒除它的。向皇帝请求，给省长的证明。就是没受过教育的人也能做到这件事——教育谁以及为了谁我们才从事教育呢？——为了立法工作。这项工作或早或晚都得着手进行，以便使俄罗斯人的精神更加高尚，在全世界人面前展现其理性的风采，并且增强他们的自信心。而我们却在培养人们趋向其他的目标。根据条例，我们应当为国家部门中的重要岗位培养人才。他承认 8 年以来什么也没有发表，一直在准备从事公民工作，准备将要召集的参政员名单。土地分配还不够——还有许多荒地，老爷们强占了这些荒地，妨碍着土地分配，而那些为自己占地的人，也就只会为自己开发。奴隶制在使人腐化，使人精神空虚。俄国人最大的不幸是被人认为他们不善于拟定自己的法律——人们在为社会契约和公民理论而争执不休——原初的社会条件仅仅只是理想状态下的，俄罗斯人可以在直观自己的理性基础上建设自己的更加可靠的法律，而非外国的法律等。我同意一些人，不同意另一些人。然而我却沉默了整整 8 年！谢谢您，费德，您让我发言，这篇讲话我会在寄宿学校开幕式上宣讲。我感到很新奇。我要说一说皇村中学良好的氛围。从我所说的一切——连一个字也不会透露。小心些,看起来不是多余的。费德建议我也写一篇发言。我立刻就同意了。

卡尔佐夫像狗一样凶;加利奇心地善良,不住地喝酒;卡维林是个可爱的小疯子,人还在哥廷根。

在沃兹涅谢尼娅见到了凯丹诺夫,他很干练,据他说正在出一本书。会是本什么书呢?残忍地玩弄法语语词,每个字母都要发音:"нус, ле вьез етюдианте де Геттиген",也就是说:"我们都是哥廷根老同学。"如果不是法国人,就得背会。为什么要给别人的嘲笑提供口实呢,你难道就无力对其加以反驳吗?我们师范学校教育、无知和夸口吹牛的可恶的遗迹。

在彼得堡漫步。彼得堡总是这样吗?我已经开始不太习惯房屋、街道和行人的外观了。这座城市很安静,很阴郁,所有人的步伐都匆匆忙忙。秋天忽然到了。那个烤圣饼的女人说得对吗?战争真的不可避免吗?我想象巴黎的拉丁区,亲切可爱的、兄弟般的把我迎接的同学们,将给我献上鲜艳的野花的肤色红润的玛丽——可我不信。

今天在给马林诺夫斯基讲述巴黎时,提到了照亮整条街道的巨型反射灯。说到此处前老头忽然抓住脑袋:"我们怎么能和他们打仗。"我反驳道:第一,灯不是大炮,射击不是用灯;第二,大炮也无法保证胜利,保证胜利的是军队的士气;第三,也许没有战争也能过得去。瓦西里·费多洛维奇只是叹口气。

一天夜里写了一篇发言。我不知道会不会被接受,我是在小夜灯下写的,写得我满眼泪花。我把发言给马林诺夫斯基,他却不置可否,我是不是大胆得过分了,和那些把自己的生活全部建基于祖先的功勋之上的贵胄子弟们所表现出来的真正的英勇,是不是截然相反呢。"这很好,俄国从安娜开始就已过渡到贵族时代了。可是,要知道还会有皇帝,国务委员会,第一批官衔;更加锋利些的,人心惶惶的时代。"我开始为流淌到纸上的内心最真挚的感情而感到受屈。

很久没有去米哈伊尔·米哈伊洛维奇那里了。他忙得不亦乐乎,像人们常说的,门锁都没开过。最后总算接纳了。他脸白了,人瘦了,态度冷淡了,但脸上的笑容就是此刻也觉得很美丽。谁如果像我一样见过那些意大利老艺术家的画,谁就会懂得这种笑容征服人的魅力。任何东西都无法战胜我对这个人的感情——无论是经验,还是岁月,还是哪怕我对他的虚与委蛇心知肚明。这就是国家。我们的座谈持续了半个多小时。遗憾的是,一个叫加乌恩斯尔德[1]的人当时和我在一起,此人外貌是最阴暗的,是个奥地利人,勉强能说几句俄语,是乌瓦洛夫的朋友,——米哈伊尔·米哈伊洛维奇向我介绍他时,就是这么说的。他本人向我自我介绍说他是维也纳学院成员。维也纳学院是个什么机构?在此之后他举起小拇指,神情严肃地看着我。我知道这是共济会的欢迎礼,但却觉得对这个维也纳院士没必要回答什么。就这样,我们的谈话一半用德语进行。不过,我用俄语陈述了我想在寄宿学校开幕式上讲话的内容,米哈伊尔·米哈伊洛维奇精神为之一振。他很喜欢这篇讲话,实际上他觉得这篇讲话写得很成功。尤其是当我说到我们闻名史册的祖先们并未给予人以尊严,一个会思考的人应当自行做主选择自己的祖先那段文字。他要求补充点什么。喏,这就是瓦西里·费多洛维奇的指示。他抓起铅笔开始勾画他最喜欢的重点语句,最后他笑着对我说:

---

[1] 指费多尔·马特维耶维奇·加乌恩施尔德(1783—1830),奥地利学者,皇村学校德语教师,1818年起为俄罗斯科学院通讯院士。——译注

"很好！我们早就该做俄罗斯人了！"

他很喜欢，他说，喜欢我到处都宣说祖国，是祖国承担起呵护和教育的责任，而没说政府、皇帝等的慷慨。

我们谈话时，加乌恩施尔德也在场，虽然一句俄语也听不懂，看样子却还很开心，而且他还补充说，他的这个想法最动人，最能抚慰人心："除了德国人外，我们这里的俄罗斯人还少吗？而且这都是什么人呀！"说到此处他相当可笑地看了肖像一眼，其中一幅笔触非常规整，描绘年轻时代的 И. А—pa：长得圆滚滚的，像少女似的，红唇，笑靥如花（如果不是这种笑容，哥廷根小酒馆《在金黄色的鹿旁》里的丽兹倒是满可以做个模特的）。桌子的右首挂着一幅罗蒙诺索夫的肖像：墙上挂两幅肖像便显得有些拥挤。斯佩兰斯基摇了摇脑袋，看出我明白了他的意思，便用指头威胁了我。随后，他的目光依旧蜻蜓点水式地从一幅幅肖像上掠过，对我讲述了"半带游戏性质的"教育，这种教学法在叶卡捷琳娜宫廷里成为最新的时尚：人们看孩子就像看小玩闹儿。我们如今的部长拉祖莫夫斯基伯爵，原来就在瓦西里岛十条半游戏性质的"学院"里受过教育，那所"学院"名叫"十条半学院"。对于那些几乎还是些孩子们的学生，院士们，耶稣会士们也都来看望——等到15岁时，他们就把俄语给忘了，被那些囫囵吞枣式半知半解的豪华学问给喂饱了。宫廷里人都拿这所所谓"10条学院"打趣，就像拿小狗打趣一样。米哈伊罗·米哈伊洛维奇警告我，寄宿学校另一方面也可能成为一种玩具，最危险的事情莫过于欣赏幼儿的童稚。

维也纳院士聚集了自己脸上所有肌肉的力量咬嚼着甘草，竭力想要搞懂谈话的内容，因为这谈话部分也和他有关。斯佩兰斯基投向肖像的那种目光，他是明白的，伟人的性格里这种童稚般的无忧无虑令我分外吃惊。不但如此,房间里还站立着一个狡黠的仆人。告别时,斯佩兰斯基和刚开始一样,继续谈论那个教学计划,说学校要培养理性,而非盲目和乏味的感性,感性不是别的,就是一种机械式的惯性,"或许咱们的团队要补充新兵——会找到合适的人的!"

加乌恩施尔德在干扰——如此阴暗丑陋的嘴脸看上去怎么可以是一个正派人的。他在许多方面破坏了我们的会面。

米哈伊罗·米哈伊洛维奇说,此时此刻他把话全都说了出来,这尤其好。或许他所受的那场战争,别人头脑里也已经有了,如果口头上尚告缺失的话?

告辞时米哈伊罗·米哈伊洛维奇说:"我需要那些提前结束寄宿学校学业的毕业生。我很快就需要你们来接班了。我们很快就要出版一种政治杂志,有点像是《监视》,您将担任它的主编。"几句话夸得我轻飘飘的。回到家,我立刻就把杂志的计划丢在脑后。我已经不再年轻了,再过两年就年满30岁了,夜深人静,暗地里,私下里,在哥廷根我一夜一夜地睡不着觉,总是在想,说句坦白的话,不是在想如何教育孩子,而是在想公民的事业,就是不想非理性的和盲目的战争。

斯佩兰斯基在我的演讲词里勾画出来的那几句话,看上去似乎正好回应了他的想法:

……不适合炫耀自己外在品质的技巧,而是真正的理智和心灵的教育……如果一个公民忘记了要使自己的私欲服从于社会利益这一责任的话,那么社会福利便会遭到破坏。而在其坠落过程中,个人的幸福也会被打翻……祖国赋予你们以保卫社会幸福的神圣职责……你们当中那些人会可怜巴巴地受骗,他们以为自己祖先的名望可以成为自己的依靠……祖国在为那些伟丈夫们的记忆祝福的同时，却又摒弃了他们多有不配的子孙……为不是依据功勋而获得的称号而骄傲有何益处，须知每个人的眼里都蕴含着鄙视、仇恨或诅咒？……被世世代代传扬的古代的种族部落……在荒野和森林里，凝神关注着一度曾经战无不胜的俄罗斯的武器，我们将赋予你们英雄般的光荣使命，那就是战胜敌国。你们肯定不愿意成为我们人类中最后一名，不愿意把自己混同于庸庸碌碌的、匍匐在未知中的众生……对于名望和祖国的热爱……双倍地得到了强调——在荒野和森林中。这样来称呼皇村兴许太胆大了，但我们必须唤醒他们的想象力：难道不久前这些园林不也是荒漠吗。谈到祖先——必须先破除他们所持的空虚的傲慢，而从另一方面说——我们要和他们竞争，唯一的办法就是迫使生活无忧的人从事劳动。另外一个办法也许更加沉重——那就是贫穷。但这已然是教育者的事情了。

今天有一个怪人来拜访我。有人敲门。我以为是尼基什卡又来聊彗星的事儿。谁知进来的是一个陌生人，我还穿着睡袍，但客人却不容我换衣服，于是我只得穿着睡袍接待他，结果使我感到很窘迫。来人很特别：瘦得像骷髅，眼窝深陷，黑制服长到脚面。他小声而又愉悦地对我说话，说他听说我和我们所有哥廷根大学毕业的学生们，都要到寄宿学校担任教师，作为未来的学监，或是寄宿学校的督学，他特意前来认识一下，并自称为马尔丁·皮列茨基。原来，五年前，他也在哥廷根学习过。

我都不知道该说什么好了，这在我眼里实在是太可笑了。这时客人开始干正事了，他问我知道不知道我学习是为了干什么，我不得不说我不知道。

客人从口袋里掏出一沓小纸片，叠得整整齐齐方方正正的，要我读一读全体学生名册以及有关其父母的简要信息。

我谢了谢他，读了一部分，但我马上就意识到，有关家长的这些信息收集纯粹都是警察局干的。每个学生的年龄，甚至关于学生父母的各种传言也一并收集齐全：父亲和谁同居，母亲和谁同居，或简言之，父亲笛卡儿派，父亲是高利贷者等。

我愤怒地拒绝再往下读。他看样子丝毫也不感到吃惊。随后，他藏好小纸头，以一种严肃的态度对我说，离开学总共只剩下一个月了，而他又该如何为学校的道德和教学工作负责呢，所以，"时不我待"。他明白，他以一种嘲笑的口气说，他对我的不满很理解，但是，如果你连受教育者是怎样的人，来自怎样的家庭，年龄几何都一无所知的话，教育的目的又如何能达到？（这种手法很下流，但却相当具有说服力。）他继续并且很快地对我阐述了一个中心思想：学生中的绝大部分来自放荡赤贫等家庭。要想培养完善的人，他们应当消除对于其家庭的记忆本身。

"但不能消除关于自己本身的记忆吧？"我终于问了他一个问题。

"也包括关于自己本人的记忆。"他坚定地说，"学生应当与外界彻底隔离，应当像一泓清水。"渐渐地他变得活跃起来，他说，有关某种依恋的想法应当被彻底消灭，只有一种依恋除外，那就是对于上帝的依恋。

他的双颊绯红。他好像有点儿忘乎所以了，一次也没有提高声音，他向我陈述了他有关何谓道德监督的想法。他不会让学生们感到烦闷，但他们将时时会感觉得到他的道德存在，无论是孤独自处，还是进行隐秘的谈话和耳语，甚至在沉默的时刻，在只有用表情来相互表达隐秘的思想的时刻，学生也将知道自己的所作所为都有人在听着看着。这会拯救他们，使他们免于犯罪和诱惑，而在别的情况下，犯罪和诱惑则是不可避免的。日日夜夜无形的，或换句话说，无形的道德的存在，也就是监督和观察，会妨碍他们沉湎于放荡行为，至于班级嘛——将会有家庭教师管理。

"您所说的放荡行为是指什么呢？"我问。

"和您所指的一样。"他恶毒地回答道。

他的脸在发烧。

"绝大多数人放荡不羁，这是您说的，"我尽量心平气和地打断他的话，"可为什么要让另一半品行端正的人受苦呢？"

他像是突然醒过神来的样子，沉吟了片刻，不情愿地回答说，在中等师范学校里，将既不会有行为放荡者，也不会有品行端正者，就如同既不会有富人也不会有穷人是一个道理。所有人在最高长官面前都得恭顺听话服从。

他所说的最高长官指的是谁呢：是指他自己，善良的瓦西里·费多洛维奇，还是指天主和上帝，这我就不得而知了。我直截了当地告诉他，他这是在培养僧侣。在这种情况下，他这么做是对的。至于我嘛，我从来就不敢培养神圣的僧侣，而只敢讲一将道德哲学课，目的是让年轻人变得更加理智一些，但就这也很不容易。

我的客人发现我的写字台上放着一本卢梭的书《爱弥儿》，笑着拿起这本书，放在他那决然不像是人的长长的手指间，然后把五指攥成拳，放了下去。

"那么让·雅克[①]教父也可以算作圣人了是吗？"他露出狡猾的微笑

---

[①] 指卢梭。——译注

问道。

他刚一离开，我就打开窗户，把清冷的空气放进屋子里。清新的空气很快就驱散了他来过的痕迹。这位先生道德存在的缺席产生了生命创造的作用。但是加乌恩施尔德和皮列茨基先生毕竟是一种能给人以欢笑的同事。仅靠逻辑来反对他们，看来是不够的。

在屠格涅夫家度过了一个愉快的晚上。他家当时有一位写诗的普希金和他的侄子，我未来的一个学生。我们聊了很多城里的流言蜚语和小道消息。我应当给普希金讲讲在哥廷根大学学习期间有关卡维林的几个故事，讲他如何决斗等。无论是屠格涅夫还是普希金都不相信会有战争。

我们谈到了斯佩兰斯基筹划创办的政治杂志的事情，但即刻就后悔了。亚历山大·伊万诺维奇非常热衷于这个想法。他差点儿就把自己当作整个编辑部了。普希金打哈欠了，发音不准地问道，这份杂志登不登诗歌，杂志的名称是什么？

普希金多么不像我们平常想象中的那种诗人呀！他充其量不过是一个老花花公子，而且还是个大肚汉，不修边幅，邋邋遢遢。在谈及希什科夫和杰尔查文时，他两次使用了强烈的表达法，这在少年人侄子在场的场合下是根本不合适的。普希金对彼得堡时尚店女老板的被流放感到十分愤慨。他们虽然是法国女人，但也还是我们需要的人——按照他的看法。"你们倒是想想看，"他说，"我们那些美人们又该到哪儿去穿扮呢？她们很快就只能穿萨拉凡了。而且，每一个正直的人一旦想要见见这位迷人的女性，总能在这些店里找到那一个房间，有高靠背小沙发，有一杯杏仁茶，而所有这一切又不贵，享用起来又舒适又体面又有礼貌。请你们相信，她们根本不会想念拿破仑的。"诸如此类，不一而足。而这些话是当着侄子的面说的。然而，所有这一切，看样子他那个侄子已经完全都安之若素了。如果皮列茨基往这里面瞅了一眼的话——准会大闹一场的！在这些家庭里，那种当着孩子的面什么也不避讳的现象，仍在如复一日地上演。侄子不像大伯喜欢沉默寡言，还多少有些野性，说话结结巴巴，可谓惜字如金。我和他聊了几句，他看样子像是变得欢快了一些。而关于我的杂志的名称问题，说实话我还没想过——诗人至少是在这个问题上说对了。

然而，早在哥廷根就开始写作的虚伪论文马上就该扫尾了：《伊非卡，或关于法的科学》。其中关于激情与冷漠，理性与迷信这一章写得很棒。我不知道谁会出版？

我在瓦西里·费多洛维奇那儿认识了许许多多人：认识了尼康尼科夫（家庭教师），法国人德·布德利先生和加里尼奇①。尼康尼科夫不大但很可爱，只是胆子有点小，身上老有一股伏特加味儿。加里尼奇将来会教书法，可他写字手老抖。法国人德·布德利先生人高马大，不苟言笑，戴一副带卷儿的假发，身躯肥胖，人很傲慢。他请他我到他家做客。

米哈伊尔兄弟请了一天假来看我。一见我穿着燕尾服，像是就要出门的样子，便怯生生地对我说："您。"我好不容易安顿他坐下，连眼泪都差点儿憋不住要下来了。米沙怎么样了！他可是个士兵，他生来就像

---

① 指福基·彼得罗维奇·加里尼奇（1788—1851），皇村学校习字课教师。——译注

个当兵的,腰板挺直手贴裤缝,脸上是一脸的愁眉苦脸。我不知道对一个大活人能否进行教育,但对于如何把一个人教育成动物却深信不疑。

去过大卫·伊万诺维奇·德·布德利家,但详情想不起来了。我承认他那涂了过厚的油的、扑了过多的粉的、天鹅绒的无袖短上衣以及在姓氏前面特意加上的表示贵族傲慢的"德"——很不对我的胃口。我看见的是一个陷于贫困中的法兰西达官显贵。这些被严寒从原地惊飞起来的鸟儿,和法语一起正在教我们的小少爷们学习风度,怎么拿叉子,怎么行礼,等等。贫穷反向刺激了他们的骄傲感,而知识并不重要。

老德·布德利住在拉兹耶日街。走到他门口,我立刻看见他的脑袋出现在一楼的窗户前,他坐在窗前,没戴假发套,戴着眼镜,正在抽烟读书。

一开始他没有认出我来,接待我的神情非常庄重,我打扰他了。我向他提醒自己道,老头子立刻活跃起来,严肃庄重的表情立马消失不见了。

我们聊起了我这次在德国旅行的事情。我回忆起自己的行程,德累斯顿,而谈到当地的古斯塔夫二世胸像雕像时未免有些尴尬,这座雕像令我吃了一惊:德国人的制作可笑之极,戴着一个巨大的假发套煞像马鬃。此时德·布德利恶狠狠地看了我一眼。我为自己立下的规矩是对于自己的粗心大意一定不要矢口否认,于是就告诉他,说我嘲笑的不是假发套,而是雕像本身。

德·布德利虽然冷静下来了,但久久地沉默不语。

我说我并不想在寄宿学校待很长时间,因为我的目的是出版杂志。他的回答相当严峻,说他无论是年轻时代还是后来,都从未想过要当老师。而在这里，在俄国，他有一家金带工厂，可是保罗皇帝在服装上实施改革，致使他破产了。

德·布德利听瓦西里·费多洛维奇谈到我的尚未发表的发言。他问我我即将教授的是什么样的道德哲学，因为他听说，道德哲学和神学讲授的内容是一样的。是谁给他胡说八道了？我反驳说，神学既不研究激情，也不研究理性，更不研究社会契约，而这也正是我的伊非卡开头时候所讲的那一套。此时德·布德利忽然在屋里飞快地来回走动起来，但却一言不发，把双手背在背后。接着，他停下脚步，面对着我，开始张口急急忙忙地说了起来，我不得不请求他说慢一点儿，因为我对法语的反应慢。他重申了一句：这是他的一位朋友、数学家的一个判断。根据这一判断人的身高相当于蝴蝶的身高，而青春时代最危险的事情莫过于像蚕蛹那样一动不动和缺乏生命力。让蝴蝶飞起来，这就是学问的全部任务，但为此就必须具有正确的思维方式。我很喜欢这一想法，但我要说的是，有时候飞起来的蝴蝶不是我们期待的、我们已经认同的那只。他所说的那位朋友叫罗姆，他的肖像就挂在墙上，脸色很阴郁，眼窝深陷。老头子解释说，他是在彼得堡见到罗姆的——差不多已经 30 年以前了，他们都曾经是教师：德·布德利在萨尔蒂科夫伯爵家里，而他的朋友——是年轻的斯特洛加诺夫的教师。罗姆很快就带着学生去了巴黎，从那以后他们再没见过，随后罗姆就死了。

说到这儿老头子用指头敲了自己的脖子一下，他的脖子很健壮。他以此要我明白自己朋友死亡的方式，并冷酷地说罗姆回到巴黎后就当上了议会主席。

此时他的夫人——一个尚年轻的德国女人——走进来，我们坐下来吃晚饭。

在餐桌前，大卫·伊万诺维奇明显变得欢快起来。他喝了点酒，承认自己非常想去瑞士待一段时间，那是他的故国，他已经 30 年没回去过了。他出生和成长在布德利城，随后在日内瓦研究哲学，有一次还亲眼见到过让·雅克本人，但却不敢走到后者身边。他所能记住的，只是这位智者的驼背和他那身灰色的制服。我不由得尊敬地看着他。

老头子又以一副行家里手的样子啜了几口酒：他青年时期最喜欢的饮料是法国麝香白葡萄酒，可他已经 20 多年没喝过了。他渐渐地似乎变得年轻了，开始回忆自己的家庭。他父亲是撒丁岛人，他说，而母亲是瑞士人。关于他喜欢的妹妹阿丽别尔季娜的命运他一无所知。墙上挂着她的肖像，是一个生手画的。"我是根据记忆画的她。"德·布德利对我说。妹妹的脸很瘦，而眼睛很大，是黑色的：不过，德·布德利是个差劲儿的画家。画框也是他亲手制作的，画框做得很好。

旁边挂着另外一个人的肖像，那人已经不年轻了，头发修剪过，眼睛像火炭一样黑漆漆的，露出一抹笑容。

"这是我弟弟，"德·布德利说，"他是个伟人。"

接下来他对我讲述他的弟弟是有个有名的医生，出版了论述可怕的梅毒病的论著。他更多的是一个私心的敌人，以此招致同行医师们的仇恨，因为他要求开诚布公地公布江湖医生们处心积虑想要向由于不幸的病态而积累的恶疾的人类隐瞒的全部医学秘密。这个想法很新颖，于是我开始向大卫·伊万诺维奇打听他这位做学问的弟弟的著作。老头子的态度明显缓和下来了，看得出，他身上古老的人类自尊心又复活了。他为弟弟感到骄傲。他的弟弟，他说，有很高的智慧，他对点火本质的研究可以给人类带来极大益处，如果法国科学院不反对他的话。他的弟弟成了在学术讨论会上绞杀伟人的沙龙学者，他一生充满不幸和风暴。在已故女皇时期曾经邀请他来俄国工作——教育青年一代，但他拒绝了。大卫·伊万诺维奇对此诗感到十分遗憾。

我略感吃惊，因为我从未见到过德·布德利先生弟弟的名字，既然他这么有名气。使我惊奇的还有，他故乡城市的名字和他的姓氏一模一样，关于这一点我问了他。这时大卫·伊万诺维奇吃惊地看了我一眼，问我是否认为他是个有爵位的贵族，我感到十分窘迫，他从我脸上看出我仍有疑问，就解释说，他的外号"de Boudri"仅仅意为"来自布德利"，因此和他故乡的名字吻合。我则更加疑惑了。最后，大卫·伊万诺维奇看出这一点，不情愿地嘀咕道，他真正的姓氏——马拉特——在这里被认为不太合适。我即刻变得十分慌乱，找不到更聪明的询问办法，就只是问了一句，问他是不是很早就和弟弟分手了。我明白自己的问题很愚蠢。马拉特不情愿地回答说，他在青年时期就把弟弟给丢了，从此以后再没有机会见到他，直到他去世。

我不由得看了一眼圆桌旁边放着的那张给女主人坐的空空的椅子，想象着坐在这张椅子上的马拉特——在彼得堡，在弟弟家里做客，便不由得打了个冷战。老头子斜着眼看着我，没说话，看样子他在为自己不合时宜得陷入回忆感到有些惋惜。看样子，他没有预料到自己的故事会发生这么大的作用，便皱紧了眉头。此后在整个就餐期间他再也没说一句话，而我也勉强等到他结束，终于可以起身了，走时感觉不到自己的脚步是怎么迈的。

今天在彼得堡逛街，却没认出他来。在炮兵广场和铸造街，一排排大炮在正步行进，开进来，排成队，炮手们手里端着炮捻，凑近点火器，马路发出呻吟。

有人告诉我，说阿拉克切耶夫正在视察炮兵，但看样子这已经是名副其实的战争了——就是我怎么也不相信的那场战争。

我沉思地在城里走着走着，忽然看见加乌恩施尔德。我本想向他施礼，但他却并未看见我，把衣领高高地竖着，捂着耳朵，回头看了一眼，就走过去了。他的行为令我感到很奇怪。他看了看他从中走出来的那幢房子，在门口看见奥地利使馆的国徽。梅捷尔尼赫大楼有着相当阴郁的外观。我起初压根儿没留意这一切，等回到家，喝厨娘递给我的茶的时候，忽然惊呆了，一个愚蠢的念头涌上我的脑际：我想加乌恩施尔德弄不好是一个奥地利间谍。我开始回忆在斯佩兰斯基家里见到的那位维也纳院士，就差不多肯定我的判断了。这是怎么回事儿？

今天夜里我久久未能入睡：风在烟囱里呼啸。接着我想让自己冷静地判断一番，却怎么也做不到。

战争越来越像是真的了，寄宿学校也并未开学。学校的老师们：耶稣会士，雅各宾党人，间谍和我，亚历山大·库尼岑。我回想哥廷根，无论如何也不相信，才过了半年，在哥廷根岗哨浓荫覆盖的橡树下喝酒，到现在才过了10个月，拉丁街区就有人为可爱的玛丽举杯了！

我为杂志想了几个名称：《阿杰涅伊》《教育的精神》等，但看起来似乎都不合适。

寄宿学校开学才一星期，喧哗声消退了，可脑子里还是一团乱麻。开始上课了，可学生们怎么也不听话。

然而《北方邮报》和各种杂志上所描写的事件，到处都要提到我的演讲词，等我出版这份演讲词时这会有助于我的工作。

瓦西里·费多洛维奇两天前叫我去皇村，可怎么去却没说。我雇了辆马车，可车钱贵得吓人——25卢布。谁家的父母会为了与心爱的孩子们见一面而付出如此繁重的税务呢！看起来这倒是不失为按照大纲要求把父母引开把学生孤立出来的好办法。可以等待官方提供机会，可是官方似乎把我们给忘了，而请求带有宫中侍役总管的宫廷六座敞篷马车吧，家族荣誉感又不允许我这样做——担心遇到宫廷领地农民的傲慢。

于是我廉价地匿名地雇了一个沉默寡言的裹在斗篷里的楚赫纳人。

颠簸摇晃了一路，却没有哥廷根那儿的马车夫那样轰隆轰隆，而是一路上无声无息地，尽管不是大马路。在炎热和酷暑中——尘土飞扬倒是很安详，而一旦淋雨就脏兮兮的。石头的路标柱煞像墓地里的石碑，或许更像一座体面的大型墓地，提醒我自己正在前往著名的叶卡捷琳娜宫。很快我们就追赶上前面拖拖拉拉一里多的一辆马车。生猪肉，一桶桶的猪油、生羊腿，再加上叮叮当当的酒桶，害得我们过不去。楚赫纳人恭顺地颠簸在最后一辆马车后面，对我让他快点超过那个车队的请求或命令置若罔闻。最后，我狠狠地吐了口吐沫，问对方运这么多吃的东西干啥呀？楚赫纳人脸上无任何表情地回答说："为了吃呗。"这回答赶得上第欧根尼了。

礼拜二晚上我们终于抵达皇村，天已经黑了。直到开幕式那天我才知道导致我迟误的那一车队货物，乃拉祖莫夫斯基伯爵膳食用食材。这些生猪肉是为那些尊贵的客人准备早餐用的，而在定期出版物中如今已经名闻遐迩的早餐，现在人们常常把它和波将金家的宴饮相提并论。我所见到的那些生猪肉，就是为了效法波将金烤公牛用的。据说，光是一顿长达两个小时的早餐，拉祖莫夫斯基就耗费了11000卢布，而只是为了让那些父母们，老师们和学生们脸上有光罢了。从厨房的大动干戈忙忙碌碌来看,你会以为这是开餐馆呢,而非开办学校。

我承认我的精神很激动,我咬紧牙关,为这一切而痛骂我自己。瓦西里·费多洛维奇一言不发,干枯老硬,内心胆怯。看见他这样我精神略有些提振。

四轮轻便马车从一大早就开始陆续抵达,鲜明靓丽的制服晃瞎人眼。老皇后带着近侍女官和身为大公夫人的女儿12点半从加特齐纳赶过来,当她得知皇帝还没到时非常生气。她甚至都想立刻打道回府,不想再等下去了,这引起宫廷仆人们的一阵慌乱。好不容易才把她安抚下来。

最后,皇帝带着随从到了,做过祈祷后,寄宿学校开幕式开始了。瓦西里·费多洛维奇致开幕词。他脸色苍白,说话打磕巴,声音小得听不见,干巴巴地读了一遍学生的花名册,紧接着该轮到我了。

我还没来得及开口说话,忽然一阵嘀咕声打断了我。我仔细听了一下,简直都不相信我的耳朵了:原来大家还在等待阿拉克切耶夫伯爵,他的名字在一行行人群中传递着。

我开始朗读自己的发言稿,心情很不愉快。我读的声音很大,因为正如瓦西里·费多洛维奇事先警告过我的那样,皇上耳朵有点儿背。果然,他的脸上起先是漠然涣散,只见他透过夹鼻眼镜这里看看,那里望望,然后对坐在身边的康斯坦丁说了句什么,而后者声音很大地回答了什么——回答什么无法分辨。两位皇后都非常关注,或许是因为不懂俄语之故。伊丽莎白皇后还上过格林卡教授的俄国文学课,看来是白学了(听说俄国作家中他最看重的是伊丽莎白二世)。她身边坐的就是长得最像皇后本人,但却稍胖和朴实的巴登公主阿马利亚;无论她怎么努力,也还是抵不住瞌睡地在打盹。所有人中我记忆最深的是瓦尔弗洛梅伊·

托尔斯泰伯爵那张脸,脸上没有任何表情。他的脸很白,像女人,眼睛很忧郁,嘴唇很甜润。仪式过后马林诺夫斯基告诉我,说他在后宫里藏着个漂亮的农奴出生的女演员。我的发言在他看来应该很生硬。

大学生们,换言之,孩子们规规矩矩地站在地上,就为这些人提供了榜样树立了典范。不过,大家全都望着皇上。在两三个孩子的脸上,我捕捉到关注的眼神和表情,这是针对他们的发言,他们怎么能不关心呢。想到此处我也开始看着孩子们,但却不像瓦西里·费多洛维奇那样看他们。瓦西里·费多洛维奇说过:"亲爱的学生们!"——可说话时眼睛始终盯着皇上。

渐渐地我的窘迫感消失了。忽然会场上安静了下来,我明白这是阿拉克切耶夫终于到了。皮列茨基偷偷摸摸无声无息地溜到门口,所有人的脸齐刷刷转向门口。沙皇本人抬起眼镜,在往那个方向望。我不知道自己该怎么办,几秒钟内慌得手足所措了。他的名字笼罩在他自己散布的神秘氛围里,关于他的流言蜚语满天下,这些似乎捆住了我的舌头。不过,我从纱巾这件事上就开始比别人更了解他了。我振作精神,很快就不再想他了,而当人们开始抨击那些只知道以祖先为傲的贵族时,才重新抬起眼镜。几个客人皱紧了眉头,拉祖莫夫斯基伯爵透过眼镜看了看我,毫不隐瞒他的不满,而皇上则把手掌贴近耳朵,仔细地听着。康斯坦丁在打盹,两位皇后和他一样。阿拉克切耶夫没来。当我结束发言时,全场报以一片寂静,但皇上却鼓掌了。然后全体跟在皇上后面也开始鼓掌:拉祖莫夫斯基伯爵是两根手指拍两根手指。伯爵的二指禅我非常理解,就知道他不怀好意。瓦西里·费多洛夫在走廊里赶上我,握着我的手,赞美地说,我的发言一次也没有提及皇上——这种事儿闻所未闻!——好在一切还算顺顺利利,平安无事。而我却认为恰恰相反,皇上喜欢的正是这一点，阿谀奉承并未总能奏效。

随后吃早餐，就是妨碍我进入皇村的那顿早餐。又是一番忙碌——学生按班级进餐，母后尝了尝早餐汤——我发现一个人脸色苍白，浑身颤抖，像在打摆子——原来是管家。汤做得很好，随后就是有名的弗雷什特克，一直持续到晚上。宫中侍役总管给宫中上菜，是从拉祖莫夫斯基家雇来的。犒劳我们的比较简单，像是著名的剩下的弗雷什特克。

接着，用宫中侍役总管的话说，在午餐之后人们到内室相互告别，允许缺席的那些人去了加特齐纳，而剩下的人则回彼得堡。最后只有我们和瓦西里·费多洛维奇留下来，后者请我到他那里过夜。

空气很新鲜，雪已经开始融化了。大家全都离开了。只有三两个穿着制服戴着星徽的重要人物留下来，在等马车时，热烈地聊着什么，但声音很低。忽然，其中一个对等车厌烦已极的人，响亮地拍了声巴掌，几乎直接对着我的耳朵嚷嚷道：

"奴隶！奴隶！"

他这是在喊马车夫，这一声断喝结束了我忙碌的一天。

我不记得自己是怎么倒下去睡觉的。

嗣后我才知道昨晚一个来自参政院的老人为阿拉克切耶夫的事来了一趟，得知他迟到就转身回去了，如烟一般隐形了。

今天瓦西里·费多洛维奇祝贺我得了勋章——这是为了我的发言。

我还要记下开幕式那天的一件事。

18日那天涅瓦河水涨了，忽然下起了雪，软绵绵的小雪粒，像绒毛一样——村庄都被雪覆盖了。19号，学生们是坐着雪橇来的——这指的是那些和父母一起来的学生。而那些雇不起马车的学生，则坐着专门为此事预备的宫廷六座敞篷马车。(瓦西里·费多洛维奇对我说起过的瓦尔霍夫斯基就是这么来的。他个人向瓦西里·费多洛维奇求情,被允准。他亲自去找了瓦西里·费多洛维奇,开诚布公而又勇敢诚实地说明了情况,把后者给打动了。)

来的人全都穿上了制服,但他们却不听大叔大伯们的话,开始玩起了雪仗。所以,等皮列茨基来时,差点儿没喊哑了嗓子,把打雪仗的人强行分开。不知是谁抛出的雪球砸在他身上了,他拿出惩罚册,想把两个犯过错的人记录下来,但学生们不肯,因为寄宿学校还未开张。

1812年。1月。

很久没写一个字了。

我压根儿没想到我还得给在校生讲课。仔细观察了一下这些学生以后,我决定不做任何改变,按照早先的想法草拟教案。

看样子他们每个人都从父母的家里带来许多匪夷所思的怪癖,几乎所有人都有一些杂七杂八听来的传闻,因而,对于道德哲学的了解和普通人无任何差别。

我首先碰到的一件事是,我的那些听众非同一般地冷漠超然,根本不愿意听课。我决定和这种涣散现象斗争。我遇到的凯丹诺夫,神色像乌云一样阴郁。他告诉我说他骂奴隶"三孙子",如果奴隶三心二意,就骂他们"牲口"。

"我就这样呼唤他们:雅科夫列夫—先生,牲口—先生,没关系,他们能忍。对他们应当加以教育。"

他说着停下脚步,样子煞像一位喜欢画画的中等师范学校的老师。我不喜欢这种蠢样子,我对他和对卡尔佐夫一样都很严肃。我决定要把自己表现得像是真的认为这些少年就是大学生似的,同时不允许任何亲昵的表现,我确信这会使小男孩们的自尊心得以加强。我强迫这些用布德利的说法是在课堂上打盹儿做鬼脸的木偶听课——也许能够化蛾成蝶呢。

今天我讲了亚里斯提卜,结束时讲了斯多葛派芝诺。

我认为不懂逻辑学就不会懂哲学,尤其是道德哲学,没有逻辑学的帮助要想解释和说明道德哲学的法则和三段论是不可能的。全班注意力不集中就是对我的回答。不但如此——我把班里几个学生叫起来回答问题,确信他们根本没有理解。

看起来他们只是觉得三段论的内涵本身好笑罢了,比方说:"人皆有一死,N先生是人,所以,N先生也是会死的。"这样的真理实在是太简单了,说N先生也是人,这引得普希金发笑。我问他为什么要笑,他回答说:

"我承认我对逻辑学没有搞懂,但有许多比我优秀的人也不懂。逻辑学的三段论很奇特,莫名其妙。"

但学生们非常莫名其妙的入迷而又热情地列举三段论的修辞格,把这当成维吉尔的创新点。

我们毫不费力就可以证实三段论是有意义的,就好像这些诗句本身是无意义的,它单纯只是为了让人易于记忆而写的一样。达利亚和恺撒看起来让他们震惊了。

今天我谈到天然自由的黄金时代,得以再次击退我的学生们的打盹儿潮。

通常不注意听讲的不是那些听懂的学生。我在特维尔的中等师范学校教书时就了解这一点,我懂得学生中间颇有些人给你一种表面上很用功的样子,这是一种非常讨厌的行为。从他们的眼睛里,除了想要赢得赞赏的欲望以外你看不到别的内容。因此我是不会去谈论什么撒夫拉索夫、特尔科夫、米亚索耶多夫(彻底的人渣)、科斯坚斯基及其他人的。但是那些能听懂或可能听懂的人,通常却不怎么用心听课。

戈尔恰科夫很聪明,但太爱修饰自己,就像一个自恋地望着自己在水中的倒影的纳西塞斯。瓦尔霍夫斯基无可挑剔。玛丘什金很安静。丘赫尔别凯一看就是全班的活宝。在一切方面都很过分——写作很勤奋,以至鹅毛笔常常折断,时而说话,而由于他耳朵有点儿背,所以常常会大声反问对方。勃罗格里奥是没指望了。达纳阿斯也同样如此:老是做鬼脸,对一切都满不在乎,好像这样就是对的。普希金总是咬笔尖,常在纸上画画,糊涂乱写,因为做功课时思考得深,陷入沉思中,就会入迷到仿佛班上除了他没别人的地步。

杰尔维格①在睡觉——是实实在在在睡觉。科尔夫要比所有人都更加体面。

我对他们讲述了在人类尚未懂得签署社会契约的时代,同时也尚未被暴君毁坏的原始时代的自由,人的自然状态,人类的童年。这次他们听得很注意,有几个看样子甚至感到震惊。丘赫尔别凯和瓦尔霍夫斯基在做笔记。从来就不提任何问题的普希金,忽然在课后问我:地球上还有没有生活在这种状态下的人民?我回答他说,一些野蛮人还保留着原始社会的淳朴,但他们的数量越来越少了:教育也渗透到窝棚里去了,和教育一起渗透进去的,还有普遍的人类的罪恶。比方说,像夏多布里昂所描写过的印第安人,就是既野蛮又无辜的。这个问题多少令我感到

---

① 指安东·安东诺维奇·杰尔维格(1798—1831),俄国诗人,出版商。——译注

吃惊:他们不仅在思考,而且一下子就能思考一些真正的问题。

我和伊孔尼科夫①的关系越来越好。他非常穷,简单地说吧,是个赤贫。比他更奇特的外国教师还没有见过,但与此同时,他对孩子们的影响力是真实而有益的。他是一个真正的甘迪德②:对所有人永远说真话,只说真话。我听过一次他和戈尔恰科夫的谈话,戈尔恰科夫用法语和他谈话本想是为难他的,所以说的话特别可笑。伊孔尼科夫听了好长时间,忽然用法语回答说,如果戈尔恰科夫不立刻向他道歉,他就会认为他是个无知汉。这话说得他很尴尬。如今他获得了大家的喜爱。他们给他朗读自己的作文,并且非常看重他珍贵的趣味。除此之外,写东西的还有雅科夫列夫、普希金,此外还有五六个学生。他们当中的一个,是雅科夫列夫或是普希金,伊孔尼科夫甚至吻了他的手,奖励他对日里德所翻译的阿那克里翁《玫瑰》的转述,这件事是齐里科夫给我讲的。

只有一个科尚斯基搞不清楚——伊孔尼科夫注定会倒霉。他的命运十分奇特:他是著名演员德米特里耶夫斯基的儿子,自己演戏也不错,还在外交事务委员会当过翻译,在矿业学院当过执勤军官,在那里讲授过地理学、历史和法语——但干什么都待不长。他穿衣服很邋遢,以致我不止一次想要帮帮他,但他的骄傲阻止了我。

今天我们一起散步。我不喜欢在花园里散步,因为一不小心就会不是碰到树丛里的雕像,就是碰到哨兵,再不就是总能感觉到别人的目光在把你监视:这里的执勤部门时时刻刻紧盯着人——这么说吧,这里有道德监理在场。而一座小城里的街道,居民的小房子和小铺子,却要远

---

① 指阿列克谢·尼古拉耶维奇·伊孔尼科夫(1789—1819),九品文官,诗歌爱好者。——译注
② 伏尔泰小说《老实人》中的主人公,此处指"老实人"。——译注

比这舒适得多了。到处都是厚厚的雪，但街道却很干净。伊孔尼科夫给我读了几首他的诗作——令我震惊。这都是些短小的哀歌，带有最真挚的感情，是我们那位科尚斯基绝对无法比拟的。但这些诗全都尚未完工，写得也太粗心。我问他为什么不发表。"害怕被拒绝。"他实在是太贫穷又太骄傲了。

最后，他对我承认正在写作一首长诗，他今后的幸福就取决于这首长诗是否成功。但他绝对拒绝给我朗读这首长诗中的任何一段。他之所以对我坦诚这一切，他说，只是因为"他觉得我是个诚实的君子，比别人正直诚实"。甘迪德的这番坦白令我不由得笑了起来。他感到受了屈辱，快走几步离开了我。我赶上他表示和解，但却再也套不出他的话了。今天我和瓦西里·费多洛维奇谈到他，后者立刻要我保证不说出去，谁也不要告诉，然后他向我读了皮列茨基写的伊孔尼科夫的小报告。小报告里说，伊孔尼科夫已经两年没有参加圣餐仪式了，说他是个全身心投靠法兰西的亵渎圣物者和酒鬼。我劝告瓦西里·费多洛维奇不要扩散这份小报告的内容，就此打住。关于伊孔尼科夫的酗酒，我们这位宗教裁判官也许不全是撒谎——至少表面看是如此，的确，他身上有时会散发一股酒味。

我的关于芝诺的课，旨在教会学生让激情服从理性，这触动了听我课的所有学生，大家全都要求给他们讲讲情欲的事。我想起自己和伊孔尼科夫的那次散步，就说我会讲一讲骄傲的事的。这时有几个人——即丘赫尔别凯——想要我讲讲正义的事。戈尔恰科夫要我讲怯懦，而普希金要我讲讲吝啬。有人笑了，但我却认为在大家所提的这些题目里，吝啬是唯一的激情，因为正义和怯懦并非实质意义上的激情，并答应下次课上讲吝啬。

丘赫尔别凯激烈地反驳，说正义也是激情。瓦尔霍夫斯基支持他的观点，声称善良也是激情。杰尔维格开始启用诡辩术，并起而证实最强烈的激情是无畏，结果引起了哄堂大笑。

最后我对他们说，善良就意味着事物与某些用途的适合性，其意如此，不多不少。事物之所以是善良的，是好的，是因为它们可以为达到某种目的而服务。由此可见，善就是对于幸福的追求。学生们看样子被解决这个问题的方法竟然如此简单而震惊。瓦西里·费多洛维奇会说这是厚颜无耻。我的目标达到了：我生动地揭示了这一点。而我在给他们尽其所能地讲授什么是骄傲时，一开头就引用韦斯的观点：一旦成不了暴吏萨图拉普，要想成为一个斯巴达人，就应该根据傲慢的程度来限制自己的费用。

谈到傲慢，我还说到，虚假的傲慢更多的是建立在想象的基础之上的，想象对于傲慢没有提供任何根据，只能中伤别人，抬高傲慢者自己。我引用了康斯坦丁皇帝作为想象的例子，这位皇帝由于个头矮小身体羸弱，在班师凯旋时，驱马跑到巨大的凯旋门下，故意歪着头，想要告诉大家，如若不然的话，门楣就会碰着他的脑袋。讲到此处课题里掀起一阵骚乱。戈尔恰科夫不由得歪起了脑袋，而马林诺夫斯基用指头指着戈尔恰科夫和米亚索耶多夫，声音很大地感慨道："就是他们这样！就是他们这样！"

我没料到我的解释会有这么强烈的效果，而且这么快地就被人实际印证。糟糕的是，外国教师伊利亚·马尔丁诺夫兄弟开始谴责夸夸其谈者，根据也是其兄弟的耶稣会士的条例劝诫劝谕，并且迫使他们"忏悔"。我请校长把他开除出去。戈尔恰科夫的傲慢建于爵衔之上，犹如建于飞快流逝的记忆。米亚索耶多夫的父亲在参政院工作。

今天响了警报:皮列茨基在学生之一的普希金身上发现了一本伏尔泰、庇隆等的赞美诗,正如他所说的那样,这是一本非常恶劣的书。他坚持彻底没收并烧毁了这本书。瓦西里·费多洛维奇在他走后抓住脑袋,对我说这还让不让人活了,更何况我们这个学生压根儿就不是个驯顺的小绵羊。寄宿学校暂时还没有一家图书馆,而伏尔泰赞美诗选又是一本允许阅读的书。这又不是什么讽刺诗选!恐惧与战栗!这更像是诵经员来自寄宿学校教堂的巴伊西,把伏尔泰当魔鬼。

新的指令比前一个更加愚蠢:禁止学生写诗,因为这会分散学习的精力。看样子这一想法来自外国教师伊利亚,也许还有给加利尼奇削笔尖削得厌烦了的科尚斯基?如今连学生也变得认不得了:尤其是普希金——还是总在课堂上咬笔尖,总是在不断地写着什么。我对瓦西里·费多洛维奇说,要他把伊利亚彻底开除算了。看样子非但禁令不起作用,反而皮列茨基(这条法则的拟定者)想要出版一份学生杂志。

到处风行着关于战争的流言。在皇村我就听说,不仅我的厨娘在用星象占卜,而且就连皇后也向星相学家请教呢。很快我的学习生涯就结束了:新编杂志的大致内容粗略拟好了。下周我将请求斯佩兰斯基接见。

关于战争谁都不知所以——是正在进行还是尚未进行?《北方邮报》关于战争只字不提,而又没有什么敢说,于是,看起来不敢说也有其理由。皇上正在旅行中,拿破仑也在旅行中,局势还不明朗,折磨着人心，就像行将临头的雷雨一样。科尚斯基已经再次涂改了《我们这个时代》的结尾部分——他起初用的是萨福诗体，而现在又改用颂歌体。大学生（抑或按照凯丹诺夫的说法——"小伙子们"）对一切的感知不亚于我们，但在散步游玩和班级上课时，却一切照常。

皮列茨基简直忙不过来了。在寄宿学校告密真的是一件很可恶的事儿，我发现人们都恨他，并且毫不掩饰对他的仇恨。只有布德利一个人很平静，和往常一样。有一次我问他（先是前后左右看了一眼——瞧瞧都到什么地步了！），关于战争他有什么看法？他说战争是不会发生的。"可大家都在谈论战争呀，"我反驳道。"On dit—c'est un menteur"① ——他回答道。"可如果战争开始了呢？"我问道。"如果战争打响，将会有很大震动，但震动不会比从前更大了。"老头子见多识广，你要想打破他的平静简直是不可能的。

战争看起来似乎是打不响了。然而任何人似乎也毫不怀疑我们将被打败：皇村中皇宫中人的脸都拉长了，据说都已经开始收拾东西物件了。多胆小呀！

关于我的杂志斯佩兰斯基再未提到。我做了个计划，编完了第一期。杂志分好几个栏目：官方——事件——哲学——教育——俄国古代法学史，格言警句。杂谈。

严寒忽然加剧了。

昨天晚上斯佩兰斯基被抓了，而且作为一个坏人隐藏得不知去向。任何人任何消息也没有。

---

① 法语：据说这是个撒谎者。——译注

加乌恩施尔德像渡鸦一般张开他的燕尾服的后襟在走廊里飞来飞去。皮列茨基在课间休息时整理着自己的笔记。旁边，在宫廷里，一切都安安静静的。宫中侍役总管正在冷漠地铺地毯。一般说来仆人们总是最后对历史的震荡发生反应。难道说米哈伊尔·米哈伊洛维奇的一切举措全都完了，中途而废了吗？看起来是这样。在这种情况下，还有没有能够赋予活着、思考和行动以意义的尊严呢？我和米哈伊尔·米哈伊洛维奇一样，和马林诺夫斯基一样，和我们所有"哥廷根分子们"一样——都是诵经员的孙子。可我让自己的理智得到了启蒙，我相信启蒙造福于社会的伟力，相信社会契约的神圣性，我想看到一个人的新的领域——难道他们可以把我送回到原始时代那种野蛮和缺乏愿望的状态吗？我在慌乱中给这一年做了个总结。公民的舞台对我来说忽然关闭了，一如诗歌的舞台对于科尚斯基也关闭了一样。我必以前双倍努力去讲课：布德利的榜样感染着我。这个老头子看样子完全理解这些变化的全部重要意义，但无论什么都难以撼动他。他是一系列非常重大的事件的见证者，他对我说过。今天宫里十分忙乱：人们在花园里走来走去，而这些人以前却从未见过。

　　窗子很快就被打开了，花园发出暗色调，园中有两三点火光：那是寄宿学校和宫中女官所住的厢房。万籁俱静，月亮像一年前那样明晃晃的。我在其中一位市民家里过的夜，接着就是瓦西里·费多洛维奇的夫人生病了。主人脸上的表情很平静，家里很舒适，壁炉里煤炭在噼啪响。我是多么喜欢这种可爱的生活习惯呀。

　　我自己也不知道自己写作是为什么，因为我现在正在把写出的东西全部烧毁。想要把自己的印象传递到一张纸上这种激情，难道不就是同样一种渴望不朽的社会渴望吗？

我到过亚历山大·伊万诺维奇·屠格涅夫那儿。详情是，亚历山大·伊万诺维奇的罪过搞不清楚。拉祖莫夫斯基说，这是个自己想登上宝座的雅各宾党人，但他却未察觉这里有个矛盾——或是雅各宾党人，或是王位。许多人称他是共和派分子。我们这所寄宿学校的母亲，巴枯宁太太在见面时对儿子说，她总觉得每当米哈伊尔·米哈伊洛维奇在她身边时，她总是能闻到他身上有一种硫黄味儿，而从他眼睛里可以看到一种蓝莹莹的地域之火。人们在把陷落当作对于法国人的首次胜利大过对暴君本人的死亡来庆祝，但沮丧也同样很强烈。

从哥廷根以来过去多久了，我们如今在何处呢？像投石器发射的一块石头，在这半年中我充当了上升和坠落、希望和绝望的见证者。战争离我们日益逼近。我在想我们自己的，米哈伊尔·米哈伊洛维奇将其交给我的后代。而就连他们在这半年中也经历了许多孩子即使是在五年当中也未必会经历的事情：父母家庭的巨大变化，如今很快又要打仗了，这将是一场震动朝野的战争。

分手时，亚历山大·伊万诺维奇特意问我普希金怎么样，因为他多少也和他的命运有关，并请我对他多加以关照，因为他的童年是在没有欢乐中度过的。阿列克谢·伊万诺维奇知道普希金的父母都是善于忘事的人，所以请我不要忘了他。这使我很感动，我答应了，但却坦白地说，在这个问题上，需要一个比我更加真挚的人：我会努力对他们的理性发挥影响力。我们的外国教师都很不好，非常希望他们相互之间能建立友谊，可实话实说，他们在早年生活中获得的印象彼此之间差异是如此之明显，以致令他们相互隔离。亚历山大·伊万诺维奇所关照的普希金，身上带有其早年所受教育的一些非常不幸的痕迹。他很聪明，但又很腼腆,他很固执,思维很敏锐,脾气暴躁到了疯狂的地步,但又很可笑。更多的评价暂时我还说不出来。

出事后我觉得似乎再没有人可以依赖了,很难找到适合给年轻人当教授的人选。现在只有我在做学生的工作,我想给他们开一门关于祖国和公民义务的课。我坐下来备卡拉姆津一课,当然我国没有什么人能像卡拉姆津那样写起东西来雄辩滔滔。但把对祖国的爱分为三种——生理之爱,道德之爱和政治之爱——这种冷酷的做法,是我所不喜欢的。第一种爱是自然的事情,是人人都具有的。第二种爱是年龄的事情,而第三种爱则要求进行判断,而且只有受过教育的人才得以问津!爱当然可以分为三种,虚伪的语调容易激怒听觉,而虚假到了一定程度则容易激怒理性。

我依然沉浸在如此这般沮丧的心境中继续开导米哈伊尔兄弟。他在生病,住进了战地医院。医院规定非常严格,是不可能放我进去的。于是我坐了好长时间的冷板凳。这个可怜人令我很高兴。长官虽然仍在隐瞒战争的事儿,但对大家来说,进行军事准备已经是有目共睹的了。他在等人,他回想起了我们在特维尔村子里度过的童年——那早已成了往昔:母亲如何在壁炉里烤面包,面包的香气如何被当时的我们当作世上所有的一切中最美好的东西。而我对这一切却早就忘了。关于战争的传言并未使他感到害怕,他请求分配他上前线,而且看起来十有八九能批准。他相当清醒地推断着法国军队在敌人的国土上行动有着诸多不利的因素。他对我说当他被忧伤或是屈辱所折磨时,他总是会自言自语地说:"不要胆怯,米哈伊尔·彼得罗维奇。"这句话能够给他支持下去的力量和勇气。就像此时此刻那样:"不要胆怯,米哈伊尔·彼得罗维奇。"——把背囊背在背上,拿起短剑就出发。

在可怜的士兵米哈伊尔身上所表现出来的爱，是否也属于卡拉姆津所说的那种类型呢？

难道真的只有受过教育的人才具有理性，而没有理性就不可能有对祖国的热爱吗？而什么是教养呢？真实是不是像天和地一样远离世俗和琐碎。

我读到让·雅克·卢梭的一段话："是什么推动心灵，以及学生是如何开始热爱祖国和她的法律的？我敢不敢这么说？在那些肤浅的人们的心目中，和孩子游戏是无所谓的联系。"

"教育应当赋予心灵以人民的形式，从而引导舆论和品位，以便让它们就其癖好、激情和必然性而言也能成为爱国者。真正的共和派人士往往会伴随着母乳吸吮了对祖国的爱，吸吮了对祖国法律及其自由的爱。如果共和派只有他一个人，他等于零；如果他没有祖国，他就根本无法存在下去。如果他不死，则他会比死者更糟糕。"（让·雅克）

在回忆米哈伊尔兄弟时，我想到了米哈伊尔·米哈伊洛维奇，想到了他对我说起过的寓教于乐的教学法。我们必须不带任何稚气地说，他们看起来全都能很好地理解一点，即人们在关心着他们的成长。糟糕的是纵容他们的弱点：当前阴郁的观点、老气横秋（戈尔恰科夫）和一种喜爱炫耀的反复无常在他们中间已经成了一种时髦。

我仍然没有来得及把自己的笔记本烧掉。我读了一遍，半年以前我们还怀抱着希望和某种青春时期的自我满足，而如今在我看来却是那么可笑，现在该是变得老成持重的时候了。我到过瓦西里·费多洛维奇那里，我们做了一次开诚布公的谈话。他依然很沮丧，被吓坏了：看样子是把自己的笔记本《论参政院议员的召集》给烧了——这是他集聚了8

年心血的成果呀。一旦战争打响,我想以一个普通士兵的身份上战场杀敌,像米哈伊罗兄弟那样。瓦西里·费多洛维奇来时似乎吓慌了,说寄宿学校就剩下豪森西尔德了,而他对付不了这一摊事儿的,说不定又得有一件事给他搞砸了,我答应考虑考虑。我想起了米哈伊尔·米哈伊洛维奇。他说他那里应该有一本小说,是斯佩兰斯基青年时期写的:《一家之主》——从标题就可以看出是模仿狄德罗的。

今天向普希金转达了来自亚历山大·伊万诺维奇·屠格涅夫的问候,履行完诺言后,我和他聊了起来。对来自上面的举措感到奇怪,但绝对谈不到仇恨。如今他已被外国老师划入顽童行列,而实际上他也的确是个顽童。看来,他还以这一称号自豪。他请亚历山大·伊万诺维奇给他寄一本布瓦洛的书。"你从哪儿得知布瓦洛的呢?""我在父亲和大伯的图书馆里读过他的书。""你最喜欢的是他的哪本书?""《读经台》。"长诗写得很不体面:的确,大伯让他读了。大人对他从不隐瞒什么,好像对他总是像同龄人平等对话那样平起平坐。他酷爱思考而又非常机智,读过伏尔泰、布瓦洛、庇隆,以及整个法国谐谑文学。他不喜欢科尚斯基的文学趣味(我也不喜欢)。使我惊奇的是,他喜欢古代智者。我给了他几本关于斯多葛派和昔尼克派的一本书《哲学箴言集》——对于少年来说,这本书里的笑话比别的教科书里包含着更多的智慧。他问我为什么要在自己的讲话里称皇村的园林是空荡荡的森林?我说这块地方前不久还曾有过森林,而周围则是一大片旷野,以致园林直到现在仍然保留着处女般的原始风貌。他什么也没说,但看样子对我的回答很满意。不过,他们散步时有时候走得很远很远,常常走到人迹罕至之处,然后才走到空无一人的路上。我惊奇的是,他对我在半年前开幕式上的讲话中所说过的话记得那么清晰。告别时我问他，想不想要我通过亚历山大·伊万诺维奇给他父母带句话。他沉吟了片刻。"不用了。"看样子他并不想家。科尚斯基错了：他丝毫也不凶。他嘲笑后者的宣言也是对的。H. Ф 被伤害了。普希金带着简直可以说是童稚般的笑容——今天还和瓦尔霍夫斯基谈过。此人更加干练，下课后，他走近我问道……

# 第四章

1

　　头一天他就在几步开外见到了库尼岑背着别人，咬着嘴唇，心里忐忑不安地说起过那个对象——宫廷。皇帝肥厚的驼背正对着他，皇帝身上紧紧裹着软绵绵的呢子。皇帝、几个老太婆还有几个肩上裹着披肩的年轻女人也在这儿。穿制服和燕尾服的人们坐在一个不大的厅里，他认出其中还有大伯瓦西里·里沃维奇。大伯此时的样子和他实际的样子相仿：个子并不高，眼睛斜视，而且穿得很滑稽。

　　库尼岑奇个头不高，肩宽背阔，神情果决，穿着燕尾服，络腮胡子，读了一篇几页纸的讲话。这是这一天里第一个也是唯一一个曾经关注过他们的人：他面朝他们，看着他们，向他们发表了讲话。他们站在所有人后面。当那人讲完后，许多人转过身来，惊奇地看着他们，就好像生平头一次看见他们似的。这是库尼岑，教授。他记住了这场突然发生而又突然中止的轻松的谈话；晚上戈尔恰科夫对他说，大家这是在等阿拉克切耶夫，但他没有来。亚历山大问谁是阿拉克切耶夫，但戈尔恰科夫看了他一眼，狡猾地眯缝着眼睛，耸了耸肩膀，然后满意地嘿嘿笑了。亚历山大立刻就全明白了。

　　随后，第二天，人们立刻就把他给忘了。他们每天都是天一亮就起床，一到6点，值班的外国教师伊利亚就把他们排成"队列"，领上二楼的食堂，让他们在那里喝茶水。伊利亚根据弟弟的嘱咐，对上课前楼上卧室以及二楼喝茶的情况监督得尤其严格，绝对不允许玩游戏，因为大家都在毫无必要的分散活动。随后从7点到9点是上课时间，课后学生可以散步游玩，吃饭，在年级大厅里做功课。接着又是上课，一连3节。课后，第二次散步游玩，下午茶点，晚饭，第三次散步游玩——10点又是一次"站队集合"，学生们几乎从未在这个时间段内处于被观察状态，他们各自回到4层楼自己的宿舍，每个人身上戴有自己的号牌。亚历山大的牌号是14号，旁边，隔着一块木板隔板，15号普辛在轻轻地吹着口哨。在一次法语课后，大家已经给普辛起了个法语外号"让诺"。

他们住在宫殿的厢房里，宿舍都在一起，每个小单间里都有旧式写字台，或如马特维叔叔所说的，斜面的写字台，一个抽屉和一张铁床，床底下有夜间用便鞋。在昏暗的过道里，有穹顶天花板，门上有供受督导员窥视的孔，门上的猫眼是透明的，外观像是僧侣住的地方，这一切有时候令他觉得好像是他终究未能进去的耶稣会士的修道院。

每天他们都被带去散步游玩三次，而散步游玩的意义比上课都重要：马林诺夫斯基认为对于孩子成长来说，皇村的空气是最重要的因素，他和他生病的妻子都认为皇村的空气是可以创造奇迹的，少年儿童应该这样的空气中自由活动，而房间是为了准备功课和睡觉用的。外国教师两两成行地领着他们去散步游玩，齐步走，但队伍很快就散了。很快他就和花园处熟了，觉得世上没有比这座花园更美的了。他学会如何区分旧式的、伊丽莎白的、宁静恬静广阔深邃的花园和新式的叶卡捷琳娜式的、刁钻古怪的、带有附属建筑物、纪念碑和英国式以外的花园。

伊丽莎白的园子坐落在宫殿和埃尔米塔什之间，带有凡尔赛式剪短的篱笆栅栏，有茂密的树丛。当他们走过小树丛时——他忽然觉得自己好像认出了这个地方，竟然差点把它当成自己童年时代常去游玩的尤苏波夫花园了。

他的头脑里涌现出了一些闲极无聊奇特古怪的想法。他从不记得自己有过类似的想法，而且从此以后也再未复现过这样的想法。有时候一想起来他就会笑一笑。和他一块散步的普辛，对他的这种表现已经习惯了，所以总是说个不停，根本不在意他是否在听。

学生们被领到玫瑰田野。透过灌木丛可以看见前方有一幢轻型的小房子——土耳其式的售货亭，还有用异国他乡的石头砌成的一个凉亭，齐里科夫告诉他们说，这石头都是古希腊时候的。凯丹诺夫在其课上讲到那些土耳其人时，总要适时地补充一个形容词"凶恶残暴的"，但在这里并不残暴凶恶。小池塘都挖得很小很小——是为了纪念土耳其月亮的。

有一次齐里科夫领他们散步时，总是陷入自己思绪中的他落在了后面，忽然看见一扇窄窄的窗户。透过窗户他看见在这座空空如也半明半暗的豪华宅邸里有地毯和沙发，一看里面住的肯定是一个后宫的统领主。一切都收拾得整整齐齐，就好像那个主人，那个重要的土耳其人，刚刚离开，很快就会回来，吸他的放在角落里的水烟袋似的。这里其实从来没有住过任何人。喜欢奇思妙想的叶卡捷琳娜的确在这里坐过，休憩过。

池塘上面简陋矮小的小屋是天鹅过冬的地方——每个小屋里都有一对天鹅：干燥的芦苇草垫上，一只老年天鹅用鼻子触摸着女友的羽毛，感觉到它们正在走来，在睡梦中嘶哑而又低沉地嘀咕着什么——这是个睡眼惺忪、全身肮脏的宙斯，由于勒达的缘故，不得不在棚子里冻得打战地过冬。

他们正在路过一座宏伟空旷的宫殿，齐里科夫拧紧了眉头，压低声音，要大家通过时不要喧哗，队列整齐，快速通过。他那张被晒得黢黑的有麻子的脸紧张地抽搐。亚历山大瞅了窗户一眼，窗户上挂着厚厚的沉重的窗帘。沉默无语的卫兵站在门口，学生们朝玫瑰田野走去。

玫瑰田野是一片规整的小块草地。草地上还有几棵玫瑰灌木丛冻得瑟瑟发抖，这是叶卡捷琳娜栽种的。但现在已经没人照看它们了，灌木丛因此野化了，它们存活的时间也屈指可数了。

谁都没有留意外国教师，大家全都走下小路，玩起了打雪球。从沉思中被惊醒的齐里科夫从这边跑到那头，手拍着胸口，嘶哑地哀求学生停止混乱无序状态：皮列茨基特别不喜欢打雪仗这种混乱无序，不喜欢规规矩矩的游戏，而只允许玩正规游戏，如猜谜，猜字谜等。

一道石头的玫瑰门是为了纪念奥尔洛夫建造的，因为他曾制止了一场在莫斯科流行的造成大量人员死亡的瘟疫，右首的大理石上不疾不徐地叙述了这位英雄的故事。一切都按照这样一种顺序，就好像英雄应该马上就骑马进来，齐里科夫慌慌张张，万分警觉，冲着学生们嘘声不断的样子，似乎也在证实着这一点。园子里已经住满了人，比那座带有窗帘、半明半暗、空旷无人的宫殿更有生气一些。

## 2

通常天还黑着时他就醒来了。睡眼惺忪的福马老爹轻轻地敲着门，呼哧带喘地说：

"先生们，该起了！天哪，还睡呢！"

接着,他的声音又在身边,从普辛门口传来,接下来,整条走廊都是他的声音,这声音呼哧带喘,而且还必定要加上一句:天哪,还睡呢!

他懒得起床,普辛便敲一敲他们中间的隔板。天还没亮他们就起床了,六点,走廊里还亮着蜡烛,窗外还是黑漆漆的夜——半明半暗的冬天的清晨。对面就是宫中女官住的厢房——从角落数第二间——透出一线微弱的灯光:这是娜塔莎,老沃尔孔斯卡娅的女仆,已经起身给自己的太太穿衣服,太太一夜又没睡好。他们在散步时见过娜塔莎,他也已经习惯于根据她的灯光起床了。

他是在一阵微弱的敲击声中醒来的,他睁开眼睛开始认真谛听。天还黑着,旁边屋里还一片寂静,普辛还在睡觉。他瞅了一眼窗户——娜塔莎的窗户还没有亮起来。

然而敲击声在继续,声音很轻,很低。——福马老爹平常总是用他那骨节粗大的手指敲门,绝不这样敲呀。他飞快爬起来,把脚伸进便鞋,抚摸了一下头顶的睡帽,偷偷地望外看了看。

通常每天夜里值班的外国教师穿着睡衣,坐在壁炉前打盹。值班的老师不是体形高大威猛的大汉加里尼奇,脸宽脖子粗,睡在安乐椅上,仰着身子,睡得很死,很甜;就是小个子的,无孔不入的齐里科夫,他通常蜷缩着身子,低声打鼾。有时候他们也会睡不着,于是便穿着轻软的便鞋啪嗒啪嗒在走廊里巡逻。有时候他能感觉到别人的目光晒在他的背上:门的上半部门是代栅栏的薄纱做的帘子,只能遮住房间的一半。睡梦中的他颤抖了一下,嘀咕了句什么。外国教师慢慢地已经不习惯偷看他房间里的情况了。他们通常都缩在值班用的小屋子里,一睡睡到天亮。

此刻安乐椅上是空的,整条画廊都黑乎乎空荡荡的。忽然同样的敲击声又响了起来——几乎就在身边,离得很近。他仔细看了一眼,看见一个穿着黑衣服的体形瘦长的人影。此人跪在墙边,额头紧贴着石板,慢慢腾腾地,无声无息地鞠躬。

他想起来了,今天学监自告奋勇要值班,站在那儿一动不动。马尔丁·皮列茨基在地上铺好小手绢,跪在石地板上,双手靠近心口,弯下腰,整个人身子蜷缩在一起,显出极其谦卑的姿态。只有那双硕大的黑色便鞋鞋底才能使他保持住一个人的形状;而这双鞋底活像一个死人的脚掌。

走廊里很冷;尽管努力去学习,但这篇关于耶稣的祈祷词仍然显得冷冰冰的;额头就像摆锤一样敲着石地板。

亚历山大站着,一阵寒意向他袭来,他转过身子。一种无法解释的厌恶感让他不能入睡。额头敲击地板的声音停止了,脚步声也听不到了,可能是马尔丁在地板上睡着了。

他又回到床上,很生气,因为别人妨碍了他睡觉——然后就不知不觉睡着了。他感觉自己好像在教会主日学校,这是他的伯父瓦西里·里沃维奇安排他入学的。在清晨的半睡半醒中,他对此一点儿都不感到奇怪。

过了不久教堂的钟敲了六下,他听到了熟悉的,间断的敲门声;福马大叔透过门上的小栅栏望了一眼,说:

"愿上帝保佑你们!小少爷,起床吧!"他往窗外望去,娜塔莎家的烛火闪烁着。夜里的事情让他感到古怪发笑。修士的大脚掌铺在石地板上，占满了整个空间。他突然想起一首古老的法国诗歌①。大伯瓦西里·里沃维奇很喜欢这首诗。这首诗讲了在一次祈祷中修道院院长把圣书放在读经台上宣读，见习修士鞠躬时一屁股拱了这张桌子。见习修士那双便鞋直立在地上，就像马尔丁那双似的。就像阿琳娜说的，修士都是真正的魔鬼，是伟大的伪君子。而这一点也是外祖母玛丽娅·阿列克谢耶芙娜严格禁止提及的。现在则没人能禁止他想这些，他想什么都行。戴十字架的灵魂牧师、耶稣、穿魔鬼制服的修士，以及一整夜都在克丘特斯河②岸边游荡的学监马尔丁·皮列茨基。

## 3

他是一个人成长起来的，所以现在很难适应集体生活。戈尔恰科夫这样描述小老头：

"快瞧，我们的老病缠身又来了！"他叹一口气，学他一瘸一拐地走路。

"我们，老病号。"他嘲弄地说道。他把所有东西都看得很轻，并以此为荣。他曾有很多崇拜者，罗蒙诺索夫和科萨科夫③在各方面都以他为榜样，教授们都很器重他，他很快就在班里名列前茅了。他的记忆力很好，不费吹灰之力就能一字不落地把他读过的东西背出来。他学习非常勤勉。现在他很健忘了，尤其是人的名字，但是，他好像对这样的情

---

① 指法国诗人布瓦洛的打油叙事诗《读经台》。——原注。
② 克丘特斯河是希腊神话中冥府五大河之一。相传去世后未被埋葬之人的灵魂会在该河边游荡，无法进入轮回转世，故发出阵阵叹息之声。所以该河亦被称作"感叹河"。——译注。
③ 尼古拉·亚历山德罗维奇·科萨科夫（1800—1820），皇村学校学生，后在外交部供职。——原注

况很满意。

"这个……他叫什么……啊对,福马。怎么就记不起来了呢?"他提到福马大叔,用手摸摸头,就像老年人一样,也可能像他的舅舅,诺夫哥罗德省的省长。

亚历山大羡慕他,还有点怕他。

瓦尔霍夫斯基一夜没睡,努力在班里抢占第一名。

勃罗格里奥最会给人下脚绊了,亚历山大有两次差点儿上当。勃罗格里奥和丹扎斯都是不可救药的学生——马尔丁这样评定。

他俩相互比赛——在被处罚方面。每当马尔丁斥责他时,丹扎斯习惯性地报以冷笑。看到这个不可救药的学生厚脸皮地笑,这个老头子的脸色就变了。一旦丹扎斯发现学监的弱点,他就开始滥用自己的勇敢。通常的惩罚对他不起作用,人们就找到一种新的惩罚方法:学校里留了一件儿童礼服,人们就惩罚他穿着这件童装待上一昼夜。这件礼服的尺码非常小,很寒酸,而且做工粗糙,从而引起大家的嘲笑,这样惩罚就起到了作用。制服才能把学生从寒酸、儿童礼服以及父母修改过的儿童衬裤中解救出来。看了一眼丹扎斯,亚历山大欣然发笑。就像小丑一般,丹扎斯感到很可笑。但是,他很快记起自己穿上这件衣服的样子,就慢慢不笑了,他无论如何也不想让自己穿上这件旧的儿童礼服。

他们一如既往地在教室里重复着老师指定的任务,每个人坐在固定的斜面课桌后。教室中间是一张黑色的桌子。丹扎斯和勃罗格里奥由于其不规矩的行为,通常是由于怪异的、不成体统的、不懂事的行为受罚,被教师伊利亚罚坐在黑色桌子后边。最近一次,教师伊利亚还没等到这两个活宝做出什么出格的举动,就直接让他们坐在黑桌子后边了。他俩对这张桌子非常熟悉。丹扎斯甚至厚脸皮地宣称坐在这张桌子后边比坐在斜面课桌后更舒服。由于德语对话沟通不畅,有一次加乌恩施尔德没给杰尔维格准备早餐。还有一次,由于疏忽,杰尔维格没温习功课,于是早餐他没得到茶,而只是一杯水就黑面包。这是对他懒惰的惩罚。

作为学生,普希金也会由于在习字课上大笑而引起加里尼奇先生的不满,或者由于在加乌恩施尔德先生的德语文法课上乱画一气,从而受罚,坐在黑桌子后边。但是,普希金还没有到"不可救药"的地步,只不过当时他比较调皮,带有孩子的野性劲儿。当时除了普辛,没人能和他合得来。

他不像丹扎斯和勃罗格里奥那样,有贵族头衔,身强体壮。但是,他能像法国人那样说一口流利的法语,他从家里带来了很多非常有意思的书。一到晚上,大家就让他读点什么。开始他是拒绝的,但后来他会读些伏尔泰①的诗歌,其中有一首很有意思,不过好像是禁诗;其余的就不那么有趣,但看上去这些诗更出名。他非常愉快地读诗,有时候还会流露出悲欢离合的感情。有人吃吃发笑,这时他就会啪的一声合上书,皱着眉头望一眼。戈尔恰科夫说他很有品位。

很快,所有人都发现,他在课上经常奋笔疾书——画些什么或者记下些什么。人们认为他在做课堂笔记。有人在课后想去找他,他就像丧失理智一样,什么都不想,而是准备和人打一架。这种时候,有两次授课的教师找他进行严厉地谈话,并连续给他两次"不可救药"的评定。他课上很忙,但看上去似乎是个局外人,好像什么都没听。有一天,当

---

① 伏尔泰(1694—1778),法国著名的启蒙思想家、文学家、哲学家。伏尔泰曾和俄国女皇叶卡捷琳娜二世多次通信。——译注

加乌恩施尔德让他背诵时,他什么都没背出来。这个德国人①大发雷霆,但是普希金一点儿也不怕。他似乎并不害怕成为"最差生",而且他好像有一套自己的学习方法。顽皮的孩子们开始关注他。大概他在写诗?个子高高身体却很瘦弱的伊利切夫斯基②有些失落。他也写诗,但有人妨碍他时,他并不生气。他把诗丢到一旁,跑出去散步,和其他人一样准备功课,然后在空闲时间,当别人在走廊里散步,或者读书绘画时,他写诗。这没什么奇怪,也不好笑。雅科夫列夫模仿教授们说话,科萨科夫学唱歌,杰尔维格说瞎话,而伊利切夫斯基写诗。这只不过是消磨一段有趣的或者有益处的时间。大家要求他读诗,同学们都很喜欢这首诗:这是一篇寓言,很像德米特里耶夫③那篇,就是那天科尚斯基给他们读的那篇。大家请求普希金读,他拒绝了,脸上泛起红晕,好像有人打击了他似的,开始害羞起来。也难怪他埋头苦写——大家也都明白了,他的创作并不顺利,没写出什么好诗。

随后,人们发现,不怎么懂俄语的丘赫尔别凯,也在写诗。

十四号学生④怕见生人,于是捣蛋鬼们决定捉弄一下他。有一次,当勃罗格里奥将他顶到墙角时,他突然脸色变白,气喘吁吁,还粗野地骂了一句,以至于勃罗格里奥很是窘迫。看来他在上学前就学会骂人了。他们大概不知道,他的大伯瓦西里·里沃维奇几乎总是在骂他。于是他们放开了他,让他安静一会儿。

---

① 原文为德国,加乌恩施尔德应该是奥地利人。——译注
② 应指阿列克谢·德米亚诺维奇·伊利切夫斯基(1798—1837),诗人,皇村学校最早一批的毕业生之一。——译注
③ 应指伊万·伊万诺维奇·德米特里耶夫(1760—1837),俄国诗人,寓言作家。——译注
④ 指普希金。在排名表上普希金位列第十四。——译注

大家有点害怕他的知识了。他很古怪,也很调皮,虽然不像丹扎斯和勃罗格里奥那样,但和其他人差不多。所有人在晚上都会给家里写信——有些人每晚都写。而他未曾写过。

有一天他们在喝晚茶,他们的学监皮列茨基风风火火走了进来,宣布今后再也不会准许他们回家。亲属则可以在每周日和节假日来探望。

开始他们都没明白。科萨科夫和斯捷文①还问,啥时候能让他们回家,皮列茨基说:

"等到你们将来毕业的时候。"

一片寂静。科尔夫②哭了几声。大家大眼瞪小眼,不知所措地坐着。茶变凉了。丘赫尔别凯闷坐着,努力不让自己哭出来,不过眼泪掉到了茶杯里。亚历山大同情地望着他们。随后他也想起自家儿童室光秃秃的墙面,角落的炉子,父亲。于是他皱了皱眉头,将杯子里的茶喝光。晚上,躺在床上的时候,他拿了一本阿琳娜塞给他的伏尔泰,给大家读一首关于弗雷龙的短诗③:毒蛇咬了弗雷龙,弗雷龙没死,蛇却丧命。他微笑着,对这首诗很满意,将书放到脸颊旁。书皮是软软的精装,已经很破旧了,就像老奶娘的脸颊。他睡着了,脸上还带着一丝微笑。

# 4

他们经常朝着湖的方向,沿着池塘散步。头两个池塘间的沼泽地被

---

① 指费多尔·赫里斯迪安诺维奇·斯捷文(1797—1851),毕业后在芬兰供职,担任过维堡市市长职务。——原注
② 应指莫德斯特·安德烈耶维奇·科尔夫(1800—1876)。——译注
③ 指针对伏尔泰的政敌,记者和出版商艾利·弗雷龙(1719—1776)的一首讽刺诗(《讽刺的家伙》):"那一天,在深谷之中,一条蛇咬了弗雷龙。你知道出了什么事?那条蛇却倒地而死。"——原注

称作"鬼桥",这里有乱石堆,其中包括大理石和花岗岩。这些难看的人工产品似乎已经在这儿放置了一个世纪。再往下是冒着泡沫的水,翻滚着流下来。一座用灰色石头做成的,朴素的原始风格的纪念碑立在这儿,船的造型向四周突出,让人联想起大海。只有当湖面结冰时,他们才能够走近纪念碑,阅读铜板上的铭文。就像旧时的铭文一样,篇幅很长,先是浇铸在铜上,然后再刻在石头上。铭文上词语很多,重复着古老的话语。这是为了纪念费多尔·奥尔洛夫在什么时候取得了海战胜利而修建的。① 人们回忆起了半岛、地中海、维杜罗港、莫顿港②。大家谈论起攻克拉萨沃、别尔多尼和斯巴达的巴尔科夫③舰长,以及让阿卡迪亚屈服的多尔戈鲁科夫④舰长。这个名单的最后是准将汉尼拔⑤。

"纳瓦林要塞是汉尼拔准将攻克的。"他没对任何人讲过这件事。他听说,愚蠢的米亚索耶多夫⑥不知道读了什么,跑去和没脑子的蒂尔科夫⑦说:

"汉尼拔,准将,是,煮粥的⑧"。

---

① 在皇村中修建的纪念碑是为了纪念费多尔·格里高利耶维奇·奥尔洛夫(1741—1796),1768—1774 年俄土海战的指挥官之一。1770 年,在希腊南部地中海一带,俄罗斯和土耳其之间爆发海战,史称"切什梅海战"。俄军以较少兵力击败土军,从而达到了扩展海上势力范围的目的。——原注,译者补充。
② 均为当时海战所涉及的港口。——原注
③ 应指加夫里尔·米哈伊洛维奇·巴尔科夫(?—1795),俄国将军。——译注
④ 疑指瓦西里·米哈伊洛维奇·多尔戈鲁科夫-克里姆斯基(1722—1782),俄国将军。——译注
⑤ 应指伊万·阿勃拉莫维奇·汉尼拔(1735—1801),曾参与俄土海战,是普希金母亲的伯父。——译注
⑥ 应指巴维尔·尼古拉耶维奇·米亚索耶多夫(1799—1868),普希金皇村学校的同学。——译注
⑦ 应指亚历山大·德米特里耶维奇·蒂尔科夫(1799—1843),普希金皇村学校的同学。——译注
⑧ 此处应是米亚索耶多夫将 Наварин(纳瓦林)错看成 наварил(煮,熬)。——译注

而蒂尔科夫答道:

"汉尼拔……这可是老早之前的事了。"

还好,他自己也不清楚这是哪个汉尼拔。在家里人们也很少提及汉尼拔家族。可能,这就是外祖母玛丽娅·阿列克谢耶芙娜经常用大把泪水去回忆的那个外祖父?或者,是那个想抢占他父亲领地的外祖父?他们都是海员。他本想把自己的疑问告诉普辛,但又迟疑了。但每次当他们经过湖边时,他都会望向那块朴素的带条纹的暗蓝色石头;带有绿色铜锈的石船造型伸向四周;古老的石柱矗立在黑色桥旁。这就是他的外祖父。

他偷偷地,以免让其他人发觉,将制帽压到额头上。受检阅时戴的三角帽已经收走,被管家锁到了柜子里。

他向外祖父鞠了一躬。

## 5

大伯瓦西里·里沃维奇并没有给钱;这些钱是他的妹妹安娜·里沃芙娜保存在他那儿的。亚历山大给父母写了一封信。他从谢尔盖·里沃维奇那儿收到一封饱含父母亲情的回信。信中谢尔盖·里沃维奇埋怨儿子为什么不写信:这么长时间才写了两封信。母亲让他转告,她非常心疼她的亚历山大这么早就要起床:六点钟。这超出了她的想象。姑母安娜·里沃芙娜只是和他们简单讲了孩子在学校的情况。想到这一切,能够在善良的校长开设的学校里受到照顾,亚历山大自己就应该勤奋,而不是惹老师生气。谢尔盖·里沃维奇认为,长期分离是让人难以忍受的。他要去看儿子——就这么定了。至于钱,没说任何相关的话。

与此同时发生了一系列意想不到的事。科尔夫让他精明的舅舅,留着黑色小胡子的列昂季去一家德国点心店买蜜饼。列昂季自己竟然在楼梯下的斗室里开了一间波兰咖啡馆。他在那儿支起一张桌子，盖上干净的小桌布，根据顾客需要，能够变出一壶咖啡和面包圈。真是脑洞大开啊！孩子们在列昂季那儿吃早饭，就像他们的父亲在巴黎皇家宫殿的小餐馆吃早饭一样。有一次戈尔恰科夫在他那儿喝了一杯烈性甜酒，然后晕乎了两天，还好当时没有老师在旁边。他说他自己喝醉了。他们把兜翻个底朝天，然后充满善意地交给列昂季，换杯茶喝。只有亚历山大、瓦尔霍夫斯基和丘赫尔别凯没钱。亚历山大和瓦尔霍夫斯基一点儿钱都没有，而丘赫尔别凯有两个卢布——这是他需要留到第一学年末的伙食费。

根据皮列茨基的命令，他们从家里带来的书籍要被收走了。教师齐里科夫[①]一个个宿舍去检查。亚历山大决定不交出书籍。他无法想象，没有伏尔泰、庇隆插图故事的书籍，该如何去消磨时间。他遇到了前来收书的齐里科夫，希望他能够退出宿舍。齐里科夫是一个瘦弱的人，面色黑黄，留有生过天花的痕迹，待人总是彬彬有礼。他叹了口气，斜着眼望着亚历山大，摊开双手。亚历山大把书交了出去。

吃早饭时，老师对孩子们说，在他们长大后会把书还给他们，而且还会有一种可能，那就是皇上会很快请他们参观自己的图书馆，里面收藏了他年轻时读过的书籍。那个时候图书馆在学校和女士厢房之间，也就是被称作拱门的地方。

现在，他再也没有从家里带来的东西了。

---

[①] 应指谢尔盖·加夫里洛维奇·齐里科夫（1776—1853），皇村学校教师。——译注

# 6

谢尔盖·里沃维奇去了皇村。这对他并不轻松。纳杰日达·奥西波芙娜得知他要去彼得堡后,默默地开始打点行装。谢尔盖·里沃维奇吃了一惊,他打算一个人去,而现在对于他来说,这趟行程的诱惑已经减弱了。最终他们商定,纳杰日达·奥西波芙娜给自己缝一件旅行穿的皮衣,因为旧的那件是不能穿出去了。然后她再去彼得堡找丈夫。谢尔盖·里沃维奇想出的计划,现在看来,已经被破坏了。同时,他的这趟行程也是有公干的。莫斯科军需部门的七等办事员,不管怎么讲对于他是有损尊严的。挣得不多,担惊受怕倒不少。他去彼得堡看亚历山大,顺便也是为了了解能否调到首都①去;如果不行,那是不是能谋到一个更满意的职位。如今形势不稳,这给他带来了些许希望。对于所有人来说,战争的临近是显而易见的。各种调动、任命等也是经常发生的,军需部门也是战时部门。他并不渴求自己的事业能怎么样——也不会怎么样了。但是他就像老赌徒一样不能忘记,一切都有可能发生。在莫斯科没有什么更让他开心的事情了,去可爱的潘克拉季耶芙娜那儿鬼混的时光一去不复返了,天晓得这个老鸨子是不是还在人世。他有时候会和当年近卫军的老战友们一起打打斯托斯②纸牌,当然不玩钱。这也未必能激起他对纸牌的热情。这些老战友现在厅里供职,也不是什么大官。再者,他对纸牌算命着了迷,一个人玩,乐此不疲,不会输,但也不会赢。他的姐姐安娜·里沃芙娜清楚游戏规则,还说打牌是罪过,但不打

---

① 指圣彼得堡。
② 一种纸牌游戏,盛行于18世纪末19世纪初。——译注

牌又很枯燥。老早前他的梦想是去趟巴黎，这个梦想起初是出自对他哥哥的羡慕。当然这个梦想现在也早就不记得了。时光如梭，沧海桑田啊！现在去趟彼得堡竟然都成了难事。

就在他离开前，他突然痛定思痛，下定决心，向纳杰日达·奥西波芙娜声明，他手头已经没钱给她做新皮衣了，要等到今年庄园的岁贡收上来才行。纳杰日达·奥西波芙娜明白，这是在骗她，并甩给他一巴掌。她生闷气，泪眼婆娑。但是令她吃惊的是，谢尔盖·里沃维奇精力充沛地经受住了这一切。他快速地吻了吻孩子们，就走了。

路上他的心情很好。在头一个驿站他和过路的官员谈论当下的政治新闻。虽然他对拿破仑不怎么支持，但最近拿破仑下的一道逮捕帽商，以和帽商划清界限的命令，博得了他的尊敬。看来那个官员被谢尔盖·里沃维奇的自由思想吓倒了，只是简短地回答："啊是。"

在瓦尔代①，他遇到了路过的骠骑兵，一群自由奔放的瓦尔代姑娘追着他，和他饮酒作乐。骠骑兵丝毫没注意到谢尔盖·里沃维奇，也没邀请他共度良宵（当然顶多就是些下流勾当）。木屋里挂着一面制作粗糙的镜子，谢尔盖·里沃维奇看着镜子里的自己，也明白了原因：他的模样很正经，脸发胖，身材臃肿。他已经是一大家子的父亲了。他耸了耸肩，决定在回程时好好犒劳自己，堕落一番。在彼得堡一切都很顺利，虽然关于他的职务问题他还没来得及说，当然也没人问他。他造访了伊万·伊万诺维奇·德米特里耶夫，给他带去了卡拉姆津的问候。

捷穆托酒店的仆人以礼貌交谈而著称。而谢尔盖·里沃维奇最终在这儿感受到了自己是独立的。

---

① 俄国城市，位于诺夫哥罗德省。——译注

屠格涅夫①本想和他一起去皇村，但是他要忙其他事。这使得谢尔盖·里沃维奇很是遗憾，因为少于 20 个卢布，车夫是定然不会去皇村的。

想同亚历山大见面，就要严格遵守制度，也就是只能在礼拜日见。谢尔盖·里沃维奇就在第一个礼拜日前往皇村了。

道路让他感到很新奇——这是他第一次走这条路。路上遇到了一些过路人，感觉他们的目光冷冰冰的。他命令车夫在花园的入口处停车。

在去宫殿的路上，谢尔盖·里沃维奇把腰带束紧，整理衣襟，小步快走过去。能够偶遇皇上的想法让他感到惊奇，这个想象使他着迷了。他带有贵族般的率直，向皇上陈述他目前职务的缺点，恳请皇上安排他的职务，并突然得到一个满意的，而且是重要的任命。离宫殿越来越近了，除了卫兵，路上谁也没碰到。谢尔盖·里沃维奇顿时感到泄气，精神萎靡不振，消沉下去。

在学校，一个极不友好的人带着挑剔的目光接待了他，态度很差。他对谢尔盖·里沃维奇解释说，会面要推迟了，因为上午的会面时间已经过去，很快就是学生们的散步时间了。所以，要等到傍晚才可以。或者是最好下个礼拜日过来。谢尔盖·里沃维奇顿时大喊大叫起来。房间里还有一些家长在同他们的儿子说话，谢尔盖·里沃维奇一个都不认识。其他家长都惊奇地看着他。这个不友好的人——后来才知道是学监，还是什么管理员——什么也没说，只是冷冷一笑，去找亚历山大了。

亚历山大在台阶上碰到了皮列茨基。马尔丁面带微笑看着他，这微笑亚历山大可受不了。这个微笑只是昙花一现，眼睛里可丝毫没有笑的感觉。要知道马尔丁总是面带微笑看着他。

---

① 指亚历山大·伊万诺维奇·屠格涅夫（1784—1846），俄国历史学家。——译注

从台阶上走下来时,他正巧碰见在房间里前后乱走,处于激动之中的父亲。

谢尔盖·里沃维奇穿着带有小花点的灰色燕尾服。他的穿着有点不合时令:勒紧的衣领子支撑起他日渐衰老的脑袋。

亚历山大和父亲有点疏远。他发现,莫吉尼卡·科尔夫的父亲在大厅里一动不动,头顶卷发,像一只山羊,好奇地望着父亲。他突然为父亲感到可怜,为他的肥胖以及衣着的过分仔细而感到害羞。一只旧的怀表坠子——上面还有一个小图章——在谢尔盖·里沃维奇的肚子上起伏着。他规矩有礼地抱了儿子。他觉得他们在宫殿里,不允许他将儿子揽到怀里,激动落泪,等等。然后他和儿子说话,嘴里带着浓重的苦味:

"我的儿子,您的曾祖父,曾在这儿受到接见。"

谢尔盖·里沃维奇没和儿子说,曾祖父在皇村受到接见这件事情未必真实,而且不合礼仪。总之,所有人都明白,谢尔盖·里沃维奇没有把学校和皇宫,把学校老师和皇家总管完全区分开。关于在皇家院落上开办学校的故事,让他刻骨铭心。

他很快就平静下来,瞅了一眼科尔夫爷儿俩,他问儿子的成绩怎么样,并表达出想和校长谈谈的愿望,时而提高音调,询问亚历山大·伊万诺维奇·屠格涅夫是否正如他承诺的,来看过儿子。谢尔盖·里沃维奇是从尼古拉·米哈伊洛维奇·卡拉姆津那儿听到这个承诺的。

其实,谢尔盖·里沃维奇并不是从卡拉姆津那儿听说这件事的。他的哥哥瓦西里·里沃维奇请亚历山大·伊万诺维奇不要忘了他的侄儿,并和谢尔盖·里沃维奇说了这件事。至于卡拉姆津,只不过是谢尔盖·里沃维奇出发前去拜访了一次而已。这一长串名字生效了。

科尔夫很兴奋,公共谈话开始了。轮到学监皮列茨基了。科尔夫对父母谈话的方法很反感。

"我的儿子,"他说,"因此可见,我对他同对我的个人一样,有着权利。我不能容忍私自使用法律进行惩罚。"

老科尔夫是个法学专家。

亚历山大询问母亲和姐姐的情况。母亲抱怨说他的信太短了。他还询问阿琳娜的情况——她在哪儿?

谢尔盖·里沃维奇发现这些问题不是很合适。

"Cette begueule d'Arina et toute la dvornia ①,她们都很好。"他微微一笑,说道,"她们在干什么?您不想问问您的兄弟吗,我的儿子?"

谢尔盖·里沃维奇终究还是问了亚历山大是否需要什么东西。

亚历山大出乎意料答道,他需要钱。

谢尔盖·里沃维奇很惊讶,有点不悦。

"但要知道你的姑母,安娜·里沃芙娜,给过你……我记得是一百卢布。"他低沉地说,"这不是一个小数目。另外她让你,我的朋友,不需要花得那么详细,这都是你的钱。但你说说,你是怎么花光的。"

当得知亚历山大从伯父瓦西里·里沃维奇那儿只得到三个卢布,而且全用去买坚果了之后,谢尔盖·里沃维奇慌了。

"我的朋友,你记得都准确吗?"他喘吁吁地问。

然后,他相信了,眼睛瞄向一边,快速地说:

"我会给你寄钱,用快件,也会提醒你伯父。我的朋友,给母亲写封信。"

对他也没说过多的话。科尔夫的父亲老早就离开了,但是那个不友

---

① 法语:那个温顺的阿琳娜,以及所有的仆人。

好的人又出现了,告诉亚历山大准备去散步。谢尔盖·里沃维奇皱了皱眉头,脸色发白。亚历山大跑去穿衣服。铃响了,谢尔盖·里沃维奇还是站在原地。很显然,会面结束了。他和儿子也没多说什么,但是没人——即便是学监、御前近臣或者大元帅本人——在铃响之前有权力中止这位可敬的人同儿子的会面。一队小孩子走过去——去散步。谢尔盖·里沃维奇迅速起身,披上制服,匆忙地飞奔过去。学生在一个相貌不佳的老师带领下去散步。亚历山大走在队伍最后,披着不整齐的制服。他追上了他。谢尔盖·里沃维奇把那个带队的丑老师的暗称作军曹。那个丑老师正在马虎地指挥学生们列队,步伐都没弄整齐。

"看起来,mon cher①,你可没在近卫军里干过啊,"谢尔盖·里沃维奇不满地想,"一切都一团糟!不害臊!"

道路很狭窄,他不得不迈着小碎步,穿过树丛,沿着路的边缘快走,要不然就被落下了。年轻的人们惊讶地望着他。在撵上亚历山大后,他发现亚历山大不会对他说什么了,只不过礼貌性地表示:

"亚历山大·伊万诺维奇·屠格涅夫就要找你来了。他会告诉你更多关于我的情况。我的朋友,请原谅。"

他看了一眼那个军曹,也就是被他起了绰号的齐里科夫,谢尔盖·里沃维奇很不满意,他瞅了瞅宫殿,向车夫走去。他曾经充满热情地设想(同皇村的达官贵人们会面以及让自己的事业来一个意外的转折)并没有实现。仅仅是儿子在皇村学校。学校那些粗野的,自以为是的老师们——tous ces inspecteurs, instructeurs etc②,他一点儿都不喜欢。

---

① 法语:老兄。——译注
② 法语:也就是那些如监管者和教师的人。——译注

# 第五章

*1*

马尔丁·皮列茨基装作没看到他。他总是迈着飞快的步伐急速经过他身边,都差点碰到他,如入无人之境。他对于日常生活的管理欲不知从何而来,他要求学生们在面对神祇请罪时要像耶稣会士们一样既恭顺又骄傲。所有人都怕他。

他安排他的兄弟伊利亚当学校的教师。

他兄弟很崇拜他,总是在所有人面前向马尔丁鞠躬,就像下属向上级卑躬屈膝。他的身影在走廊里游荡。上课的时候他坐在别人看不到也听不见的角落里。不听教授们上课的时候,他就注意各种声音动静和悄悄话。他手头总是带着一个又窄又大的、黑色封皮的本子,并分分钟把他观察到的情况记录下来。

马尔丁有自己的崇拜者。他会找他们进行长时间谈话。苍白面颊,红红嘴唇的莫吉尼卡·科尔夫似乎就很关注他。罗蒙诺索夫很伶俐,也很客气,对马尔丁来说很可靠。尤金[①]受到了良好的教育,也很机敏。

---

[①] 指巴维尔·米哈伊洛维奇·尤金(1798—1852),普希金的同学,后从事外交事务工作。——原注

科萨科夫则是去巴结讨好。马尔丁暗中对他们都很亲近。他在壁龛、窗边或者连接女士厢房的长廊里单独和莫吉尼卡·科尔夫谈话。他让科尔夫要小心,莫吉尼卡是个很讨人喜欢的人,同学们可能会对他施加不好的影响。他应该像信任精神导师那样信任马尔丁,并忘记自己的生父。这个"修士"抚摸着科尔夫的头,放他走了。很显然,莫吉尼卡对马尔丁给予他的信任感到有点发窘。丹扎斯逗他玩,给他起了个绰号:小丫头莫德娘。莫吉尼卡·科尔夫哭了,马尔丁摸着他的头,安慰他。

当古里耶夫因其恶行而被学校开除时,没人感到伤心。古里耶夫很粗鲁,没有朋友。莫吉尼卡·科尔夫经常抱怨他。

马尔丁准许科萨科夫出版编辑杂志,并写了一个建议:将所有具备写作才能的青年人聚在一起,成立一个协会。协会的所有成员都应在两周内至少完成一篇作品,否则会被协会开除。协会之外的人士则禁止写作。他的兄弟伊利亚告诉他,普希金在课上不间断地写下一些和课程无关的东西。有一次他将一个写好字的纸团扔了。经过研究发现,纸上有一行删去的字:"我不是当权者的情妇。"根据伊利亚的想法,这句诗确实出自普希金之手。伊利亚说,禁止写作的命令执行得还不够严厉,这张字条的出现也很可疑。因为普希金是很顽劣的,要不然字条也不会平白无故地出现。总之伊利亚请示马尔丁下命令了。

马尔丁知道,伊利切夫斯基、杰尔维格和普希金在写诗,诗中会出现一些可怕的内容。从普希金那儿收来的伏尔泰和庇隆的书就证明了这一点。其中一本从普希金收来的册子里甚至有一个章节被冠以"遗言集"的名字。这个片段是粗野的绞刑犯、巴黎的渎神者、下流的浪荡子弗朗索瓦·维庸①所作。这个人在历史上的记载可以说就是个笑话。

马尔丁同他的追随者很有耐心,但对他们不会宽容。他决定让所有人都依顺他,直到最后一个学生。最后一批学生是丹扎斯、勃罗格里奥和普希金。但是同其他人相比,对普希金应该早些控制住,因为他对其他人的影响是不可估量的。

他将科萨科夫的杂志简单地称作《皇村报》。科萨科夫写得一手漂亮的字,所以马尔丁让他做编辑。科萨科夫需要把自己的杂志给科尚斯基过目,征得他对刊登文章优点的评价,并请马尔丁做道德方面的审查。

与此同时,他需要他的"追随者"们要充分信任他。他们应该告诉他行为举止——他们自己的,以及其他同学的——甚至思想。马尔丁并未向他们许诺什么,不过作为精神上的导师,他会给他们公平正义的。他们也应该自愿承认他这种导师般的权力。莫吉尼卡·科尔夫和科萨科夫开始是很喜欢这样做的:他们有了庇护者,而且总是会准备保护他们,当然也要视情况而定。

2

科萨科夫写得一手好字,非常漂亮,他也成了名副其实的编辑。写字这方面能比得过他的也只有丹扎斯了。

他们很喜欢上写字课。加里尼奇是一个大块头,不爱动,脸上带有一副庄严的神情。他是评判者,精通自己的专业并非常喜欢。

---

① 弗朗索瓦·维庸(1431?—1474),法国中世纪杰出的诗人,市民文学的主要代表。其作品颠覆了中世纪贵族骑士抒情诗的传统,因而在当时为上流社会所不容。代表作有《遗言集》等。——译注

他同时也是不成功的。作为一名身材魁梧,唱功优秀的唱诗班歌手,他从南方被带到叶卡捷琳娜宫廷合唱团,以期在合适的时候出人头地。他的榜样就是歌手拉祖莫夫斯基,也是伊丽莎白女皇的情人。他被所有人铭记。但很不幸他的嗓子坏掉了,出人头地的机会也没了。他自己也永远成为过去不幸宫廷生活活着的纪念品。他字写得非常棒,他曾负责誊写乐队总谱。

他要求写出来的字线条有力,不能加粗变宽,尤其是不喜欢在开始写和快写完字母的时候停顿,以致形成一个顿点。他认为这样写不能登大雅之堂,是小官吏、小文书的写法。他同样也不喜欢"卷体字",也就是字母的结构比较宽,间距比较大。在家里,德国识字教师就是这样教科尔夫和丘赫尔别凯写字的。

"花体字你们还写不了。"他对他们说道。

签名中的花体字和花笔,他认为这是所有事情中最不容易完成的。

"那些写字不清楚的人,可见他们的心神不安,没有思考。"他经常这样说,不过,也没有什么能证实他的这一想法。

对于亚历山大的字,他的态度要和缓许多。

"这是最新法国风格的字体,潇洒,但不够连贯。伊利切夫斯基的字则显得更整齐,但偏向卷体字风格。"

现在他们经常到处签名,只要是他们觉得合适的地方,哪怕是在随便什么碎纸片上。个人的签名占据了亚历山大的生活。他不仅是普希金先生的儿子,七年级的学生,或者是著名诗人普希金的侄子。他自己就是普希金,是诗人。

他们想方设法改变自己的以及同学们的姓氏。丘赫尔别凯这个姓实际上并没有多大难度,他们写成了"别凯丘赫尔",他的绰号则成为

"赫泽尔"①。加乌恩施尔德稀里糊涂把所有的姓弄错了，当然除了丘赫尔别凯之外。所以他把伊利切夫斯基称作"伊利西西"。现在连伊利切夫斯基自己都称自己是某西西。

亚历山大喜欢自己的签名。他的签名带点官方特点，有点花体，有那么一两个短小的字母，倒着写：金希普。14号——这是他在皇村学校的学号，1号、14号、16号——字母顺序：名字的第一个字母和姓氏的最后一个加第一个字母"亚·金普"。有一次，在誊写自己的诗作时，他瞄了一眼自己的签名，想起了那座饱经风霜的祖上纪念碑，就签下了"安尼拔"这个名字。各式各样的名字以及签名让他很惊奇：每一次，不光是名字，就好像是他自己也换了个人似的。

他喜欢这些写在笔记本（这些本子要在马尔丁的圈子里公开的）上神秘的不真实的名字。作者用字母、数字以及文字游戏隐藏了自己，其他人都争论、猜测作者的身份。

加里尼奇最认可丹扎斯写的字了：

"字体平稳有力，圆润，架构精细。适合写公报和命令。"

想了想，他又加上了一句：

"他就是很淘气，所有人都抱怨他。但他并不是在所有方面都是落后的，上帝给了他一只会写字的手，这样的字可是没处去找啊。"

另外，加里尼奇教他们用两种方式写字。

"如果你们是给自己写字，就要努力写得一致，字迹清晰，以便让你自己明白写了些什么。但是，要是写给别人看，就要满足对方的好奇心。你签名所用的笔体，远胜于你自己的想法。要让人一下子就能看出

---

① 在德语中该词有"帮手、学徒工"的意思。——译注

来,这是谁写的:如果写字方方正正,而且从中能看出多角字体的风格,那么这个就是官员所写;如果字体平稳有力,那这就是战士的字。但是,如果字迹工整,横平竖直,不带顿点和飞体,那么这个人还有很长的道路要走。这是一个公开的字体,换句话说,是官方字体。"

科萨科夫的字体就是那种官方风格的。他很麻利,性格温顺随和,也有点不爱交流。他醉心于"编辑"这一头衔。当有人问他,皮列茨基和他谈了什么,他从不直接回答。看起来,他很重视皮列茨基对他的信任。他经常在任何情况下说谎,全面效仿戈尔恰科夫,因为戈尔恰科夫模仿皇帝走路的样子。所以科萨科夫是一个双倍的伪君子。

皮列茨基很赞同第一期报纸,但是他发现,应该刊登更多的诗歌作品。比如,挑选普希金的诗歌刊登。亚历山大从没向杂志投过稿子。

同时,他噘着嘴,皱起眉头,不经意地快速瞄了一眼,并偷偷起劲儿地啃着指甲的边边角角。在课上,伊利亚·皮列茨基,就是那个老师,经常对他进行特殊观察。当他被人叫外号,或者被招惹到时,他哆嗦一下,带着厌恶且略受惊吓的目光看过去。很快所有人都不搭理他了。当他写下周围人所有言行时,这一刻他显得很可怜,同时又不讲理,假惺惺,不配当一个讲话的人。有一天罗蒙诺索夫拽了他的袖子,他竟然蹦出一句骂人话。

3

马林诺夫斯基走路总是四平八稳、规规矩矩。这是他从英国带回来的习惯。这些天,他走路有点着急,还有点晃。

有一天他从学校对面的家出来,像平时一样,穿过街道。两个学生从窗户看到了他。突然,他们发现,校长眼神空洞,朝向天空望去,用双手捂住了脸。这也就是一瞬间的事，他们感到些许不安，也没对任何人提及这件事。

这天库尼岑脸色苍白，和平时一样，当学生们不再听他上课时，他嘴唇紧闭，脸上表情坚定：被打断上课是不能被容忍的。这一天，他没有回答平时学生们喜欢向他提出的问题。学生们认为他在生他们的气，不听他们讲话。

老师们沉默不语。这些天皮列茨基从他们手中收走了从父母家中带来的书籍。数学教师卡尔采夫平时喜欢讲些不怎么逗人的笑话，现在也默不作声，而且好像对那些在黑板上用粉笔写字发出吱吱响声的人很生气，粉笔从肥胖的手中滑落。加乌恩施尔德忘我地咀嚼着甘草，声音很大，速度很快，以至于没来得及读完德国诗人奥皮茨的诗歌。他们把这件事当作笑谈。

这一天斯佩兰斯基被解职了。过了一周后他们才知道这件事。担任要职的米亚索耶多夫的父亲，和他儿子一样，胖胖的，在探视的时候将这件事告诉了他儿子。

只有老仆人咔嚓一声劈断桦树枝，生好炉子，低声咕哝着。炉子冒烟了。生火是老仆马特维的活，他也因为炉子没少和管家吵架。管家说已经很暖和了，而老仆马特维反对道：

"我知道冷暖。再说您自己那儿也生火。喏，炉子就这么热，而学生们在长身体，他们需要温暖。请买点儿木柴吧。"

皇村的人开始变少了：亚历山大皇帝去军队巡视了。一些传闻（学生们对这些传闻一知半解）不胫而走：斯佩兰斯基突然落马——已经被处死或者被拘禁；他被指控是叛徒。在莫斯科，马丁主义者们开始密谋。学生们并不知道什么是马丁主义者。皮列茨基向他们解释，他冷冷地瞄了一眼普希金,说马丁主义者是法国人,那些为法国献身的人,嘲弄别人的人,哲学家,以及不懂礼貌,准备干任何事情的人。他们心中无视一切,任性——这就是所谓的马丁主义。现而今马丁主义即将走到尽头。伤风败俗的最重要的源头——莫斯科和彼得堡那些时装店和法国书店,都已经被纷纷取缔。学生们也没必要了解更多相关的东西。

在布德利的课上,当老头子解释完历史分期后,普希金问他,马丁主义是什么。布德利跌倒在扶手椅中。他严厉地看着普希金:

"您是从哪儿听到这个词的?"他问。

突然,他严厉地望着所有人,将假发从头上扯掉,摔在讲台上。没人敢笑。老头子被剪断的头顶和方正的前额露了出来。一双黑眼睛像炭一样冒着火。他开始讲话,声音不连贯,嘶哑刺耳。好像他不在教室里上课,而是站在大街或者广场上。

"马丁主义——是一种危害极大的迷信,"他说,"就和光照派一样。马丁主义者是神秘主义者。他们滥用对上帝的理解,迷信者在任何时候都丧失了理智。很多人都成为牺牲者——有多少人曾被异端裁判所处以火刑!这些刚刚迷信马丁主义的人难道忘了过去的人和事吗?空洞的神秘感,不幸的偏执!莫里哀在达尔杜弗身上出色地描绘了这种迷信的威力以及这个迷信者的虚伪。这就是马丁主义。"

然后他不动声色地戴上假发,扶正,让普辛对不规则动词 coudre①的所有时和体进行变位。普辛弄错了,布德利开始唠叨:

"要多用功!要多注意!您从不发言,只是在底下闲聊!"

他是一个好心肠的老头子,一位严格的教师。

---

① 法语:缝。——译注

所以，马丁主义者就是伪君子。皮列茨基的名字就是马尔丁。从今后，马尔丁做的所有事情，都被认为是马丁主义。他的告密者——科尔夫、罗蒙诺索夫、科萨科夫和尤金——则是马丁主义者。

下课的时候，亚历山大管科尔夫叫马丁主义者，然后哈哈大笑。科尔夫没明白原因，但是抱怨了起来。他张开嘴，深蓝色的眼睛里变湿润了。

科尔夫受到了大委屈，哭了。

他是个爱哭的孩子。

4

就像生病一样，他坐立不安，不放过一个词，加上韵脚。然后他读出来，大吃一惊：词并不是那些想要的。他删去了一个又一个词汇。韵脚留下了。他开始试着习惯：词不对，韵脚却相当多；无论怎么样，这是诗，可能这也是错的。他不能不写，但后来绝望地撕掉了。

有时候晚上他会梦到诗，早上就忘掉了。有一天他梦到了娜塔莎；一整夜他都在说梦话，热烈地、沉重地；黎明时分他醒了，非常吃惊——好像发生了什么他不能解释的事情，发生了什么永远改变了他的事情：他记起了一行诗，是半句："娜塔莎——我的光明"①，而代替韵脚的是亲吻。他弄不明白，这个夜晚他梦到的是什么。娜塔莎，还是诗？但是他把这半句记在了一张小纸片上："娜塔莎——我的光明。"

他没对任何人读过。好像对他来说，承认会作诗是一件很沉重的事

---

① 普希金曾经有一首诗，名字叫《给娜塔莎》，其中有"哦，我的光明，我的娜塔莎！你在哪儿？为什么看不见你？"（查良铮译）这样的诗句。——译注

情，就好像在承认自己犯罪一样。

除了科萨科夫，伊利切夫斯基和戈尔恰科夫也加入了杂志社，这对新成立的杂志社来说氛围更加宽松了。杂志社甚至同一些"温顺"的人达成和解（因为之前杂志社高高在上，得罪了他们）。因为普希金从来不向杂志社投稿，他们很懊恼，很快普希金就被除名了。当得知这件事后，他大笑起来，而随后却很生气。

现在，他在学校有了一个喜欢的地方：在那儿他能躲开皮列茨基，一下子就藏起来。这就是连接学校和宫廷女官厢房的长廊：拱门横跨过道路。长廊里最终建成了一个图书馆，他们可以在那儿借书，当然大多数是比较枯燥的书籍：十字军历史，尼罗河游记，伏尔泰的书则只有《查理十二传》。但是他喜欢这些枯燥的书籍。他喜欢这些对事件进行从容不迫地，详细地描写，甚至喜欢那些一带而过或者鲜为人知的情节。他尤其喜欢哲学书和名人格言选。那些简短的富有哲理的，有时候非常显而易见的小句子，组成了诗歌。

同科尚斯基的课相比，库尼岑所讲述的关于理智、情感和公民性的内容，更能让亚历山大想到诗歌。科尚斯基只是单纯说些和诗歌相关的内容，在库尼岑的分析中没有任何多余的东西。"自由""理智"和"情感"这样的字眼看上去更像是为诗歌准备的——韵脚自然而然就出现了，同时也指出了思想的正确性。青年阿那哈尔西斯漫游雅典的故事占用着他的时间。

他开始阅读这本书，品味其中对青年斯基泰人游历的描绘（这种描绘是不急不慌的）和产生的印象。斯基泰人就是来自马林诺夫斯基的故乡，过去古代的梅奥蒂斯湖，他就居住在湖岸边。梅奥蒂斯湖不是别的地方，就是现在的亚速海。他的思想在驰骋，心灵如少女般纯洁。同雅典的智者一样,他成为梭伦①的朋友。他敏锐地关注着雅典诡辩者的说教,但不完全信任他们。

皮列茨基在观察着他。有一天,在娱乐时间,他看到普希金在大厅里玩球。普希金的动作飞快,百发百中,精力充沛。他沉浸于做游戏的热情之中,并未察觉周围发生的事情。他没发觉皮列茨基,因为遵于道义上的原因,皮列茨基的出现是不易察觉的。马尔丁有时藏在柱子后边,有时藏在门后。还有一次普希金同雅科夫列夫非常急速热烈地谈论着什么,皮列茨基无法听清楚。雅科夫列夫集中精力,张着嘴,惊讶于他所听到的事情。普希金快速地说着什么,非常心甘情愿地说,有时稍稍喘口气。突然他马上沉默下去,一句话也不再说了。

有一天他发现普希金同学生杰尔维格(曾经因为懒惰而引起特别关注)相遇。就像平常一样,正如教师齐里科夫说的,"那个挺着腰板儿,怕生的小孩",普希金走了过去。突然普希金无意中看到了杰尔维格,没有任何事情或者缘由朝着自己走来。他的表情立刻变了,微笑显露了出来,双眼闪着光。也没有什么原因,他笑了。两人拥抱了一下,肩并肩一起走了。平时普希金不怎么爱说话,也不愿意回答同学们的问题,很少有笑容,说话也断断续续,毫无热情。而现在则常常和同学们谈天,也露出了笑容,他像小鸟一样说个不停。看起来他接受了杰尔维格。皮列茨基望着他俩,带有一丝困惑,停在他们看不到的地方。看得出来普希金是一个热心肠,他性格中的矛盾特点是不为人所理解的。

书柜有时候会忘了上锁,普希金就坐在窗户边上读书。他在这儿逃

---

① 梭伦(前638—前559),古希腊雅典城邦的改革家、政治家。在出任执政官期间进行了改革,史称"梭伦改革"。同时梭伦也是一位诗人。——译注

了数学课和德语课。他无论如何也不想强迫自己背那些德语单词。对于他来说,德语太糟糕了。加乌恩施尔德嚼着甘草读奥皮茨的诗,腮帮子鼓鼓的,喊出一堆单词,而剩下的就是不清楚的嘶嘶声。这读的不像是奥皮茨的诗歌,而是在骂人。

皮列茨基跟着他。他藏在通向宫廷女官厢房的大门后边,但被发现了。有人冲他竖起了手指,但什么都没说。这一天库尼岑给他读了关于人类简朴纯真的黄金时代的故事。这个时代只是存在于原始人的社会。

经过普希金身旁时,皮列茨基突然转过身,微笑着扶住他的肩膀,做出一副像是信任熟识的样子,并表现出想独自面对面谈一谈的意愿。亚历山大难为情地转过身去。他很小心,并不想被碰到。皮列茨基开始笑了笑。他问亚历山大,为什么不想把自己的诗作交给科萨科夫。说不定亚历山大是因为助学金不够花,因而想赚点助学金呢。如果有合适的诗作,就告诉他,他会把一切搞定的。

亚历山大没有回答关于诗歌的事情,而是突然提及了一本本阿琳娜给他装在行李袋中的书籍,也就是后来齐里科夫按照马尔丁的命令收走的那些书。这些书籍正是他想得到的。

"我亲爱的,您知道吗,"马尔丁问,"这些都是什么书?"

还没等到回答,马尔丁用干巴巴的语调笑着说:

"请忘掉这些书籍吧。我给您三天的时间去忘记这些书,然后请来找我。我会等您的。"

快走的时候,他简短地问亚历山大,这些书是从哪儿来的,是谁给他的。

当得知这些书来自他父亲的藏书时,皮列茨基讪讪一笑:

"你老爹没给你很多书啊。"他点了点头,笑着说。

然后他带有一丝悲伤的眼神望了望亚历山大,静静地问他,读没读过《耶路撒冷游记》①。如果想读,他就把这本书给亚历山大,亚历山大是不会后悔他在这本书上所花费的时间的。皮列茨基快速走开了,他总是乐于给所有的灵魂铺平道路,给所有人加以指引。

亚历山大望着他走了,想起了那天修士鞠躬礼拜时伸出的那双巨大的拖鞋。

他没读《耶路撒冷游记》这本书,但是他回想起了谢尔盖·里沃维奇的笔记。要是把这些笔记带过来藏好该多棒。他还想起了一部长诗的主人公亚姆西克·叶里赛②。那首《读经桌》的诗也不错:见习修士的裤子罩在了虔诚修士的读经桌上。

同父亲会面的感觉是淡淡的。亚历山大很少想起父亲。他为父亲感到害臊。父亲穿着燕尾服,戴着紧身衬领,眼部浮肿,神态庄严,说起话来喋喋不休,迈着小碎步。马尔丁只是在楼梯上瞥了一眼,父亲的这一切装束神态就足以让马尔丁嘲笑了。

看来皮列茨基在嘲笑谢尔盖·里沃维奇,因为他用"老爹"这个词称呼他。亚历山大突然发抖,他能猜到皮列茨基是怎样用"老娘"这个词称呼他的母亲纳杰日达·奥西波芙娜的。无论他的父亲和母亲多么糟糕,他们都是不能被嘲笑的。他记起在炉子旁的角落,阿琳娜那双土黄色的手把木柴摞在那儿。这些事情他很少想起来了,只有在他快入睡的时候才会回忆,而其他时候也记不起来。突然他发起火来,没人有权利嘲笑他的父亲。没有人!除了父亲自己。父亲谢尔盖·里沃维奇,这个

---

① 应该是《圣经·新约》里的内容。——译注
② 指瓦西里·伊万诺维奇·迈科夫的诗作《叶里赛,或者被激怒的瓦克何》。——原注,译者修改。

结实的矮个子（现在他变矮了，而之前，他在家里是多么高大），慌里慌张，无助地站在学校的接待厅里，皮列茨基还笑话他。从那时起他就讨厌皮列茨基。

这一天，当粉红色卷发的戈尔恰科夫摇摇晃晃，蹦蹦跳跳——据他说这是在模仿学校开学时皇帝出席时的步伐，还咳嗽几声，瘸着右腿（他抱怨起自己的老足痛风）——和马丁主义者科萨科夫走过长廊时，亚历山大骂他是一个放荡的波兰婊子。

戈尔恰科夫没生气，只是很吃惊：他半张开粉红色的嘴，眯缝着眼睛看着普希金，然后飞速跑开了。一瘸一拐地跑了。亚历山大跟在后边哈哈大笑。这一切都被马尔丁的兄弟，教师伊利亚看在眼里。

也就是在这一天，马尔丁的兄弟发现，普希金嘲笑米亚索耶多夫的父亲，也就是供职于枢密院那位。米亚索耶多夫在平时谈话中不止一次提及自己的父亲，甚至由于自己的傲慢而受到其他人的责备。但是这个普希金不只是嘲笑米亚索耶多夫的父亲，还嘲笑枢密院有失体面。他听说，普希金发出笑声，并不屑地读出涉及枢密院的诗歌，很显然这诗歌是不当的。当时他没能听明白这些诗，只是听到了一些词，可是也是些不体面的词："黑暗"啦，"毒瘤"啦。经过询问，米亚索耶多夫说，普希金确实给他读过这样的诗：

> 枢密院在尘埃中，被黑暗覆盖，
> "站起来吧"——吾皇亚历山大说道；他站了起来，身带
> 毒瘤。

在表扬过米亚索耶多夫的记忆力后，教师伊利亚·斯捷潘诺维奇要

求他忘记这些诗。普希金是从哪儿弄来这些涉及枢密院权力改革的诗的？老师很纳闷，也不知道。但是总之，在这一星期，普希金表现得很粗野，很懒惰。比如，他乱丢擦鼻子的手绢，借口缝得太紧而不系上常礼服的第一颗扣子，还咬着羽毛笔胡思乱想。这些羽毛笔可是由福基·彼得罗维奇和加里尼奇先生认真清洗过的，却已经被啃掉不少了。

马尔丁的兄弟要求尽快得到准确的指示，如何处理普希金。如果批评使他怀恨在心，那么可能会出现一种情况：他不听从斥责，而是在抗拒中带有一丝绝望。这样人们就可以等到他绝望至极。或者另一种情况：批评斥责正合他的心。那么黑桌子的惩罚措施就不够了，他就会像勃罗格里奥和丹扎斯那样，经常炫耀自己已经习惯站在黑桌子后边。

## 5

科尚斯基受到了刺激。他感到很委屈，皱了皱眉头，在大厅里走动的时候他仔细听了听：没人谈论他。他的衣着打扮中带有某种黑色的成分：勒紧的衣领子，黑色的领结，在走动的时候就好像乌鸦的翅膀一样啪啪响。他是新一代比较讲究穿戴的人，带有一丝忧愁的风格。茹科夫斯基是第一个这样穿的：解开领子，额头上耷拉着一缕卷发，目光若离若散。然而科尚斯基的卷发盖住了假发，他的头发变得稀疏，已经谢顶。一身黑的诗人决定不能靠近妇女了，爱情不是为他们准备的。开始科尚斯基只是模仿这一切，但逐渐他自己也真真正正变成这样了。

诗歌和漂亮女人，是科尚斯基打算将自己一生奉献出去的对象，但是这两样已经和他断绝来往了。他的诗作没有取得太大成就，他也惹女人们发笑。可能是由于过于谨慎的衣着打扮和年轻容颜不在的缘故吧。女人和诗是最不领情的。科尚斯基很欣赏诗和女人，而自己却没收获任何东西,他没有收获幸福。现在他的写作风格是悲情的——以女性人物之死为主题。他那部关于卡萨金娜—罗斯托夫斯卡娅公爵夫人之死的诗作发表在《文学新闻》上。他的哀伤之情迫使他觉得诗人在生活中应该更接近美丽的女人,而不是像他过去生活的那样。很快一些女性开始回避他。有一天,一个女人看到他,噘了噘嘴,小声说了一句话,对于他就好像是错觉:

"棺材匠。"

酒,也就是他认为荒淫的东西,多少安慰了他。他要求学生,没有知识的年轻人不要写诗。但这是徒劳,他们也写了。他自己开始给学生们布置题目,文本等。对这些习作进行评判成为他的爱好,他的知识面很宽,学生们都很畏惧他的评判。他也感受到了自身极强的优越感,有时候也比较宽松,在心里他把自己的评判称作"救命的藤蔓"。

最近学生们在学校墙上写一些荒唐的小诗并吟诵。作为次于校长的主要管理者和资深教授,他希望在马林诺夫斯基退休后接替他的位置。在斯佩兰斯基下台后,他认为马林诺夫斯基的退休是不可避免的。所以,为了能更深入地融进学校生活,他经常顶替皮列茨基去值班。

当听到安静的小曲时,他也曾想离开这个位置去休息。起初他也是不无乐趣地听学生们谈话:年轻人觉得没人听他们的话。也许第二天他们就能凭借自己的洞察力让别人吃惊,并且在小诗里他们精辟地嘲笑了加乌恩施尔德。加乌恩施尔德想当校长。但是很快这种乐趣就消失了。对于他们来说没有什么是可以被禁止的,他们可以拿一切消遣开心。的确,安静的小曲过后就开始了演员表演。有一段时间学校里会有小丑,没脑子的蒂尔科夫做鬼脸,试图吸引大家的注意力。但是雅科夫列夫可是个十足的坏蛋,就像演出里的角色一样,不管是谁都应该被禁止。未

来的校长突然听到了自己的名字,随后传来了雅科夫列夫的声音:

"领结!领结!"

似乎他在索要领结来进行表演,教授解下了自己胸前的领结。

演出开始。观众的呼吸变得不均匀,紧张起来,这也说明演出开始了。雅科夫列夫的好奇心突然袭来,但是克制住了。

同时,雅科夫列夫开始用低沉的喉音和鼻音小声咕哝,根本就不像教授的声音。

> 用美丽的麦穗装扮的伏尔加献出自己的杰作!产品通过条条运河!跨越千山万水!金黄的麦穗——令里菲也弯下了腰——它又怎么能不弯腰呢,这个干燥的懒婆娘!所有人都弯腰鞠躬——往高脚杯里倒进蜂蜜,诸如此类,不一而足。[①]

这些都是荒唐话,胡言乱语的堆积。但是,他说的这些准确来讲,是在解释杰尔查文的作品,他在这方面也是有功的。在读诗的时候,他也给出了对诗不寻常的理解。他有意在读诗时停顿,加入一些让人振奋的解释和评论,以让学生们理解并领略到这些诗中所包含的愉悦之情。但是能够理解到这些的人并不多。他努力让学生们接触一些能够表达出高尚思想的词汇,使学生们感到陶醉和愉悦,这些对于理解诗是必需的。因为,没有解释怎么能理解?不久前,他试着诵读了两句诗:

---

[①] 这段话改编自杰尔查文的作品《塔夫利宫波将金节颂》。里菲是乌拉尔山脉的别称。——原注

用麦穗做成的面包给伏尔加河加冕，

　　乌拉尔山也弯下腰，向杯中斟满蜂蜜。

　　学生们没有任何反应，嘴巴张着，就好像是无关紧要的人读了什么，完全是一副漠不关心的样子。普希金认真地咬着指甲，而丹扎斯则拿着小玻璃片去照阳光，形成斑点。他向学生们指了指同样坐在那儿的伊利亚老师。随后，课堂的秩序恢复了，他站了起来，碰翻了椅子，开始快速小声地解释。所有人都听明白了。

　　学生们觉得这是别人白白告诉他这些解释？当然不是！他用亚麻布手绢擦干额头上的汗水。他将诗歌带入了学生们的心中和思想里。他的努力得到了回报：所有人的注意力都集中了。

　　现在，那些孩子们跟在那些不能信赖的妇女身后，也在笑话他。似乎他们没把他当作一个诗人或者一名教师看待，而是当成了一个演员。学校中这种嘲笑的现象成为教学过程中的一个症结。他毫不怀疑，这现象背后的始作俑者是谁。这个始作俑者是家传的，嘲笑别人也是他一贯的作风：他就是普希金。他听到普希金的笑是突如其来的，不连贯不体面的。而其他人的笑至少还比较安静。就像他的伯父用下流和轻浮的诗句湮没了帕纳萨斯山①一样，这种风气也传给了他身边的人，他的侄子。他伯父的诗确实很轻浮，就像一吹就跑的蒲公英一样。

　　关于自己的讽刺歌他倒是没有听到。但谁能保证，这个小魔王没有嫌疑？他可能会通过自己美好的记忆，在第二天又煽动些什么挖苦话，讽刺歌，哑谜什么的。这是他卑劣的诗歌特点之一，从年少起他周围的

---

① 古希腊神话中文艺女神们的居住地，此处指诗坛。——译注

人就这样了。他习惯和诗人中嘲笑别人的人接近，这些人在定期出版物上发表作品，现在已经看不到这些报刊了。他——曾是陋行的始作俑者，现在又在学校里唱高调。教授依据自己的辨别，对这一点毋庸置疑。他曾想自费出版自己的诗歌，这都是些糟糕的诗，荒谬刻薄，他已经指出了这些诗中不合规范的严重错误。教授根据自己的辨别认为，即便作者是一个小孩子，也可以根据他的文体来了解他。就像根据人的性格来了解犯错误的人及犯的错误。文体题材是作者的特点和脸面，在这些毫无联系的诗句中，人们可以感受到淘气包普希金的天马行空和极糟糕的粗心大意。普希金是所有嘲笑歌曲的作者，没有别人能像他一样有如此敏锐狡猾的目光，能把别人的弱点分析得透透彻彻。这是真正的害群之马！他决定教训普希金。至于雅科夫列夫，他认为这不是什么难事。雅科夫列夫就是一个装模作样的人，从他身上得不到什么。没人抱怨他。普希金，还有杰尔维格，自命不凡。他们凭什么这样？凭着傲慢。他们写诗，但从不征求别人的建议。他们愿意模仿别人，但不去刻意模仿。而只有这种模仿才是有根基的，同时，人们看到一个学生很有希望：伊利切夫斯基。他不发什么议论，也不掺和什么讽刺活动，清楚自己的位置，而且还续写征求别人的建议，求得别人的帮助。他的诗纯粹，细节修饰之处认真仔细。这些都会使他随着时间的推移而成为诗人。他的诗和同学们相比，已经不在一个水平上了。按照老师的吩咐，修改自己一个又一个的过错，他在这个过程中逐渐接近完美。

第二天上课，他便以自己擅长的语言开讲。教授整夜没睡，一直在想自己的命运，背自己喜欢的诗歌：杰尔查文的和自己创作的，并加以深思熟虑，语言的优势究竟是什么。*语言简洁是指说写统一。*① 有些我们称之为低级的只是因为他们不高级。但是在这种文体中，表达方式、词汇和思想并不低级，它们很普通，但很高尚。

他吸引了同学的注意力。丘赫尔别凯做着笔记，笔吱吱响。就连普希金，在平时不专心，眼神游离让人捉摸不透，现在也望着他，看起来已经明白并记下了。

思想、感觉和文体的单纯性，在书信、谈话、中篇、长篇、科技作品、寓言、童话、喜剧、讽刺作品、牧歌及短诗中都会遵循。但是在哪儿能学到这种单纯性呢？

他很高兴。大家都在集中精力听，而且都在等问题的答案。伊利切夫斯基写寓言，而普希金似乎在写喜剧和讽刺作品。单纯性则是最难的，孩子们已经感受到这一点了。他们白白把自己的手稿撕成碎片扔到角落，不知道需要什么，差了什么。他们差的不是思想——他们暂时还没形成，差的不是音韵——他们满脑子都是别处淘来的声音。差的正是这种简洁朴实。

教授顿了顿。

"不要去空场上找单纯性，因为那里是粗野的风格，而要从上流社会人们的谈话中去找。"

他们中的很多人都没体验过上层人士的圈子，而教授也只是在第三天参加了拉祖莫夫斯基的招待会。瓦西里·里沃维奇·普希金，口喷唾沫星子的诗人，无论如何也不会被列入上流社会的。而德米特里耶夫则是另一回事了。教授让他们记下文体清晰的规则：对事物的了解，思想

---

① 原文为斜体。——译注

的连贯，用词的准确。规则无可争辩，但是普希金喜欢用诗歌的形象让干巴巴的理论变得生动，所以他和其他人一起接受了：文体清晰就是白天的月亮的和太阳的。他的想法很有道理，观察合理，对诗歌充满热情，也没有骄傲自大。教授看到一些学生认为最后这点不需要记下来，很伤心，这些学生中就有普希金。

他把话题转向文体的弊病。

他从口袋里抽出了丘赫尔别凯的作业——翻译圣-兰伯特①的诗《大雷雨》，语速缓慢地，边读边评价：

> 铜钟轰鸣
>
> 令人惊恐
>
> 人群拥进
>
> 神圣的殿堂
>
> 天哪，快看，人多得乌央乌央
>
> 是人都向你求告……

所有人都笑个不停。普希金和雅科夫列夫哈哈大笑，但他自己应该保持安静。

"这首诗毫无意义，"他说，"并不纯洁，高出了诗歌本身的风格。因为即使尝试，也没达到诗歌本身。这里诗句间没有任何联系。我们只可以把这首诗同特列加科夫②的诗做比较。"

---

① 指让·弗朗索瓦·德·圣-兰伯特（1716—1803），法国诗人。——原注
② 应指瓦西里·吉利洛维奇·特列加科夫（1703—1769），俄国诗人。——译注

他没有提及作者，只是说了毫无意义的原因：

"没有比崇高文体更能俘获年轻人的想象力了。年轻人单纯关注于模仿，却陷入了模糊、空话、无意义和胡扯之中。他们的问题不流畅、拙劣、粗野、生硬、冷漠、夸大、不自然、粗糙，充满了空话和低级趣味！"

语言的魅力把他俘获了，他忘记了谨慎。丘赫尔别凯坐在那儿，惊慌失措地看着他，大眼睛里流露出害羞的眼神。所有的目光都盯着他，只有他才会写毫无意义的话，应该给他一根救命稻草。他没考虑到词和词之间的联系，就刺溜钻进了诗人的行列。真是未寻渡头，切莫涉水啊！对这种执拗应该加以惩罚，但也不应该一味嘲笑。大家都在嘲笑，是不体面的。雅科夫列夫笑了，但是普希金、杰尔维格，还有马林诺夫斯基笑得更欢。只有伊利切夫斯基控制着自己，保持风度：他只是小声哧哧发笑。应该转向另一个话题了，给出另一个思考的方向。于是教授转而谈论*不体面的*①文体。

"疏忽大意是不成体统的。法语词汇之间毫无关系。低级词汇和高级词汇，戏谑词和庄重词混为一谈。描述对象有失大雅：酒和欲望成为诗歌的最新潮流。文体空洞无聊，放肆，中心思想变来变去，整体不稳，没有阶段性。嘲笑所有事物，没有一点善意。语句简短不完整，充斥着小调和脏话。"

这不仅是在上课，也是教授的诉苦。他决不能忍受这种嘲笑、轻浮、挖苦、摇摆、小调式的、杂言碎语式的诗歌。而这种诗歌却充斥在

---

① 原文为斜体。——译注

周围，迷惑众人。普希金①的诗就是这种类型。看起来，他的侄子继承了伯父的特点。重要的是，甚至一些阴暗面——竟然是诗歌中的优点。看来普希金②能感到这话在说谁。这一次他在小桌子后边坐立不安了。终究教授没有不管他，他只不过是把这些联系特别加以说明。

批评过后，教授开始谈论那些体面的文体，只有少数人能掌握这些文体。他也想看看，这些具有天分的、尚未成年且乳臭未干的、精力充沛的孩子们中间，谁能掌握。

"语言流畅和蔼，和谐悦耳，字斟句酌，新意迭出，稍显尖刻，便显活跃，新鲜自然，美妙如画，气势恢宏，用心良善，热情如火！"

他眯起眼睛，带着他在妇女协会中常有的微笑，一字一顿地轻声说：

"优美娴雅，犹如珠宝玉器，你们中间没人能写得出来。"

## 6

傍晚科尚斯基值班。黑暗降临在学校的建筑上。就在这半明半暗中他吃完了饭。饭是马特维大叔送来的，很难吃。他决定，只要他一当上校长，就把管家开除。管家是真正的小偷。孩子们给他看的那些意见强烈的小诗本身就是对的。他没有发牢骚。酒，就是和布莱尔③的修辞学以及他上课用的笔记一起装在结实的大包里带过来的酒，安慰了他。又一次有人告诉他，教师伊利亚值班巡视时，总是在竖起耳朵探听动静。而他自己简直就被酒俘获了，听到这些他也没说什么。现在，火还没生

---

① 此处应指普希金的伯父，瓦西里·里沃维奇·普希金。——译注
② 此处应指本书主人公，亚历山大·谢尔盖耶维奇·普希金。——译注
③ 指休·布莱尔（1718—1800），苏格兰修辞学家。——译注

起来，他吃完了饭，休息一会儿。最让人高兴的就是饭后欣赏这静谧的黄昏，愉快的心情又回来了。他的知识广博，这一点大家都承认。而尤其是他的职位很快就要变了，变得令人尊敬。他严厉，也很宽容。带着一丝忧愁，还有点微笑，他不急不慌地走过大厅。学生们在大厅里追逐打闹。普希金则和杰尔维格说着什么——很显然是关于课程的东西，或者是他听到的消息，很可能是别人偷偷和他说的。科尚斯基想去鼓励一下他，酒精总会让他变得温柔。年轻一代不能为他的或者其他人的伯父担责。谈话开始了。马林诺夫斯基、科萨科夫以及其他学生围过来，都想听听老师的谈话。科尚斯基不想批评他们，宽容对于这些渴求荣誉却玷污诗歌的天才少年们来说是必要的。他问普希金，他在读什么，想读什么。

普希金刚刚读完了德米特里耶夫的《摩登老婆》。科尚斯基很勉强地笑了笑。德米特里耶夫是一个很好的诗人，但就是这《摩登老婆》不体面，不正经。对于这位无可指摘的诗人来说，这个诗作可以说是他创作过程中一个小小的污点。不正经的老婆，有外遇的老公，一切都是轻喜剧的特点。毫无疑问，普希金是从家里带来的这本书并藏了起来，或者用不可告人的方式弄到的这本书。可能普希金很喜欢这种时尚的生活，可以给他的喜剧提供素材。他热衷于喜剧。而且他也很熟悉克雷洛夫那些关于时尚生活的戏剧。情况越来越糟了。这部戏里庸俗的文体往往会变成粗野的。而戏的开端和末尾有很多不体面的东西。他和普希金说了这一点。

而普希金笑着回答说，实际上克雷洛夫准确地描写了那些彼得堡和莫斯科所有 marchandes des modes① 的房间，这个更不体面了。而那些粗野的文体实在让他讨厌。

教师伊利亚·皮列茨基从远处的角落赶过来。普希金受到了特别关注：他需要最严厉的监视。马尔丁的兄弟一贯为他的事情操心，从不把他放在自己的视线之外，前后脚跟着他。他记得自己兄弟的指示：甚至要观察他的面部表情语言，密谈，哪怕是一瞬间的工夫。对普希金采取这种措施实在是过分，他会受到伤害的，实际上他还是个调皮的孩子。对于他本不需要用道德上的惩罚，只需要用简单普通的方法。听到学生们的笑声，看到教授生气地耸肩，伊利亚靠近了些，伸长脖子去听。普希金的话非常大胆。他说的是和那些时尚店铺相关的事情。也就是那些被驱赶的。但是什么事情，他没听清，也害怕听清楚。他听到这个学生的话直发抖。科尚斯基的脸越来越红，生气地说：

"我比你年长，比你有经验，但确实，我不会臆想出如此荒诞无稽之言，况且没人往我的脑子里灌输这些。"

马尔丁的兄弟光凭脑子有点记不住了，他偷偷打开黑色的笔记本，开始做记录。

科尚斯基好像陷入了沉思，但是看到了正在往本子上记录的教师伊利亚，突然对他竖起了手指。教师伊利亚本要问：

"怎么了？"

但是教授突然转身走开了。在转角处，他身子突然歪了一下，教师扶住了他。

教授本来有的好心情全没了。这个孩子的种种放肆行为，把他逼进

---

① 法语：时尚商人。——译注

了死胡同。

他想教训一下这个顽皮的孩子,从而让他受到严厉批评。这个淘气包猜到了,但一点也不感到难为情。教师伊利亚好像发现了他的晃动。"怎么了?"科尚斯基小声咕哝。现在的老师都不学无术,都不去教育学生了。突然他脑子里闪过一丝怀疑。难道不是因为普希金打头说这些时尚店铺的事情,他才和很多皇村里的人一样,认为他是花花公子吗?普希金不是也想让大家知道这些吗?他知道这一点,但认为反驳会降低自己的身份。科尚斯基的目光越来越忧郁。作为一个尽职的教师,未来的校长,他今天本想去巡视所有学生,但是后来把这个想法取消了。回到自己房间后,他解开领结,扔到床上。他甚至都没重读自己发表在《文学新闻》上的诗歌《卡萨金娜一罗斯托夫斯卡娅公爵夫人之死》,就睡着了。教育这些年轻人让他感到疲倦。

## 7

科尚斯基的批评产生了影响。所有人,甚至那些很安静的学生,都有了戏弄刺激丘赫尔别凯的想法。戏弄他的走路,个头和耳朵不好使。丘赫尔别凯很勤奋,但也很固执,虚荣心强,气量小。他不擅于说,就一整天不离开自己的小桌子,不停地读写。半夜他也会跳起来在黑暗中写作。伊利切夫斯基教他写诗,让他放松,但是自己也偷偷写关于丘赫尔别凯的挖苦小诗。丘赫尔别凯还打算写小说、戏剧、诗歌、颂诗和哀诗。

现在,受到科尚斯基的批评后,他的诗众人皆知了。

听到学校教堂宣告清晨的钟声后,学生们开始喊:

> 铜钟轰鸣
>
> 令人惊恐

排成队列散步时,他们喊:

> 人群拥进
>
> 神圣的殿堂
>
> 天哪,快看,人多得乌央乌央……

　　树叶覆盖在皇村路上,描写夏日傍晚的词也从"坐下"变成了"洛下"。雅科夫列夫发誓着这绝对是丘赫尔别凯写的。①

　　同他在一起,大家都不敢公开欺负他:丘赫尔别凯是个暴脾气。他随时准备就地干掉欺负他的人。如果是在饭桌前,他就用叉子刺透对方。课上则直接扔墨水瓶。散步时他则踢坏对方的腿。所以学生们的密谋开始了。他们偷偷嘲笑他,而且背地里捏造关于他的挖苦诗。他们叫他唐吉绍特②、小威廉、威利尼卡和威利姆什卡③。学生们喜欢他。每天傍晚他们底下私语,互相咬耳朵,说些关于丘赫尔别凯的坏话。他成了献给嘲笑之神摩摩斯④的祭品。他的裤子、鼻子、固执的脾气和诗都成了嘲笑的对象。他诗歌中主人公的名字取自古旧的德国书,让大家吃

---

① 这里应该是暗指丘赫尔别凯用词不准。——译注
② 应指伊万·伊万诺维奇·德米特里耶夫的诗歌《唐吉绍特》的主人公。——译注
③ 这三个名字都是丘赫尔别凯的大名"威廉"的别称。——译注
④ 希腊神话中的嘲弄讽刺之神。在文学艺术作品中摩摩斯通常被描绘成喜欢戴着面具嘲弄别人的人。——译注

惊：扎米、祖丽马、杰拉斯科。总之，他的一切都让大家感到古怪。

除了亚历山大、伊利切夫斯基、米沙·雅科夫列夫，别人也在写挖苦诗。这时候让人意想不到的事情发生了。所有人都写不好这种类型的诗歌。这种类型的诗歌是最难的。米沙·雅科夫列夫写得最简单：他去描写丘赫尔别凯生活上的小事情。威利的裤子裂开了——讽刺。威利通过从家里带来的书学英语对话——另外一个讽刺。所有的描写都引起大笑：

妈呀老天爷，多么丑的一个人！

塌鼻子，大嘴巴！

善良的玛秋什金和科莫夫斯基充当抄写员。丘赫尔别凯还纳闷大家为什么笑话他。但是大家笑得越欢，他就越固执，不停写诗。他曾读到，人们基本上都会嘲笑诗人。在抄写沙普兰①那首著名的关于圣女贞德的长诗时，他在序言中也读到人们是如何嘲笑不幸的诗人布瓦洛②，几乎直到他死，人们还在笑话他。他不喜欢嘲笑类型的诗歌。布瓦洛完成了高乃依③的悲剧《阿格西莱》：

J'ai vu l'Adesilas

Helas!④

---

① 指法国诗人、文学批评家让·沙普兰（1595—1674），曾创作了著名长篇史诗《圣女贞德，或解放了的法兰西》。——原注
② 尼古拉·布瓦洛（1636—1711），法国著名诗人、作家、文艺批评家。——译注
③ 皮埃尔·高乃依（1606—1684），法国古典主义剧作家，代表作是悲剧《熙德》。——译注
④ 法语：呜呼！我看到了阿格西莱！——译注

根据丘赫尔别凯的看法，这种诗是很容易创作的。确实，勃罗格里奥，这个最粗心大意的落后生，总是在学校吹着小曲闲逛，既不想了解布瓦洛，也不想了解沙普兰的学生，也会散布关于杰尔维格的小诗：

> 哈哈哈，嘻嘻嘻，
> 杰尔维格会写诗。

有一次别人胡乱塞给丘赫尔别凯一首关于他的讽刺诗，还屏气凝神，等着看他的反应。丘赫尔别凯读了两遍，虽然脸色发白，喘着粗气，但还是控制住自己，勇敢地说，这首诗看起来糟透了：文笔粗野，没有针对性，音韵也很差。

雅科夫列夫感到自己受了侮辱，就让他自己写。

这时候流传着一首关于"新拉加尔普"① 的讽刺诗。丘赫尔别凯是所有愤怒的人中笑得最欢的。

但是，和所有人一起继续写关于威利讽刺诗的亚历山大，坚信这些诗的确很糟。

他是支持拉加尔普的。

在谈话中，关于拉加尔普的每一个刻薄的评论，都被称作"讽刺诗"。但是真正的讽刺诗的创作应该来源于机敏和简洁的思想。每个人都可以创作讽刺诗，但是天才诗人就在于在每首诗中采用了准确和敏锐的方法。

---

① 应指弗里德里克·谢扎尔·拉加尔普（1754—1838），瑞士人，国务活动家，俄皇亚历山大一世的老师。——译注

关于丘赫尔别凯的讽刺诗一点也不短小简明。

亚历山大没有把自己的诗给丘赫尔别凯看。在读其他人的诗的时候，这位不被承认的诗人陷入了深深的忧郁之中。他斥责别人时发出的冷静的声音，精明能干的作风，还有他有板有眼的微笑，都离他而去了。发现错误后，科尚斯基凶猛地从年轻诗人手中夺去诗稿，激动地为他删去不需要的或者没意义的词汇。同时写上自己的修改意见，他发现了一个重要特点：对于这位年轻诗人来说他的错误正是不注意文体，不注意文法。不成熟的诗歌，好像使他的自尊心受到了伤害。诗人这个职业是学者，是技法成熟，富有经验的人从事的。而他们在试图玷污这个神圣的职业。成功的诗歌突然落得到处都是，落在这些孩子手上。这是不公正的事情，同时也让他开始怀疑自己。

## 8

亚历山大在父亲家的时候，习惯于讨论诗歌。当大家讨论诗歌、剧院、女人和纸牌中的幸福时，伯父、父亲和他们的朋友眼中都闪着特殊的光芒。幸福的诗歌能唤起人的笑声、赞赏和羡慕。就像是漂亮姑娘出嫁，孩子在父母跟前调皮，或者给赌徒带来好运的一圈好牌。如果一首好诗很悲伤，所有人就像阴谋家一样，带着令人神秘的、威严的眼神，互相眯缝着眼睛看着对方。如果诗歌的内容不是那么体面，所有人不再作声。当母亲、姑母或者女客们坐到桌子那边的时候，他们调皮，幸福，用自己的知识暗示，并挑起人们的好奇心。科尚斯基用平稳的语调读诗，时而在主要的段落批评几句，和别人耳语交谈，或停下来进行解释。他比伯父瓦西里·里沃维奇懂得多，但有些地方他也不明白。在亚历山大看来，伯父的诗就是写诗的方法。他看到了还没有枯萎变黑的叶子；他知道当诗歌受到欢迎时，诗人就会自夸。科尚斯基最看不惯不谦逊和虚荣，经常斥责这些。伯父抨击杰尔查文，埋怨德米特里耶夫。科尚斯基只是责备特列加科夫。那些曾经享有荣耀的人，都会得到他的尊敬。但是当科尚斯基批评他的诗时，他并不相信科尚斯基。每一句诗行都不准确，缺乏音韵，不流畅，但他从未谈论过诗歌的整体。他有对的地方，也有不对的。当他谈论高雅的诗歌时，他会翻起眼睛。谈论起妇女时也是这样。他的优雅就是装腔作势。

亚历山大也有自己的诗评人，那就是教师伊孔尼科夫。他是真理的爱好者，神情忧郁，面色苍白，由于过度饮酒而导致双手发颤，眼光敏锐。这是一个不幸的狂妄的人。他喜欢自己的以及别人的诗歌。但很少去谈论，几乎不去做任何修改。他将手指靠近发白的双唇，然后倾听诗歌，这时候他的脸色更苍白了。有两次他干巴巴地对亚历山大讲，诗写得很不好。亚历山大也没有生气。他突然明白，诗写得确实不好。第三次亚历山大给他读诗，自己都认为这诗就是胡言乱语。但是伊孔尼科夫给了他一个拥抱。这个面色苍白，狂妄的堂吉诃德，好像知道什么秘密。确切地说，在这胡言乱语中，他读到了优点。

很快，学校的人都知道，伊孔尼科夫被开除了。原因是他恶劣的习惯和对学生不好的行为。所有人都怀疑这是科尚斯基和皮列茨基搞的鬼。脸色苍白的真理爱好者，长长的手指颤抖着，把自己唯一的财产——一本皮子封面的贺拉斯[①]的诗集塞进了自己的口袋，过来和大家道别。

---

① 昆图斯·贺拉斯·弗拉库斯（前65－前8），古罗马诗人、批评家。代表作《诗艺》。——译注

他来和齐里科夫道别。矮小的,守规矩的齐里科夫和伊孔尼科夫拥抱,整个人倒在了他的胸前,用嘶哑的声音和他说:

"别了,朋友。"

所有人聚在一起看着他,皮列茨基没来。真理的爱好者走到他那儿:

"这下我让您得到安慰了,仁慈的先生,"他说,"当然我们的联系并没有切断。雅科夫列夫先生和杰尔维格先生创作的小寓言,普希金先生创作的歌曲,将永远留在我的记忆之中。我尊敬您的事业,它赢得了我的好感。"

伊孔尼科夫给自己立了一个规矩,那就是不把这些学生当成小青年、孩子,和他们讲话要有礼貌。他拥抱了小科莫夫斯基,将他抱在胸前:

"原谅我,亲爱的,"他说,"我们之间的友谊将会因离别而更加坚固。"

他紧紧握住普希金和杰尔维格的手,向他们行了一个旧式的鞠躬礼,然后迈着军人般有节奏的步伐,离开了。

亚历山大看到了他的友谊、癫狂、正直、骄傲和贫穷。后来他再也没见到过这个不幸的人[①]。

## 9

马尔丁对杰尔维格、米亚索耶多夫和其他人很不满意。他们的父母从家里给学校带来了很多不合时宜的东西。他们已经好久不出家门了。

---

[①] 原文为斜体。——译注

那些陈旧过失的，从另一个世界带来的东西，带着一丝傲慢，也有一些胆怯，每逢节日的时候，就聚集在学校的接待大厅里。丘赫尔别凯夫人长长的德式披肩拖曳在地板上。这披肩在保罗皇帝①时期可能很流行。瓦尔霍夫斯基的老爹穷得像一只皇宫里的老耗子。不难理解，他们这些家族早已失去了自己存在的最初目的，或者根本就没达到过。

杰尔维格的祖父和亚历山大的祖父一样，都是荷尔施泰因派②成员。杰尔维格的祖父得到了彼得三世③的信任。从那时起，他们家族闪耀着光辉，但是没有地位。丘赫尔别凯的父亲是德国学者和诗人，差一点就得到了保罗皇帝的宠信。在执政末期，皇帝是很亲近他的。他本可以成为丘赫尔别凯伯爵的，但是没成。瓦尔霍夫斯基的父亲总是在中级官职和贫困中止步不前。穿上常礼服，军大衣，戴上围巾，把自己收拾整齐这些事情，他都很难办到。学校里的所有人都比马尔丁更了解这件事，而马尔丁则力图不想让父母去见自己的孩子。

在接待以及短暂的会面时间，这位主日学校的教师总是在接待大厅里，面带着几乎看不出来的微笑，让人捉摸不定。他不参与谈话，但是去听所有的谈话，而且并不隐藏这一点。有时候，当母亲拥抱自己的儿子久久不放手时，他会淡淡一笑。就好像不想让父母见自己的孩子一样，他去拥抱学生，将他同父亲或者母亲分开。他出自好意，去谈论学生的父母，甚至给他们起绰号，想表现出他同别人相比没有不同之处。

---

① 应指俄国沙皇保罗一世（1754—1801），1796年至1801年在位。——译注
② 荷尔施泰因派是瑞典的政治派别，目的是支持荷尔施泰因－戈托普公爵登上瑞典国王王位。——译注
③ 彼得三世（1728—1762），俄国沙皇，荷尔施泰因－戈托普公爵同彼得大帝之女安娜·彼得罗芙娜所生。1762年在位。在彼得三世统治时期，俄国宫廷的德国势力达到了顶峰。——译注

"但是,您那个……波拉马尔巴斯①。"他温柔地笑了笑,对米亚索耶多夫谈论他肥胖的父亲。

谈话之后,米亚索耶多夫说他父亲离开潮湿的学校,不待下去了。他处事简单,而且还固执。有时候他咕哝几句骂人话,所有人都知道,他是在骂学监。马林诺夫斯基叫住了他。

"是啊,你不想听听,"米亚索耶多夫带着哭腔说,"不想知道,他是怎么骂你父亲的吗?"

"怎么骂的?"受打击的马林诺夫斯基问道。

"就是那样。"米亚索耶多夫回答。

"怎么样啊?"强壮的马林诺夫斯基扔不罢休,继续问。

"就是那样。"米亚索耶多夫有点害怕,回答道。

他告诉马林诺夫斯基,学监想"抓住"校长的"把柄",然后把他"搞下台",自己再坐到校长的位置上。他还听到,马尔丁是怎样和自己的兄弟伊利亚骂校长的。

"他,校——校长,就是个软蛋,娘儿们!"就好像学监马尔丁亲自在说这些,"他算什么啊!"

马林诺夫斯基攥紧了拳头,米亚索耶多夫开始颤抖。

"他是好人。"马林诺夫斯基说,眼泪在眼睛里打转。

在学校,也有人是幸运的。

例如,戈尔恰科夫的母亲没来看他,因为她基本总是在国外给她的小儿子治病。他的监护人,舅舅,写信告诉了外甥这件事。信中的字刚

---

① 这个词意为"爱吹牛的人",出自郝尔拜的喜剧。路维·郝尔拜(1684—1754),作家、散文家、哲学家。——译注

劲有力,就像加里尼奇说的,是军人的字体。姨妈用法文给他写信。戈尔恰科夫在天黑前给姨妈写回信,和姨妈抱怨说他困倦的双眼都睁不开了。

"我给鬈头发的姨妈写信。"他这样和别人说这些信。

"妈妈不喜欢维也纳,"他说,"那儿刮暖暖的风,她都感冒了。"

收到来自维也纳、巴登和巴黎的信,对他来说算不了什么。马尔丁不去问他和父母相关的事,这也让他产生了一丝敬意。

"别舒洛夫舅舅,"戈尔恰科夫笑着和普希金说,"会写信的,因为我给他寄去了学校里创作的诗歌,而且还打算再寄些。当然还没收集全,你没有新创作的诗吗?我这儿有三首讽刺枢密院成员的诗,非常有意思。"

马尔丁原谅了巴枯宁[①]。

母亲带着姐姐来看巴枯宁。他们只是在接待厅待了会儿,然后不顾学校的禁令,到处跑来跑去。巴枯宁阻止了她们,告诉她们学校的规定。姐姐身材苗条,大大的眼睛。母亲又高又壮,是个话痨。她可是个有名的宫廷八婆,她的到来就意味着俄国宫廷驾到皇村。皮列茨基并没有对她们的到来表示出不满,他制止了她们到处乱跑,惊讶地问她们,为什么在这儿。他容光焕发,可能是他准备好了要消除这种不当行为,也可能是他喜欢小巴枯宁。至少普希金和杰尔维格是这样认为的。

有一天,马尔丁叫住了普希金,问他:

"我们的诗人很快又要光临了?"

---

[①] 应指亚历山大·巴甫洛维奇·巴枯宁(1797—1862),普希金皇村学校的同学。——译注

亚历山大脸色苍白。自从学校开学后他就没见到过伯父瓦西里·里沃维奇，马尔丁说的不是他，而是谢尔盖·里沃维奇。现在他管他叫诗人，就像一个月前管米亚索耶多夫的父亲叫波拉马尔巴斯一样。

亚历山大看着皮列茨基，鼻孔喘着粗气。他的脸突然变黄，变得很难看。他没说一句话，牙齿咬得咯咯响，踩着鞋后跟，转过身走开了。

"哟呵。"皮列茨基跟在后边说。

## 10

皮列茨基懂得相面这门艰深的学问。没人能瞒得过他。他所遇到的没有表情的脸，躲闪的眼光，以及干巴巴、简短的回答，不会表现出对方的坦白和率直。总之人们的行为变了，之前救世主般的畏惧不见了。父母在信中抱怨自己的孩子不写信，似乎信件在邮局被耽搁了。几乎不给家里写信的普希金不得不站出来提醒大家，并大声强调信被学监从信箱里拿走并被拆阅，然后就消失了。作为精神教父，皮列茨基极力建议自己的亲信去检查学生们的信件，而且更多的是从语法修辞方面进行检查。但对那些亲信来说，这是他对他们的信任。他们是完全自愿去做这些事的。伊利亚·皮列茨基向兄长报告，说普希金两次大声戳穿了学监做的这件事。不论白天黑夜，伊利亚如今感觉不到平静。学校里似乎在酝酿着什么，学生们三五成群聚在一起，或是在大厅，或是在走廊，争论着什么。看到伊利亚后，就立刻散开了。诚恳的科尔夫和罗蒙诺索夫一如既往，毫不隐瞒自己在写关于学监的诗歌，或是申诉书一类的东西。有一天，当伊利亚在履行自己作为教师的职责——藏在门后边偷听时，意外地撞见了普希金、杰尔维格和马林诺夫斯基。

他们开始不友好地走近他。马林诺夫斯基不知道为什么，甚至卷起了袖子。杰尔维格和往常一样，假装什么事情没发生一样，但他们并不信任伊利亚，问他在做什么，想从他们那儿得到什么。可能他在这儿是有目的的。伊利亚是个心中没数的人，看到学生们不友好的眼神，他反过来问：

"怎么了？"

让他吃惊的是，他们并没有生气。普希金发自内心地笑着，杰尔维格则很安静。伊利亚打起精神，也问道，是不是需要什么帮助，他马上就可以帮他们。

他们不需要帮助，平静地散开了，只剩下他一个人。伊利亚·皮列茨基望着他们的背影，小声说：

"一群捣蛋鬼。"

据伊利亚说，当普希金生气的时候，立马会让他想起捣蛋鬼。现在他要去他兄弟那儿报告这件事。

## 11

科尔夫是个品行端正的学生，避免卷入闹事冲突之中。他从别人那儿得知学监管他的父亲叫小公牛，他呼吸开始变得急促，很长时间都不知道该怎么办。最终，眼睛里含着泪珠，他直接去找了皮列茨基。学监安慰他，让他确信自己没有讲任何粗野的话。同时他知道，谁是主谋者。戈尔恰科夫什么都不去想，顶多就是琢磨琢磨，人们看到他无辜的眼神，扬起的眉毛，打哈欠的嘴，也不会害怕什么。他的眼睛是灰色的，冷冷的感觉，就像小冰块一样。罗蒙诺索夫模仿戈尔恰科夫。他们集中关注于所有——言谈举止——当然是上流社会的。看起来他们通晓上流社会及其游戏规则：无忧无虑、保持礼仪得当并有适当的热情，以及一副漠不关心的样子。戈尔恰科夫耸耸肩,罗蒙诺索夫也耸耸肩。

"学监就是学监。"戈尔恰科夫有把握地说道。他觉得,这个 mot①,就像宫廷用词一样,似乎经常被提及,但如果需要时它却不会出现。他们置身于事外,并做出一副什么都不知道的样子。

他们并没有让亚历山大感到惊奇,反而是老朋友普辛的冷静,瓦尔霍夫斯基的平静和伊利切夫斯基的小心引起他的注意。当别人当着他的面骂学监的时候,他皱起了眉毛。他不太满意地听普希金说话。瓦尔霍夫斯基和玛秋什金和平常一样埋头学习。他们和普希金一样,不喜欢皮列茨基,总是躲着他,也得不到他的好感。尽管有一天普辛管罗蒙诺索夫叫"告密者",但他们其实都是有礼貌讲道德的人,他只不过淘气了些。他们都是机灵鬼,他只不过有点张扬。他们平静的眼神,温和的话语让他失掉了自控力而发火。他感到被残忍地侮辱了。他们对马林诺夫斯基校长的话言听计从。可能他在暗地里让他们保持平静,希望避免出乱子?对于他来讲这没什么不同。只有杰尔维格完全同意他,非常高兴地听他说话,讨厌皮列茨基的程度不比亚历山大差。另外还有蠢蛋米亚索耶多夫、强壮的马林诺夫斯基、勃罗格里奥和丹扎斯。这些人能干出任何事情。

现在皮列茨基总是在学校里跑来跑去,同所有人进行谈话,但绕过他们,避开他们。亚历山大看到,马尔丁同瓦尔霍夫斯基和普辛谈了好久,劝导他们互相离开,不要搞小团体。他听到学监对瓦尔霍夫斯基说的最后一句话:

"您的名声会得到保证的。"

---

① 法语:字眼儿。——译注

午饭时,他毫不隐瞒,大声地带着一丝嘲笑问瓦尔霍夫斯基,这样不仅同学们,教师伊利亚也能听到:

"你担心自己的好名声吗?"

瓦尔霍夫斯基愁眉苦脸地看了看他,没回答什么。他最近才有的这个习惯。他的朋友马林诺夫斯基丝毫不听他的劝说,完全站在普希金这边。

"马尔丁在规劝你,"普希金笑着说,"喏,现在我们是淘气包,我们在笑话他。"

勃罗格里奥和丹扎斯气冲冲地点头。

现在,他好像很喜欢挑起事端。大家都讨厌的皮列茨基现在躲开他,所有人都看到了,这也让他很高兴。有一天他推了蠢蛋米亚索耶多夫,现在站在他这边的人。他生气了,硬要打一架。他又推了一下。普辛也在那儿站着,他推了普辛。普辛脸色发红,但什么都没说——出于理智或者自尊。带着挑衅,亚历山大对自己的老朋友米亚索耶多夫说:

"等着吧,你会对你自己的错误后悔的。我是摆脱了。"

## 12

马尔丁通常不太注意自己的穿着,也不在乎俗气的客套。这次则穿了一身新。勒紧的领结,就像是在他胸前挂了一枚奖章。福马大叔向他深鞠一躬,就像对主人一样。马尔丁这一天都很安静温和,花大把时间同学生们谈话,声调平稳。开始他去找科尔夫、罗蒙诺索夫,安静的叶萨科夫①。他知道他们的缺点，知道他们到处惹事。但上帝更为他们感到痛苦，让他们悔改。然后他去找瓦尔霍夫斯基、伊利切夫斯基和普辛。他对他们说，他知道他们很坚强，要受到奖励。他没去打扰丘赫尔别凯——这个勤劳的学生正在誊抄沙普兰的长诗。

马尔丁没去找普希金、马林诺夫斯基、勃罗格里奥和丹扎斯，径直走过去了，就好像他们在他眼前是空气一样。

这时候有了传闻，皮列茨基要前往拜会部长拉祖莫夫斯基，马林诺夫斯基马上会被替换，马尔丁将被任命为新校长。喜欢的人自然做出谦逊、满意的样子。不安的学生们感到很丢脸。同时很多不安的人前往校长马林诺夫斯基那儿，向他抱怨学监皮列茨基。

## 13

最忙碌的活动开始了，马林诺夫斯基到处转了转，然后很快就消失了。想起当时辉煌的开端，以及同斯佩兰斯基的谈话，他力图维持起初起草的学校草案，哪怕作用是苍白无力的。

一开始他就遇到了困难，这是他没有预料到的。上级官员憎恨他。第一年末他想进行嘉奖，想出了奖励办法：在白色板子上刻上镶金的名字。白板已经在大厅里放好，戈尔恰科夫和瓦尔霍夫斯基的名字已经刻在上面，并请所有人来完善这份名单。这本是件好事。部长拉祖莫夫斯基下了一道特殊命令，要求撤掉板子，并撤销之前的嘉奖。部长开始深切关注一切同学校相关的事情，逐渐地，几乎所有老师也开始回避失宠

---

① 指谢苗·谢苗诺维奇·叶萨科夫（1797—1831），普希金皇村学校的同学。——译注

的校长，并向部长报告个人情况。斯佩兰斯基的下台决定了一切。马林诺夫斯基在学校里孤单地走着，周围的人，除了老仆，其他人开始不怎么注意他了。管家佐罗塔列夫开始肆无忌惮地偷东西，学生们的怨言此起彼伏。德语教授加乌恩施尔德丝毫不隐瞒自己常去部长那儿进行个人报告的事情。暂时他还没取得什么成功，然而，渐渐地，除了布德利和库尼岑外，几乎所有人都公开表示想坐上校长的位子。科尚斯基有自己职业道路上的野心，他已经向部长介绍了自己。皮列茨基看起来已经考虑到能很快当上校长了，并做了他想做的事。

学校本身也已经失宠了。马林诺夫斯基也没准备向学生们谈论关于任命新校长的事情。学校还有一个靠山：老萨姆波尔斯基在宫里还没有完全失势。不过早晚人们都会抛弃这儿。现在已经没人来找他了。

斯佩兰斯基下台了，战争准备开始。他的活动没来得及开始，已经停下来了。学校的课程依旧进行，不过授课目标已经改变。校长把自己锁在屋子里，越来越沉迷于一种神秘的嗜好。这种嗜好使他变成了一个孤独的、安静的但毫无希望的酒鬼，并因此受到折磨。这也是俄国不幸的原因之一。他很少去他的办公室，办公室里摆满了书，桌子里锁着纸张，在架子上和杂志下边也胡乱堆着纸。现在他把秩序看成是另一件事情了：他自身的嗜好仍和之前一样。他很随意地往杯子里倒满酒，然后每次都喝掉一定的量，再把剩下的倒回酒瓶。他一辈子都在追求的，从青年时代就开始描绘的秩序，现在他在失意之中找到了。

在他的行动中表现出酒鬼的仔细和缓慢。他寻求安宁，这在之前他从没有过。和往常一样，教授之中只有两个人经常去他那儿：库尼岑和布德利。库尼岑很年轻，敏锐，充满热情和希望。校长见到他后感到很羞愧。听完年轻教授的话后，他现在什么事情都同意他的看法，即使有些事情在之前同很多人争论过。这个人的年轻朝气让他想起了自己。布德利对校长很不满意，经常皱着眉头。有一天他直接对校长说他这个嗜好是一种不比邪恶更差的恶习，但更危险。马林诺夫斯基喜欢听他这样说。这是一种充满美德的规劝，这种美德他也并没有总是遵循下去。但是，当他不再忙碌，安下心来的时候，他获得了学生们的信任。儿子伊万经常和瓦尔霍夫斯基一起来找他，瓦尔霍夫斯基已经完全成为他家庭中的一员，就像他的第二个儿子一样。耳朵不太好使，脾气依然很怪的丘赫尔别凯和安静勤奋的玛秋什金也会来。普辛很聪明，虽然很调皮。但是有时候校长突然觉得皇村让他感到厌烦。皇村里立着他的雕像，还有人工修剪的自然景观。在遥远的顿涅茨有他的庄园，这是他妻子的陪嫁。庄园距离伊久姆和卡缅克大约七俄里①。他基本没怎么去过那儿，繁重的事情一直缠着他。他很想在卡缅克有几栋带菜园子的小房子，周围有几株杨树。他在那儿可以干农活，教育那些没文化的邻居和穷人。但他也很清楚，实现这个梦想对于他来说是一个新的考验。村子早就属于萨姆波尔斯基家，只是无人继承。更早些时候，很多粗暴的农民被流放到那儿。但有时候，教育他们对于他来说，比教育皇村的青少年更容易些。大家并不齐心，同部长的交往让他感到讨厌，并逐渐成为累赘。在家里，勤奋的他对教育犯人这一壮举是很熟知的。

被流放的斯佩兰斯基的保护人，校长的岳父老萨姆波尔斯基来拜访他。他的思路和过去一样，还算清晰，只不过在失宠后，以及斯佩兰斯基被流放后，他在宫中的地位就不再坚固了。老人一再谈到乡村活动的益处，并强烈建议马林诺夫斯基在卡缅克尝试一下从英国订购的犁。而

---

① 1俄里约为1.0668公里。——译注

木犁的拥护者，莫斯科的总指挥罗斯托普钦①，也就是保罗皇帝的红人，发表文章，反对使用英国犁。这激起了老人的愤怒。在斯佩兰斯基倒台后，按照他的观点，农业活动成为唯一的适合有才能的人所从事的活动。其他一切领域都变得不稳定，变化无常，就像在保罗皇帝时期一样。

有一天老人在朋友那儿蜷着身子躺在巨大的英国圈椅里，安详地睡着了。那时候马林诺夫斯基刚刚认真听完他的话，就安静地站起身，悄悄从架子上拿下瓶子，倒出来一点酒，很精确地斟好，又斜着眼看了一眼睡着的老人，快速叹了口气，喝光了。他突然碰翻了一个杯子。老人什么都没听到，也没醒过来。

突然，校长对自己的堕落感到害怕。他很后悔，看了看睡着的老人，这个老人并不知道他的酒瘾。警察的一纸命令，断送了斯佩兰斯基，也让他过去无可指摘的工作和将来即将完成的业绩化为乌有。一切和过去一样了。俄罗斯人毫无自尊。皇帝在开始也是有一丝希望的，现在也不想和过去皇帝所拥有的古老的权力告别。用这个权力，皇帝可以把好人或者坏人流放到西伯利亚，鞭打他们，砍死他们，绞死他们。俄罗斯人继续怨气冲天，他们借酒浇愁。可能有一天，喝醉的人们揭竿而起，砸断农奴身上的枷锁。一切和过去一样，旧怨又添了新仇。不要说召开枢密院会议了，就连他教育小孩子都是徒劳的。

战争的阴云临近了。就在八年前，他还完成了一个永久和平的计划。

---

① 指伯爵费德尔·瓦西里耶维奇·罗斯托普钦（1763—1826），俄国国务活动家。——译注

萨姆波尔斯基醒了。

"波拿巴骑上了一匹烈性马,"——马林诺夫斯基看着他红肿的眼睛,慢悠悠对他说,"俄罗斯的儿女在哭泣,成百上千新入伍的战士和他们的母亲妻子分离。别忘了这些可怜人。"

他扑通一声跪在地上,两手一拍,哭了起来。他身上所有的英伦范消失了。

## 14

即便喝酒上瘾,他也依然向往高尚的德行。但是,在宫里,在部里,在彼得堡的街道上,这种德行似乎是不可能存在的。这种德行是一种乡村的个人的品质,就像他现在回忆起来的那样。让上帝摆脱这种恐惧,和平的东西就是善良的。他本想去试读新诗,但诗歌湮没在愤怒之中了。所有的一切都是因为恐惧。他痛恨庞大的上层社会:俄国人已经忘记了旧俄罗斯舒适庄重的衣着,开始穿雕塑一般古板的衣服。而且除了露脖子,现在裙子也变得越来越薄,以至于自己身上的一切都能看得清清楚楚。一阵风刮来,毫无羞耻之心。上层社会的男士们就好像没穿衣服一样。上衣的后摆又短又瘦,整个身子都套在裤子里,胸口处装饰着带褶的花边,就好像癞蛤蟆,或者确切地说,像条鳗鱼。曾经在学校的开学仪式上,一个诗人就穿成了这样:是普希金,也就是这里一个学生的伯父。风吹过头顶,吹动燕尾服的后摆。大家都去妇女那儿请求原谅,就好像去上帝那里祷告。他不幸的妻子却躺在隔壁的房间里。多么大的误解啊!妇女,还有孩子,如此不幸,在傍晚时分祈祷请求宽恕。他喜欢杰尔查文的哲理诗,没有过分的抒情和当下流行的造作,也没有那些过分的爱慕。

他经常戴上眼镜去读。

周围在发生着可怕的事情。在宫里，丈夫把不忠于他的皇后抛弃了，皇帝居心险恶。而就在学校里，可怕的事情更多。皮列茨基兄弟没日没夜折磨着他。科尚斯基吞下了苦果。只有两个正派的人——库尼岑和马拉特的兄弟。

他开始明白了，有人到部长那儿告发了他。他脸色苍白，手指咯吱咯吱响，什么也没说。

皮列茨基来造访他。校长很怕皮列茨基。他苍白的微笑，放光的眼神，轻柔的动作让人感到害怕。他也很局促不安。即使自己能不屈不挠，有自尊地独自做出决定，在皮列茨基面前他也变得软弱了，皮列茨基能给他带来很多无法想象的事情。马尔丁在校长办公室里一点也不见外，甚至能明显看得出他很高傲。他就像一个快要接任这个位置的人一样，将他上上下下仔细打量了一番。

皮列茨基要求校长采取果断措施。学生间的风气已经变得很糟了，如果再不打压不正之风，那么所有人都会被传染，道德上的败坏已经很明显了。丹扎斯是不可救药的，勃罗格里奥非常轻率，而普希金道德败坏。如果把这三个人开除，学校就会受益良多。

马林诺夫斯基询问相关的事件。情况非常糟糕，一个人在大厅里举着别人的球，朝着瘦小的叶萨科夫大嚷大叫："我要把你的脸打开花！"而原因就是叶萨科夫不想玩球。

"这很无礼，"马林诺夫斯基皱了皱眉，说道，"还有吗？"

"还有，"学监说，"在加乌恩施尔德的课上，所有人都听懂了，就马林诺夫斯基不懂。"

"您应该立刻告诉我。"校长马林诺夫斯基皱了皱眉。他和皮列茨基都不会偏袒任何人。

皮列茨基安静下来。声音也变得平和，举止有礼。校长表现出自己的反对。显然他把皮列茨基的评定说得很淡。勃罗格里奥只是很淘气，丹扎斯和杰尔维格比较懒。确实他们的调皮反映出他们的不礼貌。普希金总是嘲笑别人，但是他很机灵，爱说话，有时候心肠也不错。

"您为什么要开除他们呢？"校长问道，"开导他们不是更好吗？"

皮列茨基不再坚持开除头两个人，虽然勃罗格里奥和丹扎斯不仅是调皮，而且头脑迟钝，科学课上什么也不懂，老师们认为他们希望渺茫。但是应该立刻开除普希金。他一直在对抗老师，而且易怒。

"普希金在诗里嘲笑了所有的老师，而且在这些诗里，不好的东西占了主要部分。"

"但不是唯一的部分。"校长喘了口气，说道。

他们沉默了。然后皮列茨基带有一丝怜悯，看着校长，安静，但是很勉强地说：

"普希金应该从学生名单中除名，因为他对上帝不敬。"

马林诺夫斯基的脸突然变白。马尔丁静静地，带着满意之情看着校长。

皮列茨基平静地说，这个充满创作热情的少年能够背出18世纪所有渎神的、下作的诗歌，而且让他忘记这些是不可能的。连他自己都不知道，在他，这个尖刻自信、暴躁易怒的少年面前，一个深渊已经打开。和他进行谈话不会有什么结果，因为皮列茨基发现，所有情形，尤其是不知羞耻，不信上帝，会让普希金自己感到很高兴。所以他不会改正自己的错误。所有这些，尤其是不信上帝，会影响别人的。学生杰尔维格就有受到影响的嫌疑，虽然他的懒惰让这种嫌疑变得不是那么危险。

马林诺夫斯基的脸变得越来越白。皮列茨基说得对，这一点他也不怀疑。皮列茨基带来一份由教师记下的学生操行情况。他告诉校长，想让普希金改正自己错误的尝试可能会引发别人极大的愤怒。他又一次提醒校长，要尽快采取措施并将记录留下，然后离开了。

校长仔细地阅读了教师伊利亚的记录，对他大量的拼写错误感到吃惊，然后陷入沉思。他向窗外望去，窗外通向一个凉亭。透过小花园，他看到齐里科夫带着学生们在散步。每个人都是不一样的，迈的步子不一样，思想、谈话也不一样。普希金，也就是皮列茨基认为不能容忍的那个学生，个头很小，很灵活。他出身于一个以举止轻佻而出名的家庭，而且这家人总是互相嘲笑。他很高兴，看来这里新鲜的空气对他起到了良好的作用，有利于他保持心情愉悦。校长总是认为，皇村的空气是有益于身心健康的。突然，普希金开始笑了起来，指着旁边正在行走的普辛。校长顺着普希金手指的方向看过去，但没看清楚有什么。他的微笑是善意的，大睁着眼睛。校长马林诺夫斯基笑了，只见丘赫尔别凯往上跳，扯着脑袋，摇着双手。

"瞧瞧这些孩子。"校长惊讶地说，就好像是第一次看到他们似的。他看着他们，带着一丝担忧，就好像老母鸡看护小鸡一样。

他将马尔丁兄弟的记录锁到了柜子里，柜子里还有一个空酒瓶。

## 15

当普希金和其他人突然来找他，情绪激动地要求开除学监时，马林诺夫斯基听完了他们的抱怨，似乎并没有什么不满。他看到自己的儿子也在这些人之中：伊万长大了。他在自己的父亲面前，和其他人一样，没有任何畏惧。马林诺夫斯基很高兴。

他慢慢解释说,开除,就和任命一样,是部长的事,而不是学生的事。他笑了笑,因为这件事,他突然发现,这就是公开的不顺从,也是部长不赞赏的事情。因此,不要反对自己的上级。他们应该回到教室,忙于学习。此外,他还希望他们品行端正,不要再出现这样不听话的事情,尤其是关于开除学监的事情,这就是一件不能实现的事。

"走吧,"他若有所思地说,"平平静静地走吧。"突然,他笑了笑,念了两句诗,没有明确地指出和谁相关:

不要吹嘘,你去参加宴会;
要吹嘘,你能从宴会回来。

马林诺夫斯基喜欢旧时的歌谣和俗语。但是这两句诗同反对学监的学生相关还是和学监本身相关,没人能清楚。

从这一天起,校长的羸弱一扫而光。他又一次开始出现在学校里,从早上开始,扣紧所有的扣子,迈着从英国带回来的步态。在他生病期间,他满脸皱纹,脸色发黄,就像是一个重病号。

## 16

一切照旧。马林诺夫斯基没有采取什么措施,皮列茨基也一样。拜访部长之后,他开始很少出现在学生之中了。

现在每天傍晚,淘气的学生聚集在一起。在学校里开始流传歌曲和讽刺诗——这是秘密创作的结果。

终于,在教授加乌恩施尔德的班上,教师在课后成功发现了诗作。

诗作在杰尔维格那儿。杰尔维格和从前一样，神态安静，甚至没有把诗作藏起来，不让教师看到。

杰尔维格老早就受到关注了。他表现出的安静是哄人的，并没说明他有好的意图。他表现出的美好品德过分得多，就像说笑话一样。他从来不预习功课，他甘愿在节日临近时出现在教授们面前，准备背出点什么东西，以博得表扬，实际上什么也没做。

但是伊利亚并没能够拿到诗作。课后他要求杰尔维格给他，但杰尔维格拒绝了。伊利亚没管这些，试图用手抓住诗作，抢过来，突然意识到有人打了他一下。

马尔丁的兄弟确信，是普希金踢了他。普希金站在一旁，眼睛闪着光，鼻孔喘着粗气，冲向他大喊：

"您怎么敢抢我们的纸？"

教师假装不明白，问道：

"怎么了？"

但随后就不需要装什么了。他需要解释，拿过来只是为了检查，随后就还给他们。于是普希金朝他喊道：

"也就是说，您要从信箱里拿走我们的信？"

最让教师感到吃惊的，是瓦尔霍夫斯基。到目前为止，他还是安静的，有理智的，而且认真不乱地怂恿胆小的人不要落后，要表明自己的立场。他脸上装出一副冷漠之情，但也开始动摇了。

他安静但清晰地喊道：

"别胆小，别害怕。"

学生丘赫尔别凯的行为最奇怪了。整个一星期，当学生们每天傍晚聚在一起讨论讽刺创作时，丘赫尔别凯就显得特别有规矩：他不喜欢学校里的讽刺创作,因为大部分创作都是和他直接相关,所以他从不掺和这些事情。更何况整个一周他全身心地去抄写沙普兰那部关于圣女贞德的颂诗。他虽然受到了嘲笑,但也是善意的。他耳背,所以也不参加学生们的悄悄话。上课的时候他就陷入自己的沉思之中。临近周末时,伊利亚发现他的行为有点不稳定。尤其是马尔丁·斯捷潘诺维奇读了他的信件,这让丘赫尔别凯很生气。马尔丁的兄弟听说,因为这件事,丘赫尔别凯说了不雅的话。

就在他想夺走诗稿那天,丘赫尔别凯很安静。突然听到普希金的责难,很多人聚集在教师伊利亚·斯捷潘诺维奇周围吵吵,丘赫尔别凯挥动双手,也闯进了人群,直达教师前面,开始叫喊,不但要求伊利亚·斯捷潘诺维奇离开,学监马尔丁·斯捷潘诺维奇本人也应被开除:"让他滚!"然后,人们转向碰巧路过的科尔夫和罗蒙诺索夫,骂他俩是下流胚,因为他俩没参加到这场空前的创举之中。

不仅如此,丘赫尔别凯在后边推那些胆子小的,挤在一起的人,让他们直接撞到教师那儿。他的脸上一副狂怒的样子,起劲地喊着:

"不要后退!"

他和普希金都很擅长做这些捣乱的事情。伊利亚被丘赫尔别凯这种突然的举动吓到了。看到自己被四面八方拥来的人群挤在一起,他更谈不上去拿那份诗稿了,这可是他多日搜查的目标。突然,他从米亚索耶多夫和杰尔维格中间钻了出去。人们转过身,没找到他。但是,不声不响,一动不动,面带惨白微笑的学监本人,这个修士,心灵上的牧师马尔丁·皮列茨基,就站在离他们两步远的地方。

## 17

他静静地站着,两手背到后边。当看到人群慢慢后退时,他笑了。他不说话,学生们也沉默着。他们站着走廊的窗户旁边。明亮的阳光透过大窗子照了进来,看上去非常漂亮。皇村的路被树木环绕着。但是在此刻没人注意到这些。所有地方都像小修道院一样,无法激发人们的感情。

他们讨厌他,并准备好做任何事去赶走他。但是他安静的样子,漫不经心的微笑让学生们感到很奇怪。他们头一次发现,学监瘦瘦的脖子上有一个大喉结,就像是一个黑色的丝质围巾小心地缠在脖子上。他看着学生们,观望着。最终学生们勇敢地打破沉默。

米亚索耶多夫突然大声地嘟哝着:

"您为什么骂我的父亲是波拉马尔巴斯?就这一点我不同意。"

马尔丁好奇地看着他,就像是在看一个动物或一只昆虫。这种冷冷的眼神,就不像是人发出来的,似乎能决定一切。学生们害怕这种冷漠,胆子却更大了。胆小的科萨科夫感到了不安,喊道:

"因为您,伊孔尼科夫才离开的,因为您,他被赶走了。"然后他哭了。

马林诺夫斯基不慌不乱,带着一丝忧郁看了看两边的人,平静地说,他们要求的第一件事,是马尔丁不能再议论他们的家长。第二件,不能读他们的信件。第三件,把伊孔尼科夫召回学校。

皮列茨基仍在等着。

这时候杰尔维格,学生中最安静的一个,说,如果他不同意这三条,他们就立刻离开学校。

这时候马尔丁还是沉默不语,好奇地看着那些倔强的吵吵闹闹的学生。其中就有那位自认为自己是诗人的学生,他上衣的扣子都快掉了;有懒学生杰尔维格;有校长的儿子,四肢发达头脑简单。看来他同校长进行私人谈话的结果就是目前的局面。同时他绝非应该取消这些权力,应该比别人更多地去见学生的家长。

马尔丁突然微笑了。学生们愁眉不展,等着他的回答。普希金皱着眉头,像小狼一样看着他。他的眼睛里闪着光,似乎脸色发白。丘赫尔别凯长长的胳膊在乱晃。

马尔丁陷入沉思。他没看他们,而是看他们的腿,看学校的石地板,目光幽邃深远。可能这个老师的行为让他感到不幸,同时学生其他的活动让他产生了错觉:那些人群就好像发抖的教徒,其中还有盛装的妇女,她的腿上布满灰尘。

皮列茨基微笑了。

"先生们,都留下来,留在学校里。"他突然说道,然后朝出口走去。学生们听到他走下了楼梯,然后沉默了,在观望之后会发生什么。

他们站了好长时间,很吃惊,都不明白发生了什么。他们安静地谈论这个修士将来会做出什么事情。然后他们往窗外望去:一辆四轮马车在路上慢慢行驶。车上坐着马尔丁,还带着一捆书。毫无疑问,这个修士离开了,他离开了学校。

普希金突然笑了,就像汉尼拔笑的那样,牙齿咯咯响。这是他第一个胜利。

这时候他躲在图书馆他喜欢的安静角落。他向窗外看去,路上空荡荡的,马尔丁的足迹已经消失了,就好像什么也没发生一样。普希金打开柜子,拿出那本《青年阿那哈尔西斯游记》,坐在窗户边上,咬着指甲,开始从马尔丁打断的那页读起来。

学校的学生们还在琢磨,这一切都是马尔丁的诡计,他会突然回来的。大家都在争论。科尔夫、罗蒙诺索夫和尤金对马尔丁突然的举动感到吃惊。但是他确实走了,没有同老师和学生们告别,就走了,就像影子一样。留在人们记忆里的就剩那条宽阔的道路,还有慢慢悠悠、越来越远的四轮马车,驼背的马尔丁带着一捆书坐在车上,失神的目光望着远方。

## 18

首先他找到了同学们。之前别人都叫他法国人,因为没人,甚至连戈尔恰科夫都不会像他一样,用法语写和说。戈尔恰科夫有时候和他的小跟班们随口提了一句,说普希金讲的不是法国话,是巴黎话。只有一次,他无心地加上了一句:"街心花园里的人都那样讲。"他还被叫作猴子。这个绰号和许多其他的皇村同学一样,是米沙·雅科夫列夫给起的。米沙·雅科夫列夫自己也被叫作小丑。他有一副好嗓子。他们和科萨科夫一起曾在皇村教堂的唱诗班唱歌。教堂执事帕伊西说,如果他不那么着急地升高音调,他的歌会唱得更好。他才华出众,尤其对音乐有很高的天赋,新的浪漫曲他一听就明白。但是这个才华被用在了描述人的艺术上了。当然如果存在这门艺术,那么雅科夫列夫将会是时代的佼佼者。尽管在彼得堡一个卫兵早就因此而轰动,这个卫兵能够在打雷的时候惟妙惟肖地模仿闪电。

米沙·雅科夫列夫能够通过人行走的步态和一些不易发现的习惯,猜到人的特点。在课上,当一些人在谈话,其他人在画漫画或者做其他事情的时候,他就一动不动,斜眼看着同学们及老师、教授,就像是一个艺术家在看自己的模特，找出模特的特点。

关于普希金他说不是普希金像猴子，而是猴子像普希金。他这样描述普希金：一个人在教室里上蹿下跳，咬着指甲，突然看着教研室的老师，陷入沉思。顺便他也描述了教授科尚斯基：手交叉放在胸前，忧郁的目光望着四周。

他非常成功地模仿普希金的笑声：突然、简短而且不连贯，而且很欢乐。这让同学们都笑了出来。

现在，在皮列茨基走了之后，雅科夫列夫管他叫"老虎"，可能是因为当他生气的时候，他的步子变得很平稳，步子之间的距离很长。

亚历山大发现了一些说好话的人。小科莫夫斯基长着一张狐狸一样的小脸，油头滑脑，狡猾。之前他总是好意地去指责普希金，现在则非常关心他，还借给他笔记看。后来普希金的笔记也就有毛病了。他只喜欢杰尔维格。杰尔维格是个懒汉，总是在重复古代第欧根尼[①]的话。在课上他凝视着老师，没有听课，但也没有闲谈。他在想什么？他的眼神很迷茫，但突然又充满活力。这种充满活力的眼神让人难以理解。杰尔维格创作凄凉的歌曲，而且这些歌曲很受欢迎。他很高兴地去读，但是，他好像和对待其他东西一样，对自己的歌曲一点也不重视。

马林诺夫斯基身体健壮，明白事理，爱发笑。雅科夫列夫爱开玩笑。丘赫尔别凯则是个怪学究，而且疯疯癫癫。沙普兰完全吸引了他，他的诗也遭到了所有人的嘲笑。玛秋什金是个好心肠。他和普辛吵了一架，但突然就能和他手拉手，用明亮的眼神看着他。亚历山大还拥抱了

---

[①] 第欧根尼（约前412—前324），古希腊哲学家，犬儒学派代表人物。该学派主张清心寡欲、回归自然、独善其身，对任何事物都抱有消极态度。——译注

他。其他的人他就不怎么接触了。瓦尔霍夫斯基像个斯巴达人①，总是让自己接受严格的考验。他像一个斯多葛派哲学家②，勉强让自己平静下来。他的脸色发白，但是声音平静。亚历山大有点怕他。瓦尔霍夫斯基品行高尚；戈尔恰科夫则自傲，快乐，这一点谁都比不上。科萨科夫和罗蒙诺索夫则努力去效仿他。白头发的"瑞典人"斯捷文，蠢蛋米亚索耶多夫，红头发的蒂尔科夫——蒂尔科维乌斯，精明的科斯坚斯基，不爱说话、眉毛发白的格列卫尼茨③，以及其他人都不会让他感兴趣，而且他和他们没说过几句话。对于他来讲，他们是不存在的，他们也感受到了这一点。

---

① 此处指刻苦耐劳之人。——译注
② 斯多葛学派，由哲学家芝诺（约前336—约前264）创立。由于该学派哲学家经常在雅典集会广场的画廊进行讲学，故该学派又被称作"画廊派"。"斯多葛"是古希腊语"画廊"的音译。——译注
③ 指巴维尔·费多罗维奇·格列卫尼茨（1798—1847），皇村学校学生，毕业后在外交部门供职。——原注

# 第六章

*1*

谢尔盖·里沃维奇带着从伊万·伊万诺维奇·德米特里耶夫那儿得到的问候，又一次去找卡拉姆津。

时间变得越来越让人焦虑。斯佩兰斯基下台了，他受到了一致地抨击，然后突然就下台了。斯佩兰斯基如此迅速简单地落马，也让大家感到有些恐慌。莫斯科的老头子们多少还是痛恨他的，同时也感到一些欣喜。正像他们那一张张没有表情的脸露出的愤怒神色：为什么不早点处决这个叛徒，而只是判处他流刑。大家都在等待，尼古拉·米哈伊洛维奇·卡拉姆津会得到重要的任命。谢尔盖·里沃维奇非常满意地看到，他盼望已久的升迁时刻终于要到来了。作为国家栋梁之材，尼古拉·米哈伊洛维奇不会忘记拥护爱戴他的人们。斯佩兰斯基下台一个月后，老头子希什科夫①被委托起草了募兵公告，他自己也被任命为国务秘书。那些被认为是野蛮人和守旧者的人，开始振奋起来。谢尔盖·里沃维奇的前程又被耽搁了。更何况情势急转，谢尔盖·里沃维奇和瓦西里·里

---

① 指亚历山大·谢苗诺维奇·希什科夫（1754—1841），俄国作家，国务活动家。1812 年接替斯佩兰斯基，担任国务秘书一职。——译注

沃维奇感到自己地位的不稳固。罗斯托普钦公爵掌握了莫斯科的防务。很快,马丁主义者的阴谋开始公开化了。一方面,很早之前,人们就称斯佩兰斯基及其所有追随者为马丁主义者;另一方面,马丁主义者是莫斯科共济会会员,是卡拉姆津本人的青年朋友们。除此之外,马丁主义者和雅各宾党人①一样都是自由主义者。

同时,谢尔盖·里沃维奇突然发现,人们随便把那些习惯于国外所有事物的人都称作马丁主义者。他对此一点都不理解,不过他也惊慌起来,去找他的兄弟瓦西里·里沃维奇。这些日子兄弟俩又一次互相走动了。但是瓦西里·里沃维奇自己的状态也很低落,在寻求支持。希什科夫说他是不信神的,现在他可是身居高位,备受尊崇。他要给予希什科夫适当地回击。在给朋友的一封信里,他对希什科夫进行了批判。"我受过教育,知识渊博,"作为对这个老头子的回应,他写道,"在塞纳河畔,我在诗中歌颂我心爱的祖国。"然后他将圣-皮埃尔、戴利尔和封丹②搬出来作为证人,证明他和他们熟识,而且他们可以随时站出来支持他,说他为自己是俄国人而自豪,俄国人非常正直。

但是无论人们怎么说,他们人在巴黎,而希什科夫就在彼得堡,而且现在是国务秘书。

瓦西里·里沃维奇屈服了。

很多事情,都可以作为他建立自己名声的基础:巴黎之旅,并得到德米特里耶夫的诗歌相赠;同亲爱的 m-me③ 雷加米埃保持友谊;而且

---

① 指法国大革命时期雅各宾派成员,后多指自由主义者。——译注
② 圣-皮埃尔是法国作家;戴利尔是法国诗人;封丹是法国作家,政治活动家。——原注
③ 法语:夫人。——译注

同拿破仑本人见了面——这谈何容易啊！但是突然，这些审美趣味，带有稍许的自由主义思想，以及轻松的诗歌不仅成为没有意思的东西，而且直接成为令人怀疑的东西。这对于他很艰难，但他准备好随时放弃"危险的邻居"授予他这位歌手的荣誉。甚至他说出，这首诗是属于已经过世的巴尔科夫。和他说话的人很吃惊，说巴尔科夫在半个世纪前就去世了，而且在"危险的邻居"中希什科夫被嘲笑了。瓦西里·里沃维奇懊恼地反对道：

"根本不是希什科夫，而是沙霍夫斯科伊。不过，您可以保留自己的观点。"

他在必要时可以否认他曾面见拿破仑这种荒谬的言论，以及散布出来的流言。那时他是第一任领事，而且早些时候他喜欢和别人谈及面见拿破仑这件事。

"我怎么会见过拿破仑呢？"他带有明显的轻蔑之情说道。

而且他被迫隐瞒自己老早就有的擅长烹饪的爱好。有一天，当他参加官里的聚会时，一个朋友习惯性地把他当成法餐专家，问他问题，瓦西里·里沃维奇立刻叫喊起来。他声明，他决定不再喜欢任何一道法国菜，而且比起所有菜肴，他更喜欢荞麦粥。事实上，这倒是不假。不过对于瓦西里·里沃维奇而言，他这样承认，应该是出于战争的到来。瓦西里·里沃维奇现在一整天都在市里东奔西跑，打听可靠的消息。对于刚开始的战争，他什么都不明白。传言使他感到烦恼。可是，他努力去弄明白新的军队调动令，在家里去大声阅读消息。对于马丁主义者，他坚信他自己永远反对那些空谈者。逻辑是一回事，那些误导人产生错误的认识，是另一回事。他到处乱窜，精力充沛，咒骂法国人。但是当他茫然若失地回到家，迷茫的眼睛望着安奴什卡时，他承认他自己极度忧郁。

"为什么那些该死的法国佬不在家里好好待着?"他这样谈论法国人,善良的安奴什卡哭了。

他非常激动地说出这些话,然后突然,他沉默了,不再说话。他陷入了失落之中。

这两兄弟现在经常去找卡拉姆津,弄得卡拉姆津有时候觉得他俩是累赘。

## 2

卡拉姆津确实有些烦这两个老朋友了。可怕的时候到来了,他带着几分恐惧和惊讶,看着自己的崇拜者,举止优雅的朋友慌乱奔跑。日子一天天过去,他们好像并不明白即将到来的事情意味着什么。卡拉姆津早就看明白他俩了。他们毫无希望,总是被小事所累。而且令他更惊讶的是,他非常生气,因为五年前他们就让人感到厌恶,而且他们过于敏感,让人觉得很幼稚。每次当谢尔盖·里沃维奇做出优雅的姿势,或者阅读瓦西里·里沃维奇美好的诗歌时,他就能不安地看出这对老古董对他的嘲笑。瓦西里·里沃维奇尝试了各种方法,想让自己的诗作在人们生活中占有重要地位,这些尝试也就成了他荒唐可笑的一部分。他被公认,当然他也承认,他自己是马屁精的头头。有几次,在一些重要的宗教和道德问题上,他的举动让别人很生气。他不受人尊敬,而且很可能是一个无神论者。谁知道呢? 善良的希什科夫可能是对的。现在,那位贵族的狂妄宿敌,同时也是历史学家[1]的私敌,牧师的儿子斯佩兰斯基已经被流放了。所有人都期待卡拉姆津能委以重任。普希金兄弟甚至前

---

[1] 这里指卡拉姆津。——译注

来祝贺尼古拉·米哈伊洛维奇，弄得他很是不好意思，就好像已经到了即将履职的前夜。而这一重任最终被他们文学上的仇家希什科夫荣膺。

这种苦恼让卡拉姆津很是不爽。他取得了胜利，果实被他人获得。罗斯托普钦被任命为莫斯科总指挥，他从来都不是他的朋友。但是现在从各方面都传出了马丁主义者的密谋。这里人们不仅把斯佩兰斯基的支持者，而且把卡拉姆津的朋友们也指成了马丁主义者。这位历史学家陷入了矛盾之中。一切都变了，他，作为改朝换代的描述者，反而成了历史的局外人。

他曾同一些文学上的守旧者进行过和平的论战。而现在他清楚，这些突然身居庙堂之位的人们在写他的告密信。在信中他们坚持认为他的所有作品都充满了自由主义和雅各宾思想的毒药。他自己也图谋成为西哀士①那样的人，或者成为执政官那样的人。哎！这些都是他谈论斯佩兰斯基时说的话。他说斯佩兰斯基是无神论者，崇拜伏尔泰和卢梭，应该消灭他这样的人。确实，他得到了暂时的宁静。但是，所有人都决定避开瓦西里·里沃维奇并不再接待他。

卡拉姆津不知道怎么样才能摆脱那些容易听信别人的话而且喜欢四处打听消息的朋友，其中总是包括普希金兄弟俩。他俩特别容易受蒙骗，而且比任何人都提心吊胆。同时，兄弟俩的一个特点让卡拉姆津很吃惊。他俩，就像众人所说的，也可以理解，总是因为什么小事而害怕得发抖，敏感胆小。但是，过了两分钟，他们竟然就完全适应新的情况了，就好像从没发生过什么不快或者不幸的事情。他们甚至还能想起什么笑话，唾沫横飞地去争论两位著名舞蹈演员的优点及胖瘦。两兄弟的

---

① 西哀士（1748—1836），法国大革命时期的主要理论家。代表作有小册子《什么是第三等级?》。他支持拿破仑发动雾月政变并协助其掌权。——译注

这种情况，对于大家分析他们的性格来说，可是不容易。

刚刚发生了什么事，谢尔盖·里沃维奇突然一阵激动，对战争临近的危险感到兴高采烈。他大声读了所有的募兵令，读到战功卓著的人的姓氏时故意降低声音。他朝巴拉什卡发火，因为开门的吱吱声打扰了他，就像有人妨碍他读莫里哀一样。

现在他一整天都在莫斯科转，还大声喊叫，吓到了纤弱的纳杰日达·奥西波芙娜：

"让没用的人滚开！"

起初纳杰日达·奥西波芙娜不明白，谢尔盖·里沃维奇说的是谁。是拿破仑，还是巴克莱①？他多次提到过巴克莱，而且强烈指责他的退却策略。

有一天，他气喘吁吁地跑回家，怀疑地看着尼基塔和清扫女仆，把他们打发走了。然后他看着纳杰日达·奥西波芙娜，给她做了一个让她靠近些的手势。纳杰日达·奥西波芙娜不能忍受这种夸张的手势，不过她还是靠近了些。

"不要将任何事托付给尼基塔和阿莉什卡，rien de rien②，"谢尔盖·里沃维奇意味深长地说，"仆人们是我们这儿头等坏人。"

这是一个重要的消息，应该像提防敌人一样提防所有的仆人。纳杰日达·奥西波芙娜想起来一些不正常的事情。就在不久前有人在女仆房里做了不好的事情，她的脸色一阵发白。然后谢尔盖·里沃维奇在房间里跑来跑去，向她叙述自己的行动计划。现在还不确定敌军的推进方

---

① 米哈伊尔·波格丹诺维奇·巴克莱－德－托利（1761—1815），俄国陆军元帅，后来该职位由库图佐夫接任。——译注
② 法语：完全不要。——译注

向——不是朝着彼得堡就是朝着莫斯科。如果是朝着彼得堡方向，他们就应该不动；但如果是朝着莫斯科来的，他们就要立刻收拾东西赶紧走。但是房子里一片杂乱，密不透风，架子上覆盖着厚厚的灰尘。纳杰日达·奥西波芙娜的小玩意儿也特别多。盛香水的小瓶子，装首饰的小匣子。很明显，为了以防万一，把所有东西都收拾好是不可能的。纳杰日达·奥西波芙娜无论如何也不想丢下她的大镜子。谢尔盖·里沃维奇改主意了，什么都不拿。在危急时刻，应该人自己离开，把所有东西留下来，让那些仆人们照看。他还担心，这样做是不是就更方便轻松了。

"要把孩子送走。"他突然想起还有孩子，悲伤地说。

"送到哪儿?"纳杰日达·奥西波芙娜同样悲伤地问道。

孩子们似乎没有地方可以送。谢尔盖·里沃维奇生气了：

"啊，我不知道，亲爱的，"他说，"所有人都把孩子送走了。大概我们可以送到米哈伊洛夫斯克去? 那儿连乌鸦都不会去。"

"我不会和列乌什卡分开的。"纳杰日达·奥西波芙娜低声说。

单单把奥利尼卡送走是没有意义的，也是很麻烦的。

谢尔盖·里沃维奇突然觉得这些麻烦事让他感到很厌倦。世上再没有什么事情比危险情况下的家庭更烦琐更不顺的了。所有东西都要收拾，所有人都要离开。

"或许，等等，我亲爱的，"他平静地对纳杰日达·奥西波芙娜说，"他们还可以去彼得堡。我今天答应人家了，要去尼古拉·米哈伊洛维奇那儿，所有事情就会都清楚了。但我恳求你，关于这件事千万不要和马大哈阿莉什卡及尼基塔说什么，pas un mot①。尼基塔让我很是怀疑。

---

① 法语：一个字都不行。——译注

上一周他的眼神是模棱两可的。不需要把他们从家里弄走。他们在外边会和杂七杂八的人闲逛的，toute cette canaille①，然后被带坏。那些人仅次于罗斯托普钦自己。"他竖起手指头说，"他做了宣传画，来安抚 tous ces Nikichka，Palachka！②尼基塔，穿上衣服！"

他启程去卡拉姆津那儿了。

关于敌军是不是会去彼得堡，这个他们没有讨论。彼得堡还很遥远。关于萨什卡③这一次他们没想起来。天啊，亚历山大·伊万诺维奇·屠格涅夫也在那儿。最终他是在宫里，和当地人一起度过这段日子。何况他不是自己，是和一群同龄人，教师、所有这些 lyceens④、督察、仆人。

3

和平时一样，每天他们要被带出去散步三次。学校开学那天下的雪还没有融化，在傍晚他们就去玩雪。行动敏捷的娜塔莎是凶巴巴的老太太沃尔孔斯卡娅的清扫女工。娜塔莎经常在路上碰到学生们。她照旧在路上走着，低下眼睛。她是黑眼睛，大脸盘。有时候他们打架，在古板的老头子布德利的课上做恶作剧。老头子把他们留在身边。有时学生们由于他们的粗鲁行为或不明白数学而被留下来，不给茶喝，或者被罚坐在黑桌子后边，还可能被罚穿几个小时的旧衣服。

他们要在学校待上半年，雪还是没有融化。但是父母的家永远为他

---

① 法语：所有这些无赖。——译注
② 法语：所有这些尼基什卡、帕拉什卡。——译注
③ 指亚历山大·普希金。——译注
④ 法语：中学生。——译注

们保留着。他们在宫里住着,所有事情都比他们父母知道得早而且准确,主要是他们能更早感受到对这种重大变化的担忧。

有一天晚上,亚历山大听到响亮的马蹄声。孤零零的马蹄声突然慢慢变大,飘了过来,然后停止了。可能是信使来了。要是他们回到家,他们会不认识很多父母的。这种父母的权力,正如法学家科尔夫解释的,在逐渐变弱。

## 4

三月了。他们坐在布德利的课堂上,听到从遥远的喇叭里传来什么声音,开始他们听不懂这是什么。但是布德利突然陷入沉思。他戴着假发,愁眉苦脸地坐着,并没有看他们,而是忧郁地紧闭他细细薄薄的嘴唇,听着学生们发言。这个时候。雅科夫列夫在向他转述《小格兰迪森》①的情节内容。布德利要求那些入学前没学过法语的人背下这段。雅科夫列夫老早就说完了,但是布德利还是坐在那儿听。最终他醒过来,朝雅科夫列夫点了点头,说——不知道是关于"格兰迪森",还是关于其他的事:

"那,就到这儿吧。"

第二天在散步时间,他们不顾齐里科夫的反对,转而跑到大路上去了。

整个大路望不到头,一队军人——是重骑兵,在行军。无论是服装,还是马的步态,都无法和亚历山大那一次在彼得堡看阅兵相提并

---

① 指英国作家塞缪尔·理查森的小说《查尔斯·格兰迪森爵士传》。这里所说的《小格兰迪森》应该是法国作家安东尼·普列沃斯翻译的法语版。——译注

论。马儿在打滑。士兵也没戴金光闪闪的大军帽,所有人戴的是制帽和暖和的护耳,穿的制服。铜质饭盒挂在马鞍子那儿叮当直响。风在吹,天气很冷。

"仔细瞧瞧这队人马。"齐里科夫说,他对骑兵很熟悉,"所有人都穿着制服,但是有些没有。这是要受到惩罚的。"

"为什么受到惩罚?"瓦尔霍夫斯基问。

"肯定是因为什么事情。看,右边第二个,马鞍子卷起来了。第一排的制服都脱了。"

军官们穿着暖和的军大衣,这让他们看起来更像马车夫。前边开始唱歌了。骑兵连通过了。

跟在骑兵连后边的是市民的轻便马车,绝望地慢慢行走着。送行队伍里有几位母亲无法停住脚步。她们穿着带风帽的大衣,不敢望着前面,而望着两边。就好像前边那些行走的战马,那些穿着军上衣的背影,都不是她们的丈夫或者儿子。但是她们还是跟在骑兵连后边,不知道是回去还是停下来。

现在,他们每天散步的时候,都能看见这些送别士兵的人。他们知道,这些士兵要去加特契纳和卢加,然后去博尔霍夫,最后去阿伯奇卡。亚历山大知道,他母亲的领地,米哈伊洛夫斯克,就离阿伯奇卡很近。戈尔恰科夫的舅舅别舒洛夫的领地离得不远。

还没有宣战,但是每天都有部队通过皇村。他们的样子很快就变了——近卫军过去了,现在是哥萨克团。他们的下巴留着胡子,小胡子打上蜡,朝上撅着。他们坐在马上,双手叉腰,一副漫不经心的样子。他们看上去比其他那些坐在椅子里的人要结实得多。他们大声唱着旋律慢悠悠的歌,还吹口哨。他们脸色严肃,并不往学生这边看。前排有两个哥萨克发现了他们。他俩仍然面容严肃,互相眨了眨眼睛,然后同时从马鞍子上跳下来,互换了位置,然后互相骑在了对方的马上。他们的动作非常敏捷,就好像他们一直坐在马上,什么都没发生一样,脸色仍然是一副冷静严肃的样子。只不过右边的那个哥萨克眯缝起眼睛,笑了。

加里尼奇跟在后边,盯着他们看,忘了一切。当加里尼奇朝他们走去的时候,他们并不认识他。他的脸上显现出夸张的骄傲之情,眼睛眯缝着。

"手里握着火枪,牙里咬着子弹。"之前那个哥萨克瞧了瞧他,对他说,"嘀,你这个捣乱的人,我心爱的小鸟。"

马林诺夫斯基对他说,他也是哥萨克。他们的村子离伊久姆不远。加里尼奇看了他好长时间,有点羡慕,又好像不太相信,然后就笑了。

"哥萨克是哥萨克,要有骑士精神。所有的哥萨克头领是要剃光头的。"

所以,马林诺夫斯基就这样成了哥萨克。散步之后,他开始学着一摇一摆的走路,两手叉腰,挺直身子,还眯缝眼。就像他认为的,要有礼貌,而且要懒洋洋。他和父亲,也就是校长马林诺夫斯基说了哥萨克经过的事情,而且非常高兴。校长也很喜欢别人随便给他儿子起的这个绰号:哥萨克。他和儿子讲,哥萨克身上古老的自由、机敏、不顾性命,有时候还会去冒险,奔放的精神,是受到人们喜爱的。在即将开始的战争中,他寄希望于俄国军队能够打败敌军。儿子很高大,调皮,现在他喜欢冒险。马特维大叔也是一位老哥萨克,只是瞎了一只眼睛,所以来到学校当仆人。马林诺夫斯基现在和他聊天,并学到了反映哥萨克勇猛彪悍的民谣。

由于完全不会德语对话,他得到了加乌恩施尔德的一个警告,并要被老师记到黑色本子上。他使了个眼神,说:

"受苦的哥萨克是不会哭的。"

管家给他们的伙食很糟糕。马林诺夫斯基坐在桌子后边,说:

"水虽少也要喝完,饭虽少也要吃光。"

这些事情都让加里尼奇得到了安慰。哥萨克部队走了之后,加里尼奇也开始怀念故乡。在值班时他开始自己吹口哨,低声哼唱一些小曲。这些事情人们都不知道。如果碰到了老师或者教授,他会保持沉默,但如果是"自己人",也就是一些学生,他就不再难为情。有一次亚历山大听到他在哼一首忧伤的歌:

噢嗳,荞麦上的白花
凋零了;
深爱着姑娘的哥萨克
离去了。

他的嗓音很醇厚,但他不想破坏学校的宁静,就用假嗓唱完了这首歌。

民兵部队通过了皇村,整整三天。民兵们穿着灰色的衣服。这让学生们想起来他们的吝啬鬼管家给他们吃的面包。他们垂头丧气,满身灰尘,没有近卫军的派头姿势,并不像近卫军——非常直率的人。

他们脸色发黄,目不斜视,通过皇村。他们沉重的脚步让土地发出了低沉洪亮的叹息声。他们走路左摇右晃,丝毫不像战士,而像乡下人。他们也在唱歌。曲子很长,调子也拖得很长:"不是因为雪而变白。"亚历山大想起了马车夫的歌,就是在彼得堡载着他和伯父的车夫。他唱的歌也是这样,不慌不忙,声音不大,四轮马车颤动不稳,有时候还停下来。而车夫唱的懒洋洋的歌却没有尽头。这首歌声音大而低沉。

说是歌曲,还不如说更像叫喊和叹息。

"应该武装起来去战斗,"加里尼奇说,好像自己要尝试建立起自己的部队,"心爱的小鸟,爱吵闹的人啊!"

有一天来了一个骑马的民兵。他很年轻,是一个军官。他在路上疾驰,好像要把路踩坏了。他用军刀拨开潮湿的树枝,树枝则抽打着他的脸,遮住了他的眼睛。他笑了,拨转马头,他朝学生们走来,问库尼岑住哪儿。绿色的树枝把他挡住了,形成了一个十字。水和眼泪流满了他的脸。他洁白的牙齿嚼着树叶,看上去好像喝多了。他有一张娃娃脸,微笑着。

有几个人不听加里尼奇的话,忍不住挥舞着手喊道:"过来吧,调皮的人,小鸟儿,没准你就能碰到他。"他们指给他小房子,现在库尼岑就在里边。加里尼奇也明白,现在他无法要求他们严格遵守规定了。

这个民兵急匆匆过去,大家也跟着进去了。

他拥抱了库尼岑。这是哥廷根人卡维林[①]。五分钟后,他和所有人都熟识了,虽然总是弄错他们的名字。他来不及听完别人对他说了什么,就不停地和学生们说话。他很喜欢普希金,拥抱了他。

"普希金,我亲爱的,你这么讨人喜欢。我们一起去打仗吗?不想?那就留下吧。"

他对普辛说:

"你这个胖子,我亲爱的,不会骑马吧?那就来做炮兵吧。"

总之,他觉得所有人都和他一样应该上战场。库尼岑笑着看着他,库尼岑可不是总有笑脸的。

"你错了,萨沙,不对,"卡维林说,"给我点水喝,你这个俗人!"

---

① 指彼得·巴甫洛维奇·卡维林(1794—1855),俄国军事活动家。——译注

他慢慢地喝了一大罐子水，冲普希金点点头：

"普辛，你准备好了吗？"

他拥抱了库尼岑，说：

"走吧，别偷懒，你这个懒人，坏蛋，俗人。"然后他拥抱了普希金：

"走吧，萨沙！"

他管库尼岑叫萨沙，有时候会叫对普希金的名字。

当他们回到自己的房间时，每个人都觉得，好像是自己的哥哥上了战场。夜晚，普希金突然想立刻追上他——他望了望大路，然后琢磨，在哪儿能搞到一匹马，然后就勉强睡着了。

5

他们还送走了穿着长靴的近卫军。他们碰到了穿着灰色衣服的民兵。他们没穿衬裤，而是穿的灰色的裤子。上身则用灰色的短瘦的上衣替代了蓝色带红领的半军上衣。他们的作息也改变了。他们不再要求去散步。有一天他们碰到了沃尔孔斯卡娅老太太。老太太走得很慢，笨重地扶着娜塔莎的手，呼吸急促。她的鼻子发紫。娜塔莎看到学生们之后，就和往常一样，低下自己狡黠的眼睛。她大脸盘，黑眼睛，胸脯高高的，身材挺拔，高视阔步，和老太太站在一起。这让人想起了神话里的情节：普赛克①、杜申卡②、有名的普洛塞庇娜③。老太太照旧停了

---

① 古希腊神话人物。普赛克是一个国王的女儿，美丽无双，心地善良。但是她却引起了维纳斯的嫉妒。维纳斯欲使计谋让她嫁给一个野兽。但是维纳斯的儿子，爱神丘比特爱上了普赛克。最终经过种种磨难，普、丘二人成婚。普赛克也被封神，成为天使。——译注
② 俄语里有"心肝宝贝"的意思。——译注
③ 罗马神话人物，在希腊神话中对应为珀耳塞福涅。是朱庇特与其妹妹克瑞斯的女儿，后被冥王抢走，成为冥后。——译注

下来，让学生们过去。娜塔莎低垂着眼睛，但是，她好像什么都能看到。

"你怎么不告诉我，今天都祷告什么了？"老太太用低沉刺耳的声音问，"瞧，唱诗班来了。"

他们听到了。他们互相看了看，确定现在他们的制服已经和宫廷少年唱诗班的制服没有区别。这些穿着灰色短瘦上衣的唱诗班经常路过学校，前往宫廷教堂。戈尔恰科夫，以及其他人的自尊受到了强烈的打击。他们很讨厌老太太沃尔孔斯卡娅。

他们不再是小孩子、中学生、大学生，甚至也不是什么隐士、修士，正像他们在自己的"僧房"里描述的一样，他们是宫廷唱诗班成员。

碰到了民兵，这一点倒是安慰了他们。所有人都是穿的灰色制服。这是他们的行军服装。这是战争，给他们提供的伙食开始变少了。早先，当管家给他们喝清汤淡茶时，他们就在满学校找管家，管家藏起来了。现在，他不躲起来，反而故意出现在他们面前。当学生们问道，为什么是清汤，他摊开手，傲慢地说：

"这是命令。"

他红色的络腮胡修理得很整齐。

几乎在所有方面，他都非常吝啬。

现在，皇村发生着变化。在开学时，马林诺夫斯基说这儿是一个和平的居所。他们之前都没发现，在这里有很多关于战争和胜利的惨烈的遗迹。土耳其亭、卡古利大理石雕塑、切什梅圆柱、带着铭文的奥尔洛夫门①。宫殿空荡荡的，很荒凉。亭子那边总是无人问津，现在已经被废弃了，所以就成了真正的人造遗址。而用石头建成的那座希腊风格的亭子，看起来是真正的遗址，是由土耳其人建造的。达芙涅②、赫罗娅③、费利斯④——这些名字老早之前就在诗歌中出现过；只有老头杰尔查文按照俄国习惯，管这些年轻姑娘叫作帕拉莎和娜塔莉亚。现在，古希腊和罗马那些名人的名字成为战争的荣誉：巴格拉季昂⑤是伊巴密浓达⑥；库里涅夫⑦是德西乌斯⑧；拉耶夫斯基⑨和孔诺夫尼岑⑩是斯巴达双王⑪。

战争动员令已经宣布。涅曼河⑫成为法国人的另一条斯提克斯河——冥界之河，只能渡过一次⑬。

---

① 这些都和俄土海战有关。——译注
② 达芙涅是希腊神话中的人物，在古希腊语中，"达芙涅"的意思是"月桂树"。——译注
③ 赫罗娅是古希腊作家朗格斯作品中的人物。——译注
④ 费利斯是希腊神话中的人物，在古希腊语中，"费利斯"的意思是"叶子"。——译注
⑤ 彼得·伊万诺维奇·巴格拉季昂（1765—1812），俄国将军，在第一次卫国战争中伤重不治。——译注
⑥ 伊巴密浓达（前418—前362），古希腊时期底比斯的将军。——译注
⑦ 雅科夫·彼得罗维奇·库里涅夫（1763—1812），俄国将军，第一次卫国战争英雄。——译注
⑧ 普布利乌斯·德西乌斯，父子同名，古罗马执政官，均在萨莫奈战争中阵亡。——译注
⑨ 尼古拉·尼古拉耶维奇·拉耶夫斯基（1771—1829），俄国将军，第一次卫国战争英雄。——译注
⑩ 彼得·彼得罗维奇·孔诺夫尼岑（1764—1822），俄国将军。——译注
⑪ 古希腊斯巴达城邦实行双王共治制度。——译注
⑫ 涅曼河发源于白俄罗斯山区，流经白俄罗斯、立陶宛和俄罗斯，最后注入波罗的海。——译注
⑬ 在古希腊神话中，凡人碰到斯提克斯河水就只能进入冥界，无法返回。——译注

# 第七章

1

战争于 6 月 22 到 23 日的午夜开始。拿破仑率领四十万大军从距离考弗诺①不远的地方渡过了涅曼河,进入俄罗斯。大军中一半是法国人,剩下的一半则是德国人、囚犯和拿破仑的崇拜者。有普鲁士人、撒克逊人、巴伐利亚人、符腾堡人、巴登人、黑森人、威斯特法伦人、梅克伦堡人。有奥地利人、波兰人、西班牙人、意大利人。有荷兰人、莱茵河对岸的比利时人、皮埃蒙特人、瑞士人、热那亚人、托斯卡纳人、不来梅人、汉堡人。他们日夜兼程,只给战马很短的喘息时间。他们找到了大道。拿破仑不止发动过一次战争。这次战争则伴随着被弃的村庄、空荡荡的城市,没有居民和饲料,只有虚幻的胜利。这可激怒了大军的统帅——他可是期盼着一场正常的战争:同敌人进行公开的大规模的会战,占领首都,然后让对方被迫接受和平。莫斯科的老人们同样很生气,为什么不和敌人进行大战。

敌人进军神速,大部分力量不知道是前往彼得堡,还是前往莫斯科。众说纷纭。

---

① 立陶宛城市,现叫作考纳斯。——译注

## 2

校长马林诺夫斯基和库尼岑一起,在办公室里闭门不出。蜡烛点亮了,朝向花园的窗户打开了。四周一片寂静,只有嫩绿的叶子。夏日的和风吹来,烛影摇曳。一切看上去那么平和。学生们都入睡了。

"我好痛心啊,"校长把手指放在胸前,咯吱咯吱直响,"在这样美丽的夜晚,我们要考虑一下我们目前的处境。"

他很沮丧,而库尼岑,对他这种软弱感到惋惜,对他这种精神低落感到生气。他不太满意地等着校长发牢骚,并准备好进行反对。在当下,精神低落可以说是个罪过。确实,马林诺夫斯基没办法不低落,因为整个学校现在一团糟。所有人都能体会到这一点,就好像皮列茨基还在,一切事情都很乱。所有人,从教师到仆人,已经不再谈论他们的敌人,比如像加乌恩施尔德。库尼岑决定离开学校,这个不稳定的,容易受到外界影响的地方。更何况,他已经打算参军上战场。他非常喜欢自己的职责,也喜欢这里的一些老师——说是喜欢老师,不如说是喜欢他们的认真好学,这也慢慢地改变了他——他甚至习惯了这幢大楼。但他不想看到像加乌恩施尔德这样的人占领学校,就像皮列茨基一直没有得逞那样。这里,周围人思想上的慌乱,很容易让你陷入恐慌,而且互相传染。他最不喜欢一张张发白的脸,大睁的眼睛,杂乱无章的思想——这一切,要比害怕和恐惧更讨厌。他相信自己的思想和原则,但是恐惧则不是人思想应有的一部分,而单纯是动物的属性。他积极地谋划自己的未来,之前好像无法实现,但现在未来又明朗了。他要准备去上战场。对祖国的爱,公民的责任,这些东西他都曾对学生们讲过,而现在则成为他毫不犹豫要去履行的职责。

"现在已经大军压境了,"马林诺夫斯基脸色发白,说道,"我听说,敌军马不停蹄往前赶。如果照这个速度,一个月后我们就要离开这儿。我们要去列韦里①。现在谁都不知道这件事,也不应该知道。你要做好准备。"

他说他不想把所有东西带到列韦里。有些人,愿上帝保佑,不想走。比如,加乌恩施尔德,是不能离开彼得堡的。这样更好。他猜到大部分教授是不想走的。这样到了列韦里,库尼岑就要临时雇来教师,这个希望就寄托在他身上了。总之他要亲手把学校交给,也只能交给库尼岑了。这所学校从一开始就伴随着不幸。按照马林诺夫斯基的话,他也不打算走。

"我不走,"马林诺夫斯基强调,"我不想走,而且年纪大了,累了。"

"您不去,他们在疏散中会走失的,而且我不和他们在一起。"

马林诺夫斯基在房间里走来走去。

"不知道兄弟那儿有没有什么信息,屠格涅夫打算怎么办?"他问道。

库尼岑的兄弟已经出征一个月了,没有传来什么消息。尼古拉·屠格涅夫,就是那个哥廷根人,冬天去莫斯科那位,现在住在彼得堡,处于苦恼之中。他要不害怕,要不就充满希望,不知道自己该做些什么。库尼岑每天都看到他。他诉苦,抱怨,脸上带着听命于人的表情,还有粗鲁和醉态的印记。一些上层社会人士的没有教养,严冬,随后就是酷热,这一切都使得他不可能在祖国生活。但他要选择去哪儿?他不知

---

① 爱沙尼亚城市,也就是现在的塔林。——译注

道。最近,他又振奋起来,维特根施坦①的行动又激发了他的希望。

马林诺夫斯基笑了笑。

"去列韦里或者奥布②,我们所有的仆人都和您一起过去。"马林诺夫斯基说,"我们的毕业生和留在这里的人一起,开始新的生活,一切仍然继续。至于谢尔盖·加夫里洛维奇,"他谈到了齐里科夫,"我会给他一个委托书,所有粗鲁不当的行为都会被列入行为日志中。不久前,丹扎斯骂了马特维,还追赶管家,揪着他。我要求对这种行为给予极大的关注。自傲自大、急躁以及像仆人那样的低微感,都是由于我们的教育、生活以及仆人般的礼节造成的。我们对这种行为早就感到愤怒,自己业已习惯于此。没人敢对外国人说这些,告诉他们自己像奴仆一样。你的兄弟,或者那位同乡来的秘书这样做了。俄罗斯的优良品质正在消失。我和您讲这些不是为了这个,您没看到这一点,也不知道这些。相反,您很快要扭转这一点,就像现在您和我讲的一样。"

这位经常受到自己病痛困扰的校长,这一次如此坚决地说了这番话。

"您经历过火灾吗?"他问库尼岑,"战争之火,风把这火吹得更广了。还有城市被战火焚烧,您经历过吗?我看到过,大地一片焦黑,只有黑色的烟囱竖立着。这就是我们的房子,我们的家,我们的亲人。俄罗斯的烟囱竖立着!为了在疏散中不失去,像您说的,关于家的回忆,应该照看好所有小孩子的东西。杂志、歌谣甚至他们创作的小诗等,这些看上去微不足道的东西。在我们抛弃家园的时候,这些正是我们所需

---

① 指彼得·赫里斯季安诺维奇·维特根施坦(1769—1843),俄军指挥官。——译注。
② 芬兰城市,现在叫作图尔库。——译注

要的。"

库尼岑头一次满怀好感地看着他。

"我抽空去看过他们了,"马林诺夫斯基说,"他们的房子很不结实,现在就要塌了。"

他们望向学校和一排排黢黑的窗户。要是不点上灯,没有发黄的灯光,整个学校在这个时候和荒无人烟差不多了。

突然库尼岑下了决心似的,对他说:

"没有您是走不了的,您在这儿哪儿都去不了。"

"我力不从心了,走也是白走,"校长平静地说,"我现在最需要安慰了。一切曾经隐藏起来的不好的东西马上就会显现出来。像盗窃公家财务,抢劫,就像在敌人的阵营里一样。大肆地洗劫马上就会来的。斯莫利亚宁,就是我的朋友,给我写了一封信:阿什男爵,就是一个省长,得到了很多推车。这些车子占满了广场。人都过不去了。你说双方谁想打仗?国王不会,达官贵人们则掩盖住了他们的洗劫行为。"

夜深了。校长的小花园很安静,就好像是荒漠一样。校长的手指咯吱咯吱响,看着库尼岑,说道:

"尤其是新手会感到担心,"他摊开双手,说,"人们不愿意信任俄罗斯人的优良品质,认为恐惧是他们主要的冲动。"

库尼岑脸色发白,沉默了。校长突然停住了。

"我不止信任,"他突然带着一丝愤怒说道,"我不止信任维特根施坦,那位卓越的将军,我还信任农民,信任哥萨克,信任他们的努力和奋斗。我们只是了解他们精神上的这些,还有他们对我们谦卑的态度。一切都是歪曲的,而这种歪曲仍未被消除。敌人也不知道。"

他转向了精神。

"一切都有可能发生,"他安静下来,说,"但是俄罗斯人要证明自己的品质,这品质最终会得到自己以及敌人的信任。要不然生活就成为我的负担了。我们相信,农奴制会被废止,会消失,就像是一块烂痂从身上脱落一样。三年内您是无法理解俄罗斯的。我的事就是耕作织布,并不是什么教书,也不是当校长。"

他笑了。

"确实,所有这些都是令人发笑的幻想罢了。现在敌人可是已经逼近斯摩棱斯克了。但是希望的破灭,就意味着丧失生活。我很自豪,因为我集中了一切精力去思考。我很同情拉祖莫夫斯基,他那道关于搬迁的指令下得过早了。我还就怕这道指令泄露出去,和他共事我真感到疲倦。"

他们分开了。

"我现在不要求您给我最终的答复,"他对库尼岑说,"但我请求您不要急着离开这些小孩子,逐渐适应我的位置,接替我。最主要的是,我们应该努力不让学生们猜到,所有东西都被战争毁灭了。"

## 3

地图被钉在大厅的墙上。加里尼奇用红色铅笔准确地在地图上标注部队移动的方向,笔迹秀丽,像书法家一样,宽粗的红色线条慢慢向上走,他在地图前站了好久。

他的心情沉重,一动不动,脸上没有任何表情。每天他都在地图上标注部队的行进方向,这一次他被吓到了。他仔细地看了看地图,又看了看周围。普辛、马林诺夫斯基和普希金走了进来。

他低声读着城市的名字,然后就像突然睡醒一样,说:

"心如刀绞啊。"

学生们站在加里尼奇画的红线前面,一句话也没说。马林诺夫斯基看看其他人,安静地说:

"现在该去阿里斯塔尔库斯①那儿上课了。"

他们拥抱了一下,一句话也没讲,信步离开了,不急不慢去科尚斯基那儿,也没有平时的调皮。

马林诺夫斯基学会了沉默,和其他人不同,他的沉默就像哥萨克那样。他们互相也都明白。

第二天,地图被收起来了。

亚历山大永远都记得从莫斯科到彼得堡的道路:低矮狭窄的驿站房在雨中竖立着;木头柱子裂开了,表皮脱落;房檐下的麻雀竖起羽毛。老驿站长永远不会直视你的眼睛,而是看着大路。车夫哼唱着永远哼不完的小曲,车上的铃铛叮叮直响。迎面而来的车队发出吱吱的声音,还散出一股焦油的味道。现在,骑兵在这条路上奔驰,驿站房里也挤满了敌军,他们在这条路上无阻碍地行进。看来,这条路同他从伯父瓦西里·里沃维奇那儿过来的路没什么区别了。人家的马在路上奔跑,骑马的人让他感到疲倦。通过这些人的行进,他们了解了俄罗斯的地理情况。看起来俄罗斯遍地是城市、县城和农村。在战况报道上他们吃惊地读着这些地方的名字。敌人已经逼近斯摩棱斯克了。

---

① 阿里斯塔尔库斯(前215—前143),著名学者,埃及托勒密王朝国王托勒密八世的老师,曾担任亚历山大城图书馆馆长,有过很多关于语法的论述。此处应指下文的科尚斯基。——译注

# 4

以所有罗斯托普钦那样的人为榜样，现在学校里的作家们都在写东西。米沙·雅科夫列夫文章的主人公是下诺夫哥罗德的地主，苏沃洛夫的大尉，西拉·西洛维奇·乌谢尔多夫。苏沃洛夫那种不连贯的谈话，现在成为大家创作的准绳。米沙·雅科夫列夫努力以罗斯托普钦为榜样。"法国人，"他写道，"用双脚践踏金科玉律；把头发弄得乱蓬蓬，还龇牙咧嘴地笑，能干的人一个没有，全在那儿胡说八道，还挺直身子像小鹰一样。应该用手杖打他们所有人！"

亚历山大读完之后什么也没说。这些不能让他想起敌人的残酷，秘密快速地行军，一些人的下台，另一些人的升迁，以及分离，死亡，城市在燃烧，还有现在被敌军骑兵挤满的驿站房。这些尖锐的俏皮话很多但并不尖锐俏皮，粗俗的语言贫乏无力，言过其实，就像老头子的嘟嘟囔囔。米沙·雅科夫列夫很生气：普希金是在自夸自己的文学品位。他要立刻把普希金的自傲描绘出来。作为一个名副其实的艺术家，他喜欢观察人，尤其是普希金。这个是他的杂志中最难出版的一期了。轻松、快速、顺畅地完成这一期可并不容易。这一期需要特别的灵感。在想出如何描写普希金前，他不停地跳椅子，转脑袋，吹鼻孔。他坐在椅子上，没有提前下笔，不知道怎么才能像描写其他人那样描写普希金。亚历山大饶有兴致地看着他的把戏，这让他想起了小丑。有时候，他突然从他这不连贯的动作中认清楚的不是自己，而是他的父亲，谢尔盖·里沃维奇。米沙·雅科夫列夫只是不喜欢，在创作的时候他也不明白这一点。他愁眉苦脸，有时候就像"发疯"一样，为伊消得人憔悴。他同意自己也是诗人，也明白该如何轻松地创作。他在创作的时候哼着小曲，吹着口哨，下笔如有神。

瓦尔霍夫斯基的主人公是苏沃洛夫。他也以此人为自己的榜样：吃又干又硬的面包干，每晚把床垫撤下来，睡在光秃秃的床板上。他是个斯多葛派哲学家，给自己定了目标。他只和自己的朋友马林诺夫斯基说过自己的目标，并努力实现，还严厉斥责别人的调皮行为。

戈尔恰科夫的主人公是皇帝。他完全效仿他——在镜子前卷自己的头发，把头发卷到梳子上；还晃悠悠地走路，眯缝着眼睛。他还记得学校开学那天。

5

马林诺夫斯基的主人公现在是顿河哥萨克的首领普拉托夫[①]。普拉托夫宣布要将女儿嫁给生擒或者击毙拿破仑的那个哥萨克，并附上50000金币做陪嫁。校长马林诺夫斯基经常给儿子讲普拉托夫，讲他的朴实和勇敢。

丘赫尔别凯的主人公是总指挥巴克莱。巴克莱和他有点亲戚关系。丘赫尔别凯把他的肖像钉在自己房间的桌子上。光秃的额头，光滑的脸，无神的眼睛——这才是英雄的特点。独眼的库图佐夫很壮实，有着像鹰一般的嘴和鼻子。他本身也像一只强壮的有经验的鸟，时刻准备在空中和其他鸟去打一架，啄眼睛。巴格拉季昂很胖，有着士兵一般的眼睛，炯炯有神。普拉托夫脖子粗，脸盘大。唯独巴克莱没有那种英雄般的独特之处。

有人问丘赫尔别凯关于巴克莱的事情，他这样称赞：

---

[①] 指马特维·伊万诺维奇·普拉托夫（1753—1818）。——译注

"他很高。"他说道。这样形容有些苍白,丘赫尔别凯自己也很高,伊利切夫斯基也是。

"他从不和别人讲话,"丘赫尔别凯说,"他只是抚摸我的头,什么都不说,然后马上就走了。就是这样。"

总指挥总是沉默不语,现在在敌人面前又急速撤退,这并未激起人们对他的同情。有一天,米亚索耶多夫从他父亲那儿听来,又向大家宣布,总指挥的姓改成了"博尔达伊-达-托利卡①"。但是现在亚历山大从丘赫尔别凯那儿知道了,他不爱说话。

"他总是在沉默。"丘赫尔别凯茫然地说。

## 6

亚历山大记起了挂在他伯父瓦西里·里沃维奇办公室的拿破仑肖像:目光呆滞,就像花园里立着的神像,没有笑容,特征异常精准,制服朴素。那个时候,这些特征让人感到很简约,很美。

现在,这张脸让他感到无情和冷酷——死人的脸。库尼岑说,不遵守社会公约的暴君应该毁灭,是要受到人民的惩罚的。将苏拉②称作奢侈屠夫的凯丹诺夫说,拿破仑对任何事物都是无情的,是个冷酷的残暴者。世界会因他的屠戮而毫无生机。

学生们围着布德利,向他询问关于波拿巴的事情,急切地等着他的回答。

---

① 意为:对,只是闲谈。——译注
② 指卢基乌斯·科尔内利乌斯·苏拉(前138—前78),古罗马政治家、军事家。前88年当选为执政官。前82年逼迫元老院任命其为终身独裁官。随后施行恐怖统治,大开杀戒,捕杀自己的政敌。——译注

法国老头阴郁地看着他们，好像并不想急着回答。很明显，他的脸上显现出一副悲伤的神情，浑浊的小眼睛半睁半闭。然后，他就像敲碎木块一样敲着讲台，声音嘶哑，发着牢骚：

"他会受到惩罚的。没有任何充分的或者理性的理由能够解释他的胜利，所有理由都是其失败的注解。因为他和他的追随者放纵，而且屠戮。"

随后，他好像不再想谈论关于拿破仑更多的事，就严厉地对他们说：

"都回到座位上。你们不去练习对话，不去背《小格兰迪森》。你们应该多加练习，要不然你们永远不会讲法语。还有句法和圆周句！你们对这个一窍不通——还有你们要学习正字法。我们今天要读让-巴基斯特·卢梭①的诗，这对提高你们的记忆力有好处。跟我读！"勃罗格里奥讨厌学习，他宁愿在班里当最后一名。无人管教！丹扎斯很懒。杰尔维格意志坚强，但是他不懂法语。戈尔恰科夫学习不错，但他很自负。科萨科夫觉得自己啥都懂，很自满。普希金完全凭借自己的好记性，不再学习，无忧无虑。

## 7

天气热得让人无法忍受。加里尼奇带着学生们去散步。他平时沉默不语，突然用花色丝质手绢擦了擦脸上的汗，含糊不清地说：

"冬天，小鸟儿；严寒，吵吵闹闹；这就是我们要看到的！"

所有人都笑了。马林诺夫斯基对加里尼奇说：

---

① 让-巴基斯特·卢梭（1670—1741），法国诗人。——译注

"这哪儿是冬天啊!"

但是加里尼奇的大脸毫无表情,只是笑了笑,反对道:

"夏天越热,冬天越冷。"

这是一句古老的民谚,其中所包含的内容,他们也没有核实过。他们都沉默了。

## 8

传言满天飞。人们都说有三个巴伐利亚军团投降了,因为德国人和西班牙人倒戈,拿破仑自己跑回法国了。决战即将到来。按照拉耶夫斯基将军的话:"远离敌人的最好方法就是消灭敌人。"

7月,一个振奋人心的消息传来了。人们争相传阅《北方邮报》①。巴格拉季昂的部队同巴克莱的部队会师了。而由拉耶夫斯基率领的巴格拉季昂的先锋队促成了这次会师。7月11日,巴格拉季昂命令他向达武②元帅的部队发动进攻,以拖住敌军,否则部队无法会师。拉耶夫斯基有一万人马,而敌方则有六万大军。战斗在池沼周围打响。在最后一次进攻时,斯摩棱斯克团在没有火弹的情况下,凭着刺刀,在敌军火力下向水坝靠近。快要到达水坝时,突然遭遇敌军。拉耶夫斯基在一片混战中,带着自己的儿子们上了战场:大儿子亚历山大刚满十六岁,小儿子尼古拉还不到十一岁。他把儿子们安置在一个团里。在进攻时,拉耶夫斯基和儿子们一起在最前列冲锋陷阵。小儿子则由父亲拉着手。在一次进攻中,旗手战死了,军旗同旗手倒在地上。大儿子亚历山大举起了

---

① 《北方邮报》,1809—1819年,在彼得堡出版的一份报纸。——译注
② 路易·尼古拉·达武(1770—1823),法兰西第一帝国元帅。——译注

旗。战士们向前冲锋，击退了敌军。巴格拉季昂达到了目的。今后在斯摩棱斯克附近再也没有敌军妨碍部队会师了。

有人问父亲，儿子们是否知道为什么父亲带着他们上战场。小儿子回答：为了战死在一起。

## 9

斯摩棱斯克保住了。据说，总指挥在斯摩棱斯克放火，城市成了一片瓦砾。大火烧了三天多，就连法国人自己都把这惨状比作维苏威火山的爆发。当地居民都跑到了林子里。城里只剩下了老人和病号。维亚济马河也在燃烧，上面漂着烧着的碎木板和绳子。

斯摩棱斯克的农民们藏在林子里；敌军找到了他们，从他们身上抢走了最后的财产，以补充自己的军需。法军对那些躲藏起来的地主允诺，恢复他们在农民身上的权利。这些农民由于战事而出逃。另外法军也允诺给予地主战时保护，以防止他们被打劫。同时地主需要为他们提供面粉、伏特加、谷物、牲畜、燕麦和干草。饲料是没有的。此外比战争更可怕的瘟疫开始流行。8月17日，大火终于熄灭，随后维亚济马河也停止了燃烧。在不远处的莫斯科，很可能会遭受同样的命运。巴克莱在敌军面前退却，没有组织战斗，这一点让旁人很是惊讶和不解。

## 10

一个胖胖的、威严的贵妇住在皇村，而且经常来看巴枯宁的儿子。她有一双忽闪忽闪的大眼睛。她怀疑巴枯宁的儿子是不是很调皮。当皮列茨基还在掌管学校的时候，她经常和他低声谈话；她对什么都那样好奇。在一次见面时，她对儿子说巴克莱是叛徒，这是确凿的，而且很快就会被撤职。

所有人都焦急不安，苍白的丘赫尔别凯不同意大家的观点。但是，在对巴克莱深信不疑的同时，他突然将巴克莱的肖像从墙上扯下来，撕成碎片，还用脚去踩。然后，他失望地看着这些碎片，将它们放在了柜子里。

这些天学校里都在议论巴克莱被解职的事情。普希金不说话，只是听。在他身上突然体现出一种没人怀疑的性格：谨慎。虽然他以热情急躁著称。当米亚索耶多夫管统帅戏称作"博尔达伊－达－托利卡"时，他似乎并不赞同。当狂怒的丘赫尔别凯说现在应该把自己之前的偶像处决时，普希金只是静静地听着。在斯摩棱斯克附近，普拉托夫的哥萨克迫使法国军团后撤，法军遭受了损失。这个撤退令人费解。但是普希金并没有像其他人那样，即使是那些最温和的人那样，去批评指挥官。甚至他带着一丝嫌弃之情去听别人的骂声。似乎无人能够阻挡或者牵制住敌军的持续前进。教授们的脸阴沉沉的，马林诺夫斯基的脸总是那么苍白。在外边，在街上，到处都是不寻常的寂静，他们也马上就要离开这些寂静的地方了。周围一切都在发生着变化。

现在，人们都在学校里十分安静地行走，努力不发出声响，就好像在家中有了亡者一样。数学教授卡尔采夫平时嗓门很大，总是在咳嗽、擤鼻涕、说笑。现在他嘴里就好像灌满了水，一句话都不说。凯丹诺夫给他们讲授的地理课内容也突然发生了变化：就在国家腹地，出现了敌军。

有些学生——科尔夫、科萨科夫和科莫夫斯基——心情极其沮丧，开始央求放他们回家。老师们也安慰了他们好几次。他们开始想念妈妈，收到的每封信上都会洒上他们的泪水。有一次，加里尼奇发现丹扎斯在笑话那些哭泣的学生。也有一些调皮的孩子说科萨科夫是胆小鬼。而普希金则让老师们很意外，他在这一周里并没有什么不好的表现。那些哭泣的人让普希金感到很难办：他就不再出声，只是带着一种好奇的眼光看着他们，一句话都不说。这些天他一直和杰尔维格在一块儿。

他喜欢杰尔维格。杰尔维格马虎懒惰，但也勇敢大胆。尽管他从不招惹别人，攻击别人，但齐里科夫一提及他，就说他是不可救药的人儿。他学习很差劲，看上去他倒是很享受懒惰这个感觉；他的记忆力也很差。

"我要抓紧时间背诵《小格兰迪森》中的对话，"他说，"我要赶在时间的前面。"

他的懒惰可不是一时的，他总是这样。

快到傍晚的时候，他说：

"时间过得好快啊！这就快到晚上了。我不能浪费时间，傍晚之前要学习对话。"

晚上，他说：

"布德利肯定不会来了。对话就放一放吧。"

他从来都不会去嘲弄别人，但是加里尼奇说：

"他总是故意去引人发笑，去挑事儿。"

有一天，在卡尔佐夫[①]枯燥的课结束后，害羞的科萨科夫泪眼婆娑地承认，他想回家。战争可能会拖很久，他担心战争会把他和家分离开。

---

① 指雅科夫·伊万诺维奇·卡尔佐夫（1784—1836），俄国早期教育家，皇村中学的老师。——译注

杰尔维格看了看他泪汪汪的眼睛，撇了撇嘴，说：

"这一点都不奇怪。在一次战争中我就把父母弄丢了，差点被抓去做俘虏。后来我又找到了他们。"

听了他的话，所有人都吃惊地看着他。他没说笑话。科萨科夫擦净眼泪，大张嘴巴。普希金也吓了一跳。

看着来自四面八方迷惑的眼神，杰尔维格慢慢地、淡淡地说，在1807年的一次行军中，他和母亲在父亲的车队里。那时候天色变暗了，母亲想起来，她忘记把护身香囊交给父亲。据她认为，这个东西可以保护父亲免受伤害。

她陷入绝望之中。她把儿子留给勤务兵，请求他帮忙照顾，然后一个人，带着女仆和一个士兵，去找自己的丈夫去了。杰尔维格睡着了。但是在睡梦中，他好像觉得自己周围轰隆隆直响，马儿在嘶鸣。不知道自己是在船上，还是在大车上来回晃。

但是当他每一次梦到这些东西时，他觉得自己并没有醒过来。轰鸣声又响起来了，脑袋上下颠簸，撞到了坚硬的行军枕头上。可当他每一次醒来时，勤务兵都会对他说："睡吧，小少爷。"然后他就又睡着了。早晨，他在林子里醒来了——在大车下边。旁边躺着勤务兵——手臂血迹斑斑，似乎敌军在夜里袭击了车队。但是勤务兵记住了夫人的托付，不要扔下小杰尔维格，也不要走开。他认为最好同其他的大车一道，飞快冲进附近的林子，然后从车上拽下睡着的杰尔维格，一起躺在大车下边，等待战斗结束。

"就是说，整个战斗期间你一直在睡觉？"吃惊的瓦尔霍夫斯基问道。

"是的，在睡觉。"杰尔维格摊开两手，回答道。

确实,杰尔维格睡觉不是一般地死。每天清晨,福马大叔拼了命地喊:"上帝保佑,先生们,起床啦!"也未必能喊醒杰尔维格。有时候他在课上睡着了,尽管这样,他还是能准确说出之前老师们讲课的内容,但就是不明白其中的意思。他慢悠悠地和别人讲述自己的那段奇遇,没有任何多余的话。所有人都不出声,都很吃惊。瓦尔霍夫斯基让杰尔维格讲些关于行军的细节。杰尔维格就讲了勤务兵的故事,讲他的机灵、拼命、勇敢、爱喝酒,还有他的口头禅:

"打仗的时候别难过","当兵一辈子,挣钱还不到一百块",等等。科萨科夫和其他人显然不那么害羞了。大家谈论着杰尔维格的奇遇,散开了。普希金追上他,静静地对他说:

"这些事都是你编出来的。"

"老天,当然不是,"杰尔维格说,"我发誓,要是我编的,就让魔鬼抓走我。"

晚上,当他准备入睡时,亚历山大听到服侍杰尔维格的马特维大叔在走廊里发牢骚,抱怨管家,现在他和福马一道,对抗管家:

"服役一辈子,一百块钱都得不到。"

他笑了。朋友没有欺骗他。他只是个诗人——永远都是不慌不忙,心情愉悦。

## 11

每个晚上,校长马林诺夫斯基经常邀请学生们到自己家去做客。他并不邀请所有人,而是有选择性的。经常去做客的有瓦尔霍夫斯基、普辛、玛秋什金。这些都是他喜欢的学生。

瓦尔霍夫斯基身材矮小,胸窄窄的,是个正直的人。他的声音很平静。他把上课、吃饭和睡觉视为一种责任，有时候是一件不愉快的事情。他曾准备好冷静地去牺牲自己，这一点谁都不曾怀疑。在学校里，人们叫他斯巴达人。等到把皮列茨基赶走之后，大伙儿都笑话他什么都不干，就像古代的斯多葛派哲学家一样——他热衷于维护学校的秩序。校长把他看作自己的第二个儿子。普辛经受了各种事情，对什么都不相信，但是他很明理。他的头脑健全，自己也很淘气，但并不过分。玛秋什金很谦逊，勤奋，渴望去旅行。校长曾在土耳其和英国居住过，喜欢回忆起那些他不再希望造访的国家。玛秋什金对这方面的关注让他很满意。丘赫尔别凯急躁鲁莽，任性，在读诗的时候口齿不清，而且易走极端。可是，他的心肠很好，非常崇尚公平。儿子伊万应允要帮助他。所以做客的这些人都是校长从学校的学生中选出来的。现在他们每晚都在校长家聚会。校长的妻子去世了——善良的女儿安娜用茶配面包招待他们，有时候面包很硬。瓦尔霍夫斯基把这个想象成宿营。他在目前简单贫乏的生活中寻找到了乐趣。他们并不是幸运的宠儿，幸福的追寻者，光明的爱好者。校长默默承认戈尔恰科夫的才华，愿意极力赞赏他的才华，但好像又在回避他的交际圈子。

"他不需要谈论他出众的才华。"他说。

显然，他圈子里那些调皮的人都被排除了：勃罗格里奥，丹扎斯。他们非常精，急躁，而且精力总是那么充沛。

"随着时间的推移，勃罗格里奥是有希望改变的。但是，他需要时间，"他说，"很多时间。"

诗人之中，他邀请了伊利切夫斯基。校长很喜欢他的勤奋，高雅的品位，明理和谦逊。

"他完全清楚自己的实力，不会去乱作乱为。"他说。

他并不回避杰尔维格和普希金,很乐意在学校里和他们交谈。但是他一般不邀请他们做客,怕受到他们的嘲笑。普希金很聪明,像个机灵鬼,似乎总是从令人发笑的角度理解事情。这对于校长来说完全是新闻。诗歌对普希金影响很大。有一天,他看到普希金在读巴丘什科夫的诗时,脸色变白了。而且,他坐在那里,一点也没笑。校长很了解雅科夫列夫。这个学生对音乐饶有兴致,经常哼唱,吹口哨,踩着节奏唱歌,容易记住,而且喜欢嘲弄人。但是,在读诗的时候脸色不会变白。

现在,一种胆怯在学校里弥漫开来。而普希金和杰尔维格胆子则很大。

第二天,在长舌妇巴枯宁娜——在斯摩棱斯克陷落那周,她公开说巴克莱是叛徒——造访过后,杰尔维格和普希金,以及瓦尔霍夫斯基、丘赫尔别凯、普辛一起,去校长那儿做客。

燃烧的蜡烛,代替生病的母亲①前来料理的小女儿,以及坐在空荡荡桌子前的学生们,都让校长回想起了英国的学校。他难以相信,就是现在,敌人在摧毁俄国的村庄,驱赶着马,疾驰在俄国的大路上。

"现在,我们在座的听众对于收到的这些消息感到很愤怒,因为没有大的会战。我们需要胜利。但是战士和公民们也经受住了这样的忍耐。这不是在玩打仗游戏,所有的民众已经起来反抗了。"

然后他转向杰尔维格,让他讲述他幼年时期的奇遇。杰尔维格没预料到会这样。于是就好像什么都没发生过一样,他重复了自己的故事,还加进去一些之前未提及的细节,甚至还改变了一些情节。比如,现在他说自己在大车下醒来时孤孤单单,没人陪着,而且还说了自己当时很

---

① 原文如此。前文写到校长的妻子已经去世。——译注

害怕。勤务兵只是晚些时候才过来，手臂受了伤，血迹斑斑，用一块破布包裹着，还拿着一大块面包和一小撮盐。似乎是觉得饿了，于是勤务兵去附近的村子里找面包，在那儿中了流弹受伤。就这样，他们躺在大车下，开始吃早餐。

"这个勤务兵叫什么名字，脾气如何呢？"校长笑着问，好像还要让他讲下去。

"他叫伊万。"杰尔维格犹豫了一下，快速地说。他的眼神开始变得迷茫。

"他总是在唱歌，"他低声快速地说：

> 我收到一封姑娘寄来的信，
> 眼含热泪，我开始读信，
> 我的小红脸写啊写啊：
> 快来吧，我的小伙子。我病得不轻了。

亚历山大看着他。昨天晚上杰尔维格刚刚把这首歌抄下来，还给他看了。现在他静静地坐在一旁，为自己的谎言感到内疚。

"他死了，"他静静地说，"死在了军队的医院里。"

他撇了撇嘴，为伊万感到伤心。

回到宿舍后，杰尔维格对普希金说，勤务兵伊万用白粉擦拭父亲的武器时，总会唱《雪不是白的》这首歌。

"还有什么吗？"普希金问道，带着一丝渴求的眼神看着他。

"他还唱关于哥萨克的歌。"杰尔维格说：

"哥萨克

离开了他深爱的姑娘；

就像那白花，

从荞麦上凋零。"

他在临死前还在唱这首歌。

他们手牵手，在睡前走了走，想起了什么：杰尔维格想起了姐姐，普希金想起了阿琳娜，而两个人都想起了伊万。

## 12

敌军继续向莫斯科推进。愤怒和恐慌的情绪开始蔓延开来。巴克莱被解职了，大家都喜欢的库图佐夫则被任命为总司令。

十天后，他们读到了关于波罗金诺大捷[①]的战报。没人敢相信这是真的。面色苍白，紧扣所有上衣扣子的马林诺夫斯基爬上讲台，向大家读了战报，用嘶哑的嗓音向大家祝贺胜利。他站在讲台上，颤抖着嘴唇，还想说些什么。他忘情地看了看学生们，走开了。傍晚他把教师齐里科夫叫过来，说应该庆贺战胜了敌人。学生们应该感受到这期待已久的胜利的喜悦。他建议在学校里排一部戏，把一个人的戏本排出来，在他的指导下学生们三两天就能上演。齐里科夫表示反对，说这样的戏本是没有的。马林诺夫斯基不客气地打断了他，坚定，还带着一丝怒气地说，学生们两天之内就能写出戏本，戏也应该就能准备好。齐里科夫反

---

[①] 1812年8月（俄历9月），在莫斯科以西125公里处的波罗金诺村，俄法两军进行了会战，双方均伤亡惨重。但是通过此战，俄军达到了在防御中消耗法军的战略意图，从而开始逐渐掌握了整个战争的主动权。——译注

对说，由学生创作戏本是被禁止的，学生们也早就要求撤销这个禁令。马林诺夫斯基立马就这个禁令向部长呈请，请求无条件允许学生们进行创作。并根据齐里科夫的转述，校长还加入了学生们的请求。

"请立刻着手做这件事，"他对齐里科夫说，"这种禁令没什么意义，也没人去考虑这些。"

他呼吸急促，不容得任何反对，双手也在颤抖。

齐里科夫听从了校长的话。他本想在学校里排演自己的作品《北方英雄》，但他很快就放弃了这个打算，因为两天的时间是来不及的，而且没人能够出演戏里的角色。布德利好像说过，他早先给学生们写过一个戏本。确实，在布德利那儿找到了这个合乎规矩而且不是那么复杂的戏本：《L' Abbe de l' Epee》①。这个戏本讲了一个有声望的教士是如何教育聋哑人的。主要角色是聋哑人，而且这个角色不是通过语言，而是要通过手势来表现。学生们很快就能学会这出戏，而且雅科夫列夫也可以饰演聋哑人。可怜的、来访友的伊孔尼科夫给他带来了一个自己创作的戏本《好心地主》。这个戏很适合排演。在这出戏里，善良的地主多波洛夫②先生，拯救了蒙受不白之冤的兄弟和仆人。慷慨宽宏最后获得了胜利。剧中角色有地主多波洛夫先生，其兄弟，善良但犯错的阿尔伯特，中士和警官，还有那些所谓的陪审员。角色已经分配好了，普辛饰演阿尔伯特·多波洛夫，他充满生气，嗓音明亮，非常适合这个角色。出于个头的考虑，中士由伊利切夫斯基饰演。警官由充满喜感的雅科夫列夫饰演。阴郁苍白，两眼浑浊的校长则是总导演。齐里科夫开始全身

---

① 法语：军中教士。——译注
② 这个姓氏出自俄语"善良"一词。——译注

心着手准备这出戏,去剪裁绘制布景。马特维大叔用大钥匙打开了检阅大厅的门。这扇门自打学校开张后都没开过。大家摆放好椅子,钉上幕布。学校里一片忙碌,仆人们跑上跑下。

库尼岑不会参加一系列的庆祝活动。他面色苍白,脸上没有一点血色,也没有参加晚会。

## 13

晚会结束了。天气很热,所以窗户大开着。空气仿佛凝固了一般。女士们穿着轻快的裙子。同法国人已经打了半年仗了,但是时尚风格可没有跟着变:还是那些法兰西式的风格。灰色的那不勒斯式的软帽配上带子打的花结;用马赛丝做成的裙子配上里昂花边的裙带。讲述爱情和四季的卡德里尔舞①,也就是去年拿破仑的妹妹们跳过的那种舞蹈,仍然决定着时尚风格,到现在也没改变。

圈椅里坐着陌生的老太太。她们的胳膊肘上佩戴着饰物;两肩裸露,还扑着香粉;惨白的脸颊上贴着黑色的假痣②。她们并没有关注舞台,而是研究学校里的人。突然挂在小链子上的长柄眼镜垂了下来,老太太们开始大声交谈。她们尖锐地看着那些学生们,而学生们则根据她们的要求被呼来唤去。这些学生没有任何讲究,也没体现出什么教养,也没过于的放肆。他们集中注意力为老太太们服务,只不过不是很机灵,笨手笨脚。他们习惯了这些人的命令,也都知道,很快这里的一切就要结束了,人们也会忘记他们。现在在打仗,他们会被派到更远的地

---

① 法国宫廷的一种舞蹈。——译注
② 脸上涂白并贴上假痣是法国贵族圈里流行的装扮。——译注

方，然后在那里被忘记。戈尔恰科夫被人叫走，来人和他谈着什么。托尔斯泰伯爵同瓦西里·里沃维奇相识。他看到了亚历山大，向他点了点头。亚历山大还是无法抑制住自己的害羞之情，这可能就是母亲曾经带着一丝神秘和快乐所谈论的上流社会吧。她的黑眼睛那么明亮，面颊绯红，静静地微笑着。他想起了母亲的微笑。演出间歇托尔斯泰开始向别人介绍他。

托尔斯泰有一张忧愁的脸和一个肉乎乎的嘴唇。他满意地看着亚历山大：和普希金家族其他人一样，亚历山大让人觉得很滑稽。老太太面色发灰，集中精神看着亚历山大。她年纪很大了，感觉即将作古。亚历山大被介绍给她，他行了个鞠躬礼，有点害羞。

"他们今天怎么这么笨手笨脚。"老太太说。

两位女士看着他，其中一位还是个小姑娘。他在散步时碰到过两次。她的头很小，身子清瘦，像芦苇秆。这是柯楚别依家的人。他们住的地方离学校不远。大家同他谈论，并问及伯父瓦西里·里沃维奇，但是还没等他讲完，人们就忘记他了。

他跑出大厅，躲到一个角落里。从那儿他观察着女士们。他好像突然开始怕见生人。福马大叔从他身边经过，差点碰到他。

客人们散去了。他往下跑，好像要去等什么人。她经过他身旁，好像在找他。她环顾四周，在寻找什么人。事实上她确实在找他。亚历山大轻轻碰了碰她的手，知道所有人都看见了。其实没人看见。她同他告别，向他点了点小小的脑袋。

晚上他无法入睡。他无法原谅自己在告别时突然的紧张。这些都让他睡不着。他走到长廊里，经过睡着的人，走进门廊。加里尼奇张着嘴在那儿睡觉。他没有注意，差点碰到他。还好，加里尼奇没有醒。他走下台阶,没有遇到任何人。冰冷的石地板刺痛了双脚。他想追寻她的足迹,慢慢走过所有的台阶,一直到了大门口。什么都没有。他碰了碰沉重的大门,门开了。可能在忙乱中人们忘了锁门。他站在门旁,看着黄色的烛光,感到绝望。突然逃跑的念头涌入脑海。他想和她道别,拥抱她,然后跨上战马跑掉。他要沿着卡维林的道路走。

这个女孩也叫娜塔莉亚。

## 14

已经很晚了。凭着校长马林诺夫斯基的坚持,戏剧演出结束了。人们并不怎么高兴。库尼岑面色苍白,不是很满意。大家觉得不应该用这种世俗的戏剧来庆祝胜利。而且,除了那些达官显贵带来的单调乏味,人们也没感到什么。多么不幸的事!库尼岑就在这个不太合适的时间去找校长告假:他的兄弟在波罗金诺附近受伤了,胸部被子弹打穿。他想去见见他,可能这是兄弟俩最后一次见面了。第二天他就要出发,他敲了敲门,没人回应。他往里面张望。

马林诺夫斯基穿着长衫,坐在桌子后边,身子弯得很低,两手抱着头。他抬起头,用暗淡的眼睛看了看库尼岑,眼泪流了下来,但他没有感觉到,也没有去擦拭。

"牺牲了多少人啊,"他嗓音嘶哑地说,"如今全世界的人都搞明白了,和他们打交道的究竟是个什么家伙。你的人民够荣耀的了!"

## 15

在这场突如其来、乱糟糟的庆祝过后,皇村学校里人心惶惶。很快,校长马林诺夫斯基收到了部长拉祖莫夫斯基的一个严厉警告。这些天拉祖莫夫斯基心里很是不爽，而且极度愤怒。他一直认为，同拿破仑硬碰硬是不明智的。现在，他从自家园丁斯捷文——也就是他的儿子经过自己的举荐在皇村读书——那儿得知，拿破仑军队中的符腾堡[①]人袭击了葛连基[②]一带，把那儿抢得一干二净。园丁非常难受，做出这些事的不是那些无法无天的法国人，而是符腾堡人。不管怎么样，葛连基一带被侵占了，被糟践了，被毁了。按照园丁的建议，只有通过赎买，才能使这些"胜利者"离开庄园。得知皇村上演这部不应景的戏剧后，拉祖莫夫斯基找到了愤怒的发泄点。将来要严格禁止学生们在生人前进行什么戏剧演出。由于8月30日在皇村举行的这场不当的晚会，校长——就像是一个涉世未深的青年——被给予警告。至于通过齐里科夫送来的关于允许学生在课余时间进行戏剧表演创作的请求，在这种情况下自然是被拒绝的，即使他们不是公开进行。

校长马林诺夫斯基很明显失宠了，这瞒不过任何人。与此同时，加乌恩施尔德拜访了部长，然后大家都明白了，即便不是权力，部长也给予了他一些承诺。他得意扬扬地在学校走来走去，嘴里嚼着甘草念叨着什么，还和科尔夫说了一堆话。他喜欢科尔夫的举止。有一天他断断续续呼着气对科尔夫说，学生之间不大可能会出演员。他还嘲笑了其中的几个演员。然后，他把手放进兜里，鼓起长长的后摆，哼着小曲走了。人们从未见过他的心情如此之好。

## 16

丘赫尔别凯收到了母亲的一封信。被撤职的巴克莱其实很忠诚，他

---

[①] 符腾堡地区位于德国西南部，现在是巴登-符腾堡州的一部分。——译注
[②] 葛连基是拉祖莫夫斯基家族的领地，今莫斯科州巴拉西哈一带。——译注

不被人理解,还遭人嫉妒。现在他很顺从,听命于新的指挥官,在新任的领导下,他的自尊做出了极大的牺牲,表现出了一个爱国人士的真正品格。在波罗金诺,他像普通士兵一样,被派到前线打仗,派往最危险的地方。他冒着枪林弹雨冲锋陷阵,渴望能为国捐躯。但他没有牺牲。他在波罗金诺一带救了很多人,就像他之前担任总指挥时一样。从长远上看,不战而退,他可能是对的。他心无恶意。在不理解他所做的一系列战略决定的内容意义前,人们就对其进行妄加评判是不对的。"背叛"这个词不应该让这些人头脑发昏而妄下评论。他们应该等待高层的决定和历史的评判。

丘赫尔别凯立刻把这封信读给了普辛、普希金和瓦尔霍夫斯基听。早先瓦尔霍夫斯基非常积极地参与到对巴克莱的指责之中。他尊敬苏沃洛夫那样的英雄,赞同用武力和子弹,用古老的战争和部队的移动去和敌人作战。但是巴克莱的行为一下子改变了对他的见解。在睡觉前,这个小苏沃洛夫尝试进行耗体力的操练,而且逐渐养成了这个习惯。普辛则完全赞同宣告巴克莱无罪。普希金没说什么。这位引发非议的不幸的统帅在波罗金诺附近出生入死。突然他咬紧嘴唇,脸上泛起了红晕。他埋怨了几句,然后慌张地跑掉了。只有在非常激动的时候,他才会这样做。

## 17

秋日非常暖和,阳光明媚。在皇村的花园里,落叶遍地,漫步其中使人心旷神怡。马特维大叔照看着园子,把落叶扫在一起。一片寂静,没有风也没有雨。加里尼奇却感到很羞愧,因为他预言会很冷。加里尼奇摊开两手:

"我说的也不是秋天啊,"他固执地说,"我开始就是说的冬天,很冷。"

叶子落在地面上,一片金黄。阵阵微风徐来,沙沙作响。

加里尼奇把雅科夫列夫叫到橡树这儿,默默指着叶子快掉光的树枝。人们都不希望叶子掉光。雅科夫列夫没明白这是什么意思。

"叶子没掉干净,"加里尼奇骄傲地说,"这就说明,冬天会很冷。"

他对自己的预兆很有信心,也不想再去传扬。确实,第二天就突然刮起了风,下起了暴雨。园子里的树被风刮得呼呼直响。

就在这一天,莫斯科被放弃了,敌军攻占了莫斯科。

## 18

他们听说了摧毁莫斯科的大火,大火从四面八方燃烧。火是先从萨良卡,也就是雅乌扎桥旁边开始的,然后烧到了城对面。很快,大火烧遍全城。就连莫斯科的花园都没保存下来。大树被烧焦,树叶枯萎。

莫斯科达官显贵的大宅被烧了,大市场化作灰烬,教育部也受了火,莫斯科河两岸一片火光,而且这些天风特别大。

库尼岑从屠格涅夫那儿带来了关于普希金父母的情况:他们安然无恙,没有受到伤害。他们和伯父伯母一起,在下诺夫哥罗德。父亲精神饱满,很快亚历山大收到了一封内容详尽的信。

第二天,马林诺夫斯基向头天值夜班的齐里科夫询问学生们的情况。齐里科夫说,值班时他发现有些学生翻来覆去,没有入睡。他们叹气,发牢骚,都表现出担忧之情。齐里科夫也曾叫了他们,但是他们没回答,假装自己睡着了。后半夜齐里科夫自己睡着了,所以也就没说什么。至于被问到谁没入睡,而且显得很担忧,齐里科夫首先叫出了普辛和普希金。

的确，普希金没有睡着。他从战报上得知了敌人放的那场摧毁莫斯科的大火。但是开始他自己都无法想象这是真的。

哈利托尼胡同的家已经没了。那里曾经多么美好，炉子旁边铺着磨出毛边的小毯子。但是一场大火摧毁了一切——他曾经漫步过的街道，也不复存在了。莫斯科，或者莫斯科大部分，被烈火包围着。

他曾沿着熟悉的林荫道漫步。而现在他无法想象这些地方冒着浓烟，成为废墟。*花园都烧没了*①——库尼岑这样说的。在黑暗中，他听到钟敲了一下，自己也颤了一下。他要习惯什么都不惧怕，也不能像科萨科夫那样哭鼻子。他没去想逃难至伏尔加河沿岸②的父母处，甚至没去想阿琳娜——他想的只有莫斯科，他出生，成长，而后从未回去过，现在却再也回不去的老宅③。现在他孤单一人，躺在床上，睁大双眼，望向四周的黑暗。他想起了熟悉的房子，一座接着一座。这些房子很有可能也被烧毁了。他甚至都不知道去向谁询问。这个时候，皇村就是一片荒漠。他静静地敲了敲墙壁，立刻传来了微弱的回应声。普辛也没睡着。他平静下来。莫斯科不可能被摧毁，他决定再回去看看莫斯科，无论为之付出多少代价。他把这个念头讲给普辛听。普辛赞成他的想法。他好像看到了他在跑，看到了道路、莫斯科和敌人，看到了他在报仇。普辛又敲了敲墙，祝他晚安。

福马大叔过来叫他们起床。他透过小窗子往里边窥视，没有敲门：一个卷发的学生和一个胖学生，两人都没有睡觉。所以他就像平常一

---

① 原文为斜体。——译注
② 下诺夫哥罗德位于伏尔加河沿岸。——译注
③ 这个词在俄语里也有"火灾、废墟"的意思。——译注

样，只是喊了喊：

"少爷们，起床了。"然后就走了。

校长马林诺夫斯基希望见见亚历山大。他问亚历山大，是不是之前收到一封家里来的信。亚历山大悄声纠正道：

"是从父母那儿，家什么的都没了。"

马林诺夫斯基认真地看着他。

"现在一切就要结束了，"他平静地对亚历山大说，"所有人还这样认为，莫斯科是法国人烧的。他们都错了。法国人没那么傻。是俄罗斯人烧了莫斯科。他们挑衅活着的人，让他们狂怒，痛苦，让我们美好的东西消失。我们的一切都被烧毁了，自己也葬身其中。但是，敌人也不会有好下场的。"

亚历山大张大了嘴巴，看着他。这可是一件新闻，而且他还没怎么明白。马林诺夫斯基异常冷静，他笑了笑：

"您明白伊戈尔之死和奥尔加的复仇吗？[①]"他问亚历山大，"伊万·库兹米奇只是给你们读古代史，看来到年末才会讲到奥尔加。因为这段历史已经算作中世纪时期的了。但您至少需要读一下格林基诺改写本。对伊戈尔之死负有责任的德列夫利安人派了使者前往奥尔加处。奥尔加烧好了开水，问客人是否准备好。客人答道：'让我们为伊戈尔之死负责吧。'杀了使者之后，奥尔加前往德列夫利安人的城市科罗斯坚，吩咐在那儿煮好滚烫的蜂蜜[②]。然后她对德列夫利安人说为了伊戈尔的死，他们需要呈上轻微的贡赋：每一家上交三只麻雀和鸽子。德列夫利

---

[①] 伊戈尔是古罗斯大公，奥尔加是其妻子。945年，伊戈尔率兵索贡，被德列夫利安人杀死。奥尔加摄政并对德列夫利安人进行报复。——译注
[②] 据传奥尔加将俘虏的士兵烫死。——译注

安人很高兴，因为这样他们就脱身了。而奥尔加则让人把引火用的火绒加上硫黄，绑到这些鸟的身上，然后放飞它们。这些鸟就又飞回了自己的家，自己的鸟巢。就这样，科罗斯坚城被烧毁了。故事就是这样的。不要夸口自己去赴宴，安全归来再夸口。去吧，您不要觉得无聊，我对您是很满意的。"

不顾及普希金平时的成绩，校长最后竟然说出这样的话，是因为要给普希金一个严重的警告。原因是普希金凭着自己的好记性，总是不做练习作业，所有人都抱怨。他还拥抱了普希金。

## 19

和瓦西里·里沃维奇一样，谢尔盖·里沃维奇同他交际圈子里的人一起，从莫斯科出逃，前往下诺夫哥罗德。瓦西里·里沃维奇的处境很困难。在莫斯科时就赶上他手头没钱，而且没来得及运走他的东西。没有人前来帮他。一路上他只是乘坐一辆简易的大车。他这一辈子积攒的所有东西，他能想起来的所有贵重物品都落入了敌人之手。他想起了那辆轻便马车。在他还是准将的时候，他和他的那群朋友们坐着这辆轻便马车去莫斯科的妓院找乐子。现在车被扔在小库房里，估计被人偷走了。他还想起了那辆轿式马车。这辆车不久前刚刚翻新，而且还能让他家那位迷人的令人畏惧的喀耳刻①安静下来。可是天晓得现在车在哪儿。还有那些家具，就像老朋友一样，他对这些家具了如指掌。还有沙

---

① 古希腊神话人物，是一位女神。她善于用魔药把反抗她的人变成怪物。这里应指瓦西里·里沃维奇的妻子。——译注

发——和画家大卫①画的那幅雷加米埃肖像②里的那个沙发特别像。如果他躺上去,就是"微笑的瓦西里·里沃维奇·雷加米埃"——十有八九也落入了雷加米埃夫人的同胞③手中。他已经不年轻了,也习惯了这一切。他不会去想如何购置新的家产,更何况他没钱。

他的藏书也留在了莫斯科。很多珍贵的书籍,全莫斯科都知道。也是奇怪,和轿式马车比,瓦西里·里沃维奇倒不怎么惋惜这些书。他的藏书量很大,而且都是很稀有的书。这些书丢了很多,他也想不起来。只是突然,他想起了阿雷蒂诺④那本带插画的书,而且这书是孤本。他拍了拍手,愣住了。最打击瓦西里·里沃维奇的,就是他只穿了一件薄大衣就走了。所有的衣服,包括皮衣,以及他经常用的东西,他离不了的东西,都落在莫斯科,没了。

与此同时,他还抱有一丝丝希望,就是这些东西可能会回到他身边——这是不可能的,因为所有东西都没了。这一点他对谁都没有提过。他大声抱怨安奴什卡,说她没有把他心爱的东西带上。不过现在大家都缺少东西:要不就没有烟斗,要不就差条长衫。

"沙里科夫公爵管我要这个烟斗,我没给。"

或者:

"哎!现在好多恶棍,从善良人那儿抢走多少东西啊!喏,我的长衫就丢了。"

---

① 指法国著名画家雅克-路易·大卫(1748—1825),代表作有《马拉之死》等。——译注
② 指雅克-路易·大卫的画作《雷加米埃夫人肖像》,作于1800年。画中雷加米埃夫人半躺在沙发上,面带微笑。——译注
③ 指法国人。——译注
④ 皮埃特罗·阿雷蒂诺(1492—1556),文艺复兴时期意大利作家、诗人。——译注

他现在尽量不去和从莫斯科流亡至此的人谈论自己的损失。他们对此似乎从不惊讶。在他们中间甚至出现了一种"比谁最惨"的现象。头一次大家聚集在比比科夫或者阿尔哈罗夫家里,这是比较有教养的两家人。然后大家就开始争吵,谁的损失最大。瓦西里·里沃维奇开始也是叹气地说,自己几乎损失了所有个人财产,但是大家以冷漠回应他。这里有很多人损失得更多。

"损失的都是什么啊?"老阿尔哈罗夫不是那么友好地问道。

当听到损失的是一些珍贵的图书后,他平静地说:

"图书?那就去书铺里买新的。我家的地板还坏了呢。"

从那时起,瓦西里·里沃维奇就只和下诺夫哥罗德的女士们谈论自己的损失。她们也乐意听他讲这些。她们说的话让瓦西里·里沃维奇感到很有意思,也很可爱。她们说话时会在字母 o 上拉长声音。很快,他开始追求漂亮的叶丽扎·萨拉玛诺娃。下诺夫哥罗德这些迷人的姑娘和莫斯科的姑娘相比显得有些笨笨的,不是那么灵巧,但瓦西里·里沃维奇却很欣赏这些不太一样的姑娘。

他住在农舍里,秋天也非常冷。而他却没有皮衣。但是白天的生活开始变得充实起来,仿佛又回到了之前已经遗忘的旧生活,也联系到了之前好久没音信的亲戚:在下诺夫哥罗德有一位堂弟——另一个普希金,阿列克谢·米哈伊洛维奇[①]。这个堂弟衣冠不整,还很凶。他同瓦西里·里沃维奇讲话时非常随便,嗓门特别大,亲吻[②]的时间特别长。

---

[①] 阿列克谢·米哈伊洛维奇·普希金(1771—1825),普希金家族成员,俄国作家。历史上他应该是诗人亚历山大·谢尔盖耶维奇·普希金的堂兄弟。莫斯科被法军攻占前流亡至下诺夫哥罗德,在那儿他沉迷于纸牌游戏。——译注
[②] 在俄国,男人之间有亲吻礼。——译注

他大声询问家里所有人是否身体康健,而且他还特别强调了一番,看来是想询问安奴什卡怎么样。现在瓦西里·里沃维奇和别人谈话时就说这个人只不过碰巧姓氏一样,并决定拒绝承认他俩之间的亲戚关系。这个同姓人从早到晚一直在玩牌,而且烟抽个不停,不停咳嗽,大喊大叫。有一次,他从一个人的家里——他在这儿已经打了两宿牌——叫住了碰巧经过窗外的瓦西里·里沃维奇。他要去美人叶丽扎那儿。

"Mon cousin[①]!你看到我的烟斗了吗?"

瓦西里·里沃维奇被这种无礼的行为吓愣住了。他耸耸肩,一句话也没说,走过去了。其实,他自己的烟斗是多年前,阿列克谢·米哈伊洛维奇在命名日那天送给他的。然而,这个烟斗也和所有财产一起,消失了。很快堂兄弟之间的不和成为下诺夫哥罗德交际圈的主要话题。远远望见他们两人和旧时一样在一起,卡拉姆津笑了。他叹了口气,满意地说:

"世上沧海桑田,唯普希金家族在坚守。"

与此同时,所有人习惯了自己的处境,甚至开始在这种漂泊不定的生活中寻找乐子。娱乐活动也就随之兴起了:舞会,还有化装舞会。瓦西里·里沃维奇完全被叶丽扎·萨拉玛诺娃占据了。他决定以诗人的身份出席活动。他创作了一首爱国诗,向那些悲叹莫斯科大火的下诺夫哥罗德居民提出亲切的呼吁。这首诗中并没有那些夸张的称赞,没有把指挥官比作古罗马英雄。这首诗简单明了,文风清新,夹杂着少许抱怨。每节诗后还有副歌:

---

[①] 法语:我的堂兄。——译注

伏尔加河哺育的人们啊，

　　你们接受，并保护了我们！

　　诗歌很成功。有名望的音乐爱好者，莫斯科的教授，同大家一道出逃至此的费舍尔，给这首诗谱了曲子。每段诗节由独唱完成，副歌则是合唱。在市长克留科夫家的舞会上，瓦西里·里沃维奇的这首抒情歌曲获得了巨大成功。歌手的声望令至今都冷冷的叶丽扎惊奇。在彼得堡甚至都提及了这场晚会。瓦西里·里沃维奇非常高兴。在街上，下诺夫哥罗德的女士们互相用胳膊肘提醒对方，向身着单衣路过的诗人使眼神。瓦西里·里沃维奇斜眼瞅了瞅，冷静地走了过去。

　　很快，他开始遭到和他同姓的人的嫉妒。阿列克谢·米哈伊洛维奇被激怒了，说瓦西里·里沃维奇这首带副歌的诗让他想起了囚犯。囚犯在窗户下边向路人乞求施舍，转身就谩骂那些逗弄他的街上的小孩子。这个同姓人把诗歌中副歌部分号召抵御外敌的词称作是骂人的话。这一次瓦西里·里沃维奇忽视了他的污蔑，装作什么也没听到。与此同时，人们都说就连尼古拉·米哈伊洛维奇·卡拉姆津的微笑都显得那么不体面。瓦西里·里沃维奇把这件事同安奴什卡讲了：

　　"在这间农舍里总是摆脱不了诽谤中伤。"

　　安奴什卡立刻开始为瓦西里·里沃维奇的大衣奔波。很快，她不知从哪儿弄来一件商人穿的外套。但是瓦西里·里沃维奇愤怒地拒绝穿上它。安奴什卡同下诺夫哥罗德的裁缝一起，改了好长时间。瓦西里·里沃维奇勉强穿上了。他对着镜子看自己，想起了曾经在巴黎舞台上看到的贝利萨留①。他穿上了这件大衣,也让他糟糕的样子得到了改观。他摆了摆手。严寒开始了,还是一分钱都没有。尤其让他生气的,是他的同姓人不光四处打牌,有一次还赢了不到八千块。

但是,他很快也不怎么受穷了。在一次晚会上,他卷入了一场文学上的争论。谈话是从法国文学开始的。伊万·马特维耶维奇·穆拉维约夫-阿巴斯托尔②,一位可敬的人,但脾气古怪。他谈到了反对法国文学。瓦西里·里沃维奇在莫斯科曾发过誓,不再那么热烈尖刻地谈论什么,以免罗斯托普钦像对待马丁主义者那样对待他。但是这里远离莫斯科,远离罗斯托普钦。瓦西里·里沃维奇抖了一下,参加了争论。穆拉维约夫是"俄语爱好者座谈会"③成员,这对他不是个秘密。而且在希什科夫那儿,穆拉维约夫也是一个说得上话的领导。这可是非同小可啊。但是在下诺夫哥罗德,这个流亡者的爱慕之地,各路官员各色人等聚集于此,言论思想也很自由。瓦西里·里沃维奇说,比起尼康④,人们更觉得伏尔泰是一位修辞学家。没有逻辑,就谈不上优雅的文体。格雷塞⑤是诗人,而希赫马托夫⑥则不是。

争论开始了。所有人都很惊讶,都对瓦西里·里沃维奇时髦的论证

---

① 贝利萨留(505—565),东罗马帝国查士丁尼一世的名将,曾经征服了意大利和北非。——译注
② 伊万·马特维耶维奇·穆拉维约夫-阿巴斯托尔(1762—1851),俄国作家,外交官。——译注
③ 俄语爱好者座谈会,是一个俄国文学团体,存在于1811—1816年,由希什科夫等人创立。该社团主张不要崇洋媚外,要从人民群众那里汲取文学营养。但也拒绝一切外来语,反对一切新鲜事物。与之对应的是"阿尔扎马斯"社。——译注
④ 应指俄国东正教牧首尼康。——译注
⑤ 让-巴基斯特·路易·格雷塞(1709—1777),法国诗人,剧作家。——译注
⑥ 谢尔盖·亚历山大罗维奇·西林斯基-希赫马托夫(1783—1837),俄国作家。——译注

以及热情感兴趣。他看到自己又成为众人瞩目的中心,眯缝起眼睛,就好像一个被扔到悬崖边上的人。他凭记忆背了两页格雷塞的诗。然后清晰地加以解释:一部分是关于战争的,另一部分则是诗歌的品位。回到家后,他叫醒安什卡,让她把被褥准备好。看到他阴郁的样子,安奴什卡悄悄地哭了。瓦西里·里沃维奇抖了一下,不知是因为这件他称作贝利萨留的大衣太薄了,还是因为害怕。安奴什卡把床铺弄得暖暖和和,然后他就睡着了。

第二天他坐在小屋子里,从早上开始,就收到了三份请柬:邀请他去参加晚会,化装舞会和比比科夫加的戏剧晚会。瓦西里·里沃维奇振奋起来,还有点害怕,这可和他平时不一样了。从这一天起,他就成了这个交际圈的抢手货,所有人都在叫他去吃午饭,吃晚饭,跳舞,参加化装舞会。活动接连不断,也不用再挨饿了。现在他连战报都没时间读了。

他在伏尔加河畔的饮食里找到了自己喜欢的菜肴。伊万·伊万诺维奇·德米特里耶夫曾经和他提及过的江鳕鱼肝和鲟鱼汤,最终将法式炖鳗鱼从他的心里挤了出去。他完完全全安下心来,又一次拥有了愉快的自信,也找到了自己在这儿生活的意义。是的,现如今他在这儿,伏尔加河和奥卡河的交汇之处,用自己的面粉和鱼,是整个俄罗斯富饶的地方。他向别人卑躬屈膝。这就是命里注定的啊!还能怎么办呢?他甚至都没时间吃晚饭,也不知道吃什么!他称赞那些名扬彼得罗巴甫尔的女士们。他也曾穿着讲究的衣服,乘坐昂贵的轿式马车和灵巧的四套马车。他曾和其他人一样,拥有沙发和镶木地板。但现在他不去吹嘘这些了,就像他不会说自己有法国油灯和铜质奖章一样。上帝啊,他之前也是挥霍浪费!而在这儿,就是另外一回事了。作为一名流亡者,他过着寄人篱下的生活。但是并不是所有人都是一样的,他瞧不起那位赢了八千块钱的"方块爱司"——特别是赢的手段不干净。小屋子,便宜的床,两把椅子,羽毛笔和纸——这就是他的全部家当。那位特别喜欢庇隆的善良女仆,维持着他安宁的生活。他是诗人,胡乱写了一些诗。有些同姓人就利用他的名望,强行攀亲戚。听到有这些荒唐事,他也就付之一笑。还能怎么办?他什么也不说。忍耐、纯洁的品位,以及贫穷和安然的内心——这就是现在的他,一个诗人的心境。即使敌人夺走了他的轻便马车、轿式马车、家具和珍贵的藏书,这种心境也是夺不去的。

他和迷人的叶丽扎,还有其他一些漂亮的女士说了这些,但是没有提及那位喜欢庇隆的女仆。看到他后,叶丽扎就像莫斯科那些漂亮的女士们做的那样,竖起手指吓唬瓦西里·里沃维奇。瓦西里·里沃维奇仿佛又成为准将、诗人、轻佻的人。哪怕他年纪最大,他也要成为一名战士——文学上的战士。

## 20

谢尔盖·里沃维奇的处境则是另一种样子。他不太情愿地先把妻子的裙子收拾好,然后自己穿上最好的衣裳,手里拿着亚麻布的手绢,顺带捎上小衣橱,然后让雇来的短工披上自己的皮大衣。就这样,他和纳杰日达·奥西波芙娜一起坐在马车的木头轴上,逃离了莫斯科。他很生气地把女裙上面的绳结塞到一个角落,然后说太颠簸了,就坐在了绳结上。纳杰日达·奥西波芙娜自己没这样做,因为她怕把裙子弄皱。显然她累了。她随身还携带着著名画家薇姬·勒布伦给她画的肖像。就在那一年,有一个近卫军对她说,这世上有两位最漂亮的女士,sont les deux belles creoles①——就是她和波拿巴的妻子约瑟芬娜。如今波拿巴放火烧了莫斯科,她则在丈夫的大车里瑟瑟发抖。列乌什卡和奥利尼卡坐在马车前面,马车颠得他们上下乱窜。而阿琳娜则侧坐在马车边上,吊着腿。尼基塔则被留在了莫斯科,以守护家产。

就在快要离开莫斯科的时候,阿琳娜突然表现出了不服从的样子。要不是这样,谢尔盖·里沃维奇也不会说她造反。其实,阿琳娜早就感觉到他们要离开莫斯科。她皱皱眉头,每晚都偷偷地去喝酒。这一点纳杰日达·奥西波芙娜很清楚,但是她没有说什么,因为她有时候有点害怕阿琳娜。就在离开前夜,阿琳娜同尼基塔吵了起来:

"应该去彼得堡!"她对尼基塔平静地说,"要不然哪儿都别去。"

"您这是怎么了,阿琳娜·罗季昂诺夫娜,有人在彼得堡等您吗?"尼基塔扬起眉毛,冷冷地问道。

"难道你们记不起来落下谁了吗?他可是老早就自己一个人,"阿琳娜不顾尼基塔·科兹洛夫,又加上一句,"你们真是眼不见心不烦!"

"您说的是谁啊?"尼基塔说。

"把他一个人扔在那儿,扔在树林里,你这个不知羞耻的人。"阿琳娜大声抽着鼻子说道。

"喏,那怎么办?"尼基塔愤愤答道,"还能做些什么?难道您要去接他吗?这简直是胡扯。"

"对,我就是要去接他。"阿琳娜说。

但是,她最后还是顺从了大家。走了大概 12 俄里,她开始擦干眼

---

① 法语:两位漂亮的克里奥尔人。克里奥尔人是指在 16—18 世纪,出生于美洲的,双亲是西班牙人的白种人。——译注

泪,但还是在轻声哭泣。

现在纳杰日达·奥西波芙娜想放声大哭,她咬着手绢。而谢尔盖·里沃维奇可受不了妻子的哭声,就像鳗鱼一样,钻到大车里了。在第一个驿站,阿琳娜就消失了。大家赶忙去找——就看到她头裹着一个大手绢,在路上走。人们追上了她,把她带了回来。谢尔盖·里沃维奇很是惊慌:

"这可是逃跑,要造反啊。"他对纳杰日达·奥西波芙娜悄悄地说。

"你想去哪儿?"纳杰日达·奥西波芙娜平静地问。

"去彼得堡,"阿琳娜回答,"去瞧瞧亚历山大·谢尔盖耶维奇。可不能把他一个人扔在那儿。"

"您发疯了吗,伊琳娜[①]?"谢尔盖·里沃维奇大吃一惊,差点控制不住自己。

他自己甚至没注意到,用了"您"称呼阿琳娜。

阿琳娜叹了口气,坐在了大车上。所有人都上路了。

谢尔盖·里沃维奇习惯了路上的颠簸,突然感到一阵愉悦。他十分厌倦莫斯科的生活。他倒是喜欢上了这通忙乱,对路途的一无所知,生活的大变样,以及妻子眼里流露出来的惊恐——由于目前这可怕的境况。他也曾因为打碎高脚酒杯而脸色发白,而现在看到莫斯科就要沦陷,则只是感到惊讶。路上和熟人的相遇也让他很高兴:很多莫斯科人都出逃了。车队越来越长。

在下诺夫哥罗德,恶劣的生活环境立刻包围了他:他们租到的肮脏的小农舍,让他感到受到了侮辱。

---

[①] 原文如此,可能是谢尔盖·里沃维奇在情急之中叫错了名字。——译注

"C'est une① 牲口棚，mon ange②。"他对纳杰日达·奥西波芙娜说。

他，穿着上好的衣服；而她，则穿着晚礼服。两人就这样，用开水赶走了在墙上乱爬的臭虫。

然而，他还是和在莫斯科一样，不怎么在家里露面。他在伏尔加河边漫步。在这儿，奥卡河注入了伏尔加河。也是在这儿，他同那些莫斯科的老熟人相见，也结识了下诺夫哥罗德的居民。

他不可能不受到这场战争的影响，但从总体上看，他还是比较独立的。他的儿子在皇村的学校。这所半官方的学校本身就在宫中办学。儿子经常给他写信。现在在皇村可是非常热闹：宫中出现了两个皇后③。当然，天知道那帮法国恶棍会不会向彼得堡进军。毫无疑问，这对皇村来说是件头等大事。但是还有一件事让他们夫妇俩得到了安慰——伊万·伊万诺维奇·德米特里耶夫非常关心普希金，可以说扮演了一个父亲的角色。在皇村，在德米特里耶夫的关照下，少年普希金立志将自己的命运献给皇帝。Que la volonte de Dieu soit faite!④

总之，他是普希金三兄弟之一。兄弟三人要不就是诗人，要不就是赌徒。他们在下诺夫哥罗德吸引了人们的注意力。但是，兄弟之间也突然产生了冷漠隔阂。瓦西里·里沃维奇似乎只考虑自己，以及自己的事情。曾几何时，他还写了一首献给兄弟的诗。谢尔盖·里沃维奇将这首诗视为兄弟间信任的标志：

---

① 法语：这是。——译注
② 法语：我的天使。——译注
③ 指沙皇亚历山大一世的母亲玛利亚·费奥多罗夫娜和他的妻子伊丽扎维塔·阿列克谢耶芙娜。——译注
④ 法语：上帝的旨意得到实现。——译注

在我们这个家庭里,
爱主宰着一切。
我们像孩童一样玩耍,
心中淳朴无邪。
没有苦闷,不去迎合,
我们只有意厚情深!
我们不会分离,
我们的生活不会哀伤。

现在,作为流亡者,兄弟们相见了,但是兄弟之间的爱没有了。更要命的是,瓦西里·里沃维奇从一开始就把姐姐安娜·里沃芙娜丢给了谢尔盖·里沃维奇,理由是他自己一无所有。谢尔盖·里沃维奇非常愤怒,因为他也一无所有,而且他的房子还不如瓦西里的。但是,两位女士互相看了看,就让谢尔盖·里沃维奇明白,这件由于安娜·里沃芙娜的到来而让人感到棘手的事情,能够用其中一人和安奴什卡合住的方式解决。现在,安娜·里沃芙娜和他们住一起了。第二件加速兄弟间不合的事情,是他们之间进行了一场奇怪的比赛。谢尔盖·里沃维奇总是觉得自己打小就是诗人。他创作的法语诗歌要比他兄弟的好得多。那个时候,他兄弟也乐于和他在一起。他还记得,当时他们两个人——

弹着七弦琴,
唱着欢乐的颂歌。

"诗歌是神圣的!"昔日瓦西里·里沃维奇激动地喊道:

> 我们从年少时,
> 就开始作诗。
> 作诗,让我们欢愉!

现在,谢尔盖·里沃维奇觉得自己就好像年轻人一样,身处一个焕然一新的环境中。他已经很久都没有这种感觉了,而且旧时的灵感也出现了。开始,下诺夫哥罗德的女士们把他和他的兄弟弄混,把他当作诗人来接待。当然,他自己心里也是这么想的。他首先认识了叶丽扎。叶丽扎请他在自己的相册上题写几句诗。他当然没有拒绝。他用法式的短小轻快的风格,在诗中他将叶丽扎比作溪水,这溪水滋润了他们流亡者的心灵。瓦西里·里沃维奇同样也创作了一首不长的即兴诗。按照叶丽扎的吩咐,他也应该把这首诗写在相册上。但是,当天看到旁边兄弟写的诗时,他很吃惊,脸色阴沉。无论如何,在公开露面时,兄弟俩的行为是不一样的。谢尔盖·里沃维奇甚至动了和堂兄弟打牌的邪恶念头,然后输个一干二净。姐姐安娜·里沃芙娜借给了他钱。当时,她偶然问道,侄子在皇村是怎么支配自己的钱的。萨什卡那么年轻,性子那么急,而且没有生活经验,大概就像所有人说的,他胡乱花钱吧。

谢尔盖·里沃维奇冷冷地回答道,萨什卡无论如何也不会乱花钱的,因为兄弟瓦西里把钱留在了自己身边。

安娜·里沃芙娜没说什么,但自此开始对所有的下诺夫哥罗德人起了疑心。她把《冷淡的女人》这本书藏在自己的枕头下边,书中夹着自己的纸币。

谢尔盖·里沃维奇并没有告诉别人姐姐给了他100卢布。不久,他向兄弟瓦西里·里沃维奇开口借100卢布,而且他不打算还。这样,他和兄弟就两清了。瓦西里·里沃维奇两手一拍,断然拒绝了。他还声明,第一,因为谢尔盖输掉了牌局,钱流入了那个同姓赌徒的兜里,所以他永远不会借给谢尔盖钱。第二,他自己也没钱。

有一阵,谢尔盖·里沃维奇喜欢卡拉姆津的诗:

**义务、亲情和爱,**
**还有彼此的信任,我们一同拥有。**

今非昔比啊!不要说什么义务了,还有那个不还钱的兄弟的亲情,以及脸上呈现不出的爱。就连卡拉姆津自己,这两句诗的作者,在同自己见面时,也就是勉强打个招呼。

开始,谢尔盖·里沃维奇在各处都被视作常客。但很快,他吃惊地发现,自己的地位发生了改变。这就是他同兄弟吵架的后果。谢尔盖·里沃维奇惧怕兄弟、堂兄弟的流言蜚语,就像怕火一样。自己开始的不谨慎,让自己露了陷。他觉得自己被人发觉不是诗人。大家也觉得他是一个冒牌货。叶丽扎和她的女伴们不再邀请谢尔盖·里沃维奇做客了。

有一天,快天黑时,他回到农舍。纳杰日达·奥西波芙娜打扮得漂漂亮亮,脸上扑了粉,面颊上还贴了假痣。她手里握着薇姬·勒布伦画的肖像,坐在简陋的梳妆台前。今天没有任何人邀请他们做客,泪水在她美颜不在的面颊上流淌。谢尔盖·里沃维奇突然全身发抖,发觉他们永远回不了莫斯科了。倘若这儿的居民请求他,不让他走,那么他肯定不会回去,不会回到那座不能给予他好评的城市。他职位不高,但可以不依赖别人，不去求别人，也不用向别人借钱。战争对所有人都是一样的。他自己的遭遇和别人的也一样，不比他兄弟的，卡拉姆津的，以及其他人的遭遇惨多少。现在，他们都是流亡者。而且，孩子们都已经安顿好了。亚历山大在皇村，在学校里。如果皇村完好无损，那么萨什卡也是安全的。这很明显，是时候让这些流言恶语终止了。确实，他们来到了远处，但只是离开了莫斯科，莫斯科已经不是原来的样子了。如果在这儿还想维持原样，那也别在下诺夫哥罗德待着了！

## 21

秋天突然就来了。狂风号叫。树枝上盖满了雪，像藤蔓一样，抽打在散步的学生们的脸上。周围的园子里空旷无人，天空也是一片模糊。硕大的卡普利斯山丘，从远处看就像一个坟堆，一片漆黑。花岗岩底座上的船头凸出来。深色、血红的月亮升起来了。他找了一本帕尔尼①的书来读。大家都这么说，园子被称作莫尔温地区②的树林，山洞则被称作芬格尔岩洞③，从前弹唱诗人奥西安④曾经讲述过这些地方。

有一天，一个不说话的男人来到皇村。他穿着旧式蓝色上衣，留着大胡子。这是来给他们做衣服的宫廷裁缝。他动作轻巧灵活，给他们量尺寸并记录下来。他嘴里咬着折叠尺，不回答任何问题。然后这个大胡子看着他们，笑了笑，说：

"别担心，少爷们，担心是没用的。今后就没有穿制服的人了。我

---

① 指埃瓦里斯特·帕尔尼（1753—1814），法国诗人。——译注
② 苏格兰北部的山区。——译注
③ 芬格尔岩洞位于苏格兰西部的斯塔法岛上。——译注
④ 古凯尔特传说中的弹唱诗人，相传生活在公元三世纪。——译注

来给你们缝制寒冷时候赶路穿的羊皮袄。这可是东方人穿的,加了兔毛,一百年也不会掉毛的。"

毫无疑问,他们要离开了。

普辛,他们之中最干练的,立刻开始把所有东西整理好,甚至开始收拾行李。科尔夫则哭了一会儿。

莫斯科已经被烧光了。哈利托尼胡同也不在了。而皇村不过就是这些整齐的园子,要不就是修道院,树林子。很可能他们要居无定所了。同学们现在都惶恐不安,打算各回各家。他没有家,伯父和父亲去了下诺夫哥罗德,而仆人们,大概在荒芜的林子里徘徊吧。他被抛弃了,同熟悉的环境隔断了。他决心不再听从这个老头子,咬紧牙齿,带着一丝愉悦之情,准备做任何事。但有一件事,让他心生遗憾——娜塔莎,就是沃尔孔斯卡娅家的女仆。他现在是看着她窗户的灯光起床的。

散步的时候,他找了一根结冰的树枝,还弄坏了统一发放的手套。他挥动树枝,把冻住的枝叶打下来。他同这里的一切告别。第二天,在学校,学生们要见到女仆娜塔莎。他要找个时机和她说两句话。

晚上,他溜进门洞。所有学生都已经回到自己房中。他经过科萨科夫的房间,听到一阵轻轻的响声。老师们发现科萨科夫身上具有歌唱的才华,于是家里就给科萨科夫带了一把吉他。睡觉的时候,他小心地拨动琴弦。如果声音太大,会把老师引来的。齐里科夫在值班室里不知道忙着什么,或者他已经去睡觉了。整个生活的秩序看起来发生了改变——他们面临着搬迁,搬到另一个地方。所以这些纪律就没有太多人去遵守了。

他沿着门洞走,往模糊不清的窗外张望着。外边一片漆黑,伸手不见五指。路旁灯光闪烁。有时一阵风吹来,吹得玻璃叮当响。门洞里很冷，这里早就不生火了。

门没有锁，齐里科夫就住在旁边的房间，而且获准可以使用这个人口。最近他沉浸在诗歌《北方英雄》的创作之中，开始有点漫不经心。有好几次他都忘记了锁门。

他稍稍打开门，向外张望。沉重的大门已经有了年头，发出吱吱的响声。他停了下来，就这样他站了一会儿。太冷了，他直打哆嗦。他确定，娜塔莎不来了。他听到福马大叔在抱怨谁，可能是管家。福马大叔叹了一口气，说："愿上帝保佑。"然后一切复归于沉寂。他记得他只对娜塔莎说了："晚上，在门洞。"而她可能已经在这儿了，但没有找到任何人。然后他想，福马大叔可能从另一边把门锁上了，之前这个门就被锁过。他一动不动地站在那儿，角落里耗子乱窜，风吹打着玻璃。很难想象，就在旁边，普辛、丘赫尔别凯、科萨科夫和戈尔恰科夫睡得正香。他自己也应该在睡觉。

门开了一道缝。他简直不敢相信自己，心咚咚跳个不停。娜塔莎的脸探了进来。她向四周张望着，张着嘴巴。很明显，她害怕。看到他之后，娜塔莎松了一口气。看起来他吓得不轻，虽然她过来只是为了见他。然后她犹豫了一下，往前迈了一步，垂下眼睛，呼着气，手摸着围兜上的花边。他抱住了她，而她一动不动，垂下双手，只是说：

"噢，小少爷，别人会骂死我的。"

她和在散步时相比，不是那个样子了。脸似乎更宽，更白，更普通。她本身也显得更高大。他从未听过她说话，现在他抱着她，突然感到，他不能放开娜塔莎让她离开。他的手臂发沉，娜塔莎的重量他也体会到了，这和同学们的重量不太像。今天他刚刚和勃罗格里奥及马林诺夫斯基玩摔跤。

就在这个角落里,近处,耗子在乱窜。突然,她把他揽到自己的胸前,他听到了心跳。娜塔莎喘着气说:

"噢,少爷,小少爷,我亲爱的!别人会骂死我的!您呢,难道不会吗?"

她把嘴唇靠近他的眼睛,看上去并不会亲吻。他听到娜塔莎的心在咚咚跳。突然她用力推开他,挣脱了他的力量,这一点他可没想到。然后娜塔莎就像其他女仆那样,快速跑进了门里。他在后边追她,但是已经无影无踪了,他摸黑穿过一条走廊,两边的墙光秃秃的,然后走到一扇门前。他想都没想,用力推开门。他的脑袋发热,心跳得也厉害。他穿过了一个房间,摸到了楼梯。他扶着墙,伸长脖子站在那儿。他已经准备好面对一切了,他甚至没去想要是被发现了该怎么办。他会被开除的。就像粗鲁的古里耶夫一样,因为做了丢脸的事而被开除。现在,他需要马上找到娜塔莎,但是他迷路了。

突然,他咬紧牙关,沿着台阶摸索着往上跑,立刻走到了门洞那儿。他吃惊地看到,娜塔莎距离他就几步远。他有点慌张,有些吃惊。他同学生们打架时,也只有勃罗格里奥和马林诺夫斯基是他的对手。他比普辛灵巧,差不多和丹扎斯一样,很调皮。但是,娜塔莎挣脱了他,他却没追上她。这对他来说可是个打击。

他是打算和她道别的。他都准备好了开头要说些什么:"我的朋友,娜塔莎""娜塔莎,我的光明""天知道何时能再见""你那个阿尔戈斯①睡了吗",等等。但是,当他抱住她的时候,一句话都说不出来。当她跑的时候,他也没追上。他靠近自己的窗户,努力去琢磨,娜塔莎

---

① 阿尔戈斯是希腊神话中的百眼巨人。——译注

那么快，藏在了哪儿。大概，她自己有一条脱身之路吧。在哪儿都看不到娜塔莎窗前发出的灯光。一切都是那么模糊，那么死气沉沉。那儿睡着灰蓝色鼻子，浅灰色脸蛋的沃尔孔斯卡娅老太太。他把她称作阿尔戈斯。而距离这个阿尔戈斯不远，就是漂亮的、高大的、灵巧的娜塔莎。他皱着眉头向窗外看去，看到普洛泽尔宾娜和杜申尼卡在睡觉。

第二天，他们离开了。

当时，齐里科夫也没睡觉。他穿着厚重的毡毛鞋在走廊里闲逛，时不时咳嗽几声，从门里望向下边的栅栏。夜很深了，烛光阴暗。他什么都没看到，于是想，普希金·亚历山大睡了，就走远了。

## 22

很明显，他们等到了学校成立纪念日那天，但是，也不会举办什么庆祝活动。因为任何庆祝，哪怕就是一些娱乐活动，都会引起部长的愤恨，都会让校长马林诺夫斯基得到一个严厉警告。况且，他们马上就要出发搬走了。他们并不是去列韦里，就像之前预想的那样，而是去了芬兰城市奥布。教授们不和他们一起走，而是由当地大学的老师们照顾他们，给他们上课。德国人加乌恩施尔德非常满意。

"这就像哥廷根一样。"他说。

马林诺夫斯基觉察到了这一点。有一天他出去了，然后带着一个矮小的白胡子老头回来了。哥萨克立刻悄悄告诉他们，老萨姆波尔斯基和他们一起走。他愿意和他们在一起，在奥布照顾他们。他去过很多地方，而且曾长期居住在国外。这一次他甘愿进行他人生中最后一次旅行。马林诺夫斯基则临时留在皇村。玛秋什金说，船长在最后抛弃了自己的船。

10月19日过去了。戈尔恰科夫从早上开始就一瘸一拐的，轻声嘟囔：

"天啊，我们怎么会在这儿啊！我都成了老头了。我的痛风病又犯了！"

一年前的10月19日非常热闹，而一年之后，则过得无声无息。第二天一早，所有人按照次序站好。他们喝了热的蜂蜜水。这是在战时，吝啬的管家给他们的，用这个替代了茶。按照管家的意思，这可是积攒了好久才有的蜂蜜水。学生们齐声抱怨——这个蜂蜜水最终让他们想到了那些宫廷唱诗班的歌手。

没人和他们说茶后要集合，拖延让很多人都闷闷不乐。基本上所有人都能容忍离开皇村，皇村对于学生们来说已经是陌生的了。他们已经同皇村道别过了。

历史老师凯丹诺夫不招任何人喜欢。所有和他相关的东西，笨重矮小的躯体，都不会引起人们的喜爱。他走路时摇摇摆摆，还侧着身子。在皇村教书前，他曾在佩列亚斯拉夫师范学校学习，据说这是那个时候留下来的习惯。他很狡猾，眼睛里充满狡诈。他很凶，在学生面前不得不收敛些他在师范学校养成的习惯。但学生们很讨厌他。可能是出于愤恨，他故意还保持着这些习惯。他上课时拖着长声读书，好像在唱歌，这样倒是让他想起了自己师范学校的校长。而米沙·雅科夫列夫则说这声音很像教堂执事帕伊西。偶尔的懒惰及冷漠也让他感到不安。他也曾调皮，粗暴无礼。对他来讲，欣赏别人可能有些窘迫。但是大家还都听他上课，大概他冷淡的声音和不经意的对比是主要原因。

这一天他上课的内容是"拖延者"费边①。费边被选为执政官后，决定不停地调动军队，而不进行直接会战，以达到将汉尼拔——这个全世界可怕的敌人拖垮。迦太基的首领采取了各种战术，以迫使费边进行决战。但是费边不顾对方对自己的欺辱，以及本国公民对自己的怀疑、抱怨及嘲笑，并不改变自己的作战计划。所以"拖延者"这个绰号在那个时候就给了他，为的就是嘲笑他是个慢性子。

这个老师范学校学生解释道：

"Cunctator，也就是拖延者的意思。我请大家记住这个绰号，因为将来这个绰号可能用得上。"

凯丹诺夫用浮肿的双眼看着学生们，露出满意的神情。

所有人都在听他讲课。对这位拖延时间不进行会战的统帅进行嘲笑，这个故事对于他们来说是非常熟悉的。甚至米亚索耶多夫都很困惑。丹扎斯已经卷好了一个纸球，准备丢给某人。但是他也手拿着纸球听完了课。凯丹诺夫可是等了好长时间，等着丹扎斯犯错误。他已经想好，就像平时那样，这样批评丹扎斯：

"丹扎斯先生，您真是个调皮大王。"还没等丹扎斯扔纸球，凯丹诺夫就迫不及待地批评了他。

元老院选出米努修②作为拖延者费边的助手。米努修是一个有经验的统帅，对拖延者费边没有任何好感。

新的统帅决定同敌军进行决战。汉尼拔早就等不及了，他出其不意

---

① 指"拖延者"昆图斯·费边·马克西穆斯·维尔卢克苏斯（约前280—前203），古罗马的政治家、军事家。在第二次布匿战争中他采取拖延战术，从而挽救了罗马。——译注
② 米努修（？—前216），古罗马政治家、军事家。不赞成费边的拖延战术。——译注

包围了米努修。在这千钧一发的时刻,受了委屈的费边救了米努修,展示出自己广博的胸怀:他忘记了米努修对自己的羞辱,将国家利益放在个人利益之上。他从山顶向汉尼拔进军,打败了汉尼拔的部队,而且没对米努修说什么,就返回了自己的营地。

丘赫尔别凯听到这儿精神一振。他曾把母亲写给他的关于巴克莱在波罗金诺的信读给普辛、普希金和瓦尔霍夫斯基听。恐惧和惊讶的神情呈现在他的脸上。

凯丹诺夫满意地看着大家。

没有什么能够保护费边免受自己公民的猜疑和愤恨。根据公民提议,元老院又一次任命瓦罗①担任统帅。瓦罗同汉尼拔在坎尼展开会战,罗马人遭到惨败。南部的魔鬼②极为兴奋。

带着满意的神情,看着这些小坏蛋们困惑的脸,凯丹诺夫放慢了速度。他不慌不忙,擦了擦鼻子。普希金,这个爱嘲笑别人的小坏蛋,脸上现出专注的表情,眼睛一闪一闪。他突然快速地对普辛说了什么。凯丹诺夫皱了皱眉头。他敲了敲桌子,在普希金发觉前说道:

"请安静,普希金先生。请不要说话,普希金先生。"

他没有把普希金、戈尔恰科夫和瓦尔霍夫斯基称作调皮大王。然后他摆出了一副教师的派头。他的肚子突出。他发现丹扎斯这个调皮大王无动于衷地盯着他,就开始摹画他。他没有引起丹扎斯的注意。

"人民性,"他说,"在危险的状况下得到了体现。按道理说,罗马人在那个时代可以说是伟大的民族。在一片惊慌和恐惧中,罗马也遭遇

---

① 盖乌斯·特累恩迪乌斯·瓦罗(约前三世纪),古罗马政治活动家、军事家。他曾在意大利的坎尼同汉尼拔展开会战,但以惨败告终。——译注
② 指汉尼拔率领的迦太基军队。——译注

到了我们目前所面对的情况。每个罗马公民将自己的财产,乃至自己的生命献给了祖国,激起了所有人的荣誉感和复仇感。迦太基人企图征服世界,但是罗马人不想对他们俯首。拥有万千智慧的迦太基统帅犯了一个致命的错误。他进入了坎帕尼亚①地区,决定在寒冷的时候进入卡普阿。很快,马凯尔和光荣的西庇阿②赶走了这些可怕的人,保留住了意大利。"

他得意地笑了笑,两手交叉呈十字形放在胸前,就好像英雄一样。凯丹诺夫看着普希金,这个淘气伶俐的小魔鬼,还有无动于衷的调皮大王丹扎斯,就好像他自己就是拖延者费边,用巧计战胜了敌人。他不慌不忙地说:

"请大家在这堂课结束后,到大厅好好读一下战报。就在昨天,这所学校成立的纪念日,也就是这个10月19号,拿破仑·波拿巴撤出了莫斯科。"

他们哪儿都没去。

---

① 位于今意大利南部。——译注
② 指大西庇阿,即征服非洲的西庇阿(前235—前183),古罗马军事家和政治家,第二次布匿战争中罗马方面的主要将领。因击败迦太基统帅汉尼拔而名垂青史。——译注

## 第八章

法军引爆了炮弹和火药箱,为的是不让俄国人得到。他们把大炮埋在土里,丢弃在路两旁。拿破仑的部队落荒而逃。四十万大军到最后只剩了四万。骑兵也是步行撤退,因为马都没了。

士兵把冻住的武器扔到地上。近卫军衣服破破烂烂,步履蹒跚;掷弹兵穿着破旧的女士棉背心,五颜六色的裙子,把草席子、兽皮、面口袋裹在身上,一瘸一拐地行军。他们的头上裹着从阵亡战友身上扒下来的衣服。由于饥饿,他们全身浮肿。冻透的双脚裹着粗布衣,还捆上了破旧的绒帽子。他们在路上蹒跚而行挨饿受冻,或是被抢,或是被打死。这个曾经击败俄国军队的法军,被严寒消灭了。被烧毁的村庄没有再次被点燃,迎接这些法军的则是农民的干草叉。一场战争——农民的战争正在继续。所有人都清楚俄罗斯的寒冬,但是法国人妄想在寒冬到来之前结束战争。莫斯科的秋天是温暖的。统帅说了,莫斯科要比枫丹白露[①]暖和。但是俄罗斯的冬天欺骗了他们。至于俄罗斯的乡村,他们一无所知。

库尼岑和学生们讲了这件事情,他的眼睛里闪着光。他确信,三两个月后废除农奴制,是毫无疑问的事情了。

---

① 位于法国北部,曾经是法国国王狩猎之地。——译注

## 第九章

*1*

科尚斯基读完了战报：俄军攻陷了巴黎。今天一整天信使疾驰在彼得堡和皇村及巴甫洛夫斯克。春天还没有到来，但是白天已经逐渐变长，日落也晚了。

一切都变了。看上去不可战胜的敌人逃跑了，全世界的命运也决定了。而且所有的学生就在这一年好像都长大了。万物的焦点离得很近，他们伸手可及。

黎明，阳光照射在远处的卫兵室。他站在拱门的窗户旁。他在那儿倾听着简单但是极富生命力的声音。至于那本关于拉加尔普的书，他早就丢掉了。

他经过小房子，去科萨科夫那儿。米沙·雅科夫列夫在给他的诗谱曲。科萨科夫自弹自唱。米沙·雅科夫列夫显示出了非凡的音乐才华，而科萨科夫则是一个好歌手。他们之间不再有孩童般的吵架。童年就这样突然离去了，所有人都展现出了自己的才华。米沙·雅科夫列夫很会模仿别人，逗得人发笑。他在将来很可能成为优秀的演员。

就连丹扎斯也有自己的才华，那就是写大字。他的这个才华盖过了科萨科夫。他总是做些不可理喻的行为，但丹扎斯现在却非常安静。他

写出的字整齐纤细,非常漂亮,以至于加里尼奇看了他写的好几页字,笑着说:

"这字写活了!"

他现在一个人在抄写杂志《皇村圣贤》。就连不怎么读这个杂志的加里尼奇,也仔细地翻了翻丹扎斯抄的书页,回答道:

"这字不比印出来的差!"

有一天,他把米亚索耶多夫画成一头蠢驴的模样,还把丘赫尔别凯画成一位激情的诗人。什么都不用说了,这一切表明丹扎斯是一个画家。他现在画了很多,他甚至把自己画成了一头熊,而且画得非常像。

现在,在学校里,有自己的画家、印刷专家和诗人。

戈尔恰科夫和瓦尔霍夫斯基之间的竞争占据了一切。戈尔恰科夫的记忆力可不一般。他看一遍书,就像加里尼奇,即便对内容不感兴趣,也能记住所有的东西。他用漫不经心的语调复述书的内容,好像他就随随便便读了几页。他的法语非常棒。他很勤奋,但总是装成懒汉,还总是抱怨他做什么都来不及。

"我的老痛风病哦,彻底把我打垮了。我一行书都读不进去。"

他回答问题时准确详尽,还带有一丝漫不经心,以至于一些教授认为他是天才,而其余的人认为他很冒失。但总之大家都不相信他的知识量。他拔得头筹。瓦尔霍夫斯基的领会能力弱些,但就像斯巴达人那样,很顽强,不怕犯错误,通宵达旦坐在书桌前。学习是他的癖好。很多人都觉得,他过于追求成绩了,这很好,但有些危险。他也可以称得上是优秀学生。戈尔恰科夫和这位追求成绩的人碰面时露出了微笑,但是瓦尔霍夫斯基总是那么安静。大家都在关心幸福的宠儿和可怜的固执的家伙的争论。在见到亚历山大的时候,戈尔恰科夫刻意展示出自己同别人相比有什么优点。亚历山大无论如何也拒绝不了他的微笑；他们成了好朋友。亚历山大喜欢杰尔维格，见面时他们互相亲吻。他喜欢给他一个人读诗。从自己朋友的眼睛里，他就能知道，这首诗怎么样。然后杰尔维格好像被雨浇了，抖了一下，模仿科尚斯基的样子说：

"看得出来，你是天才。"

戈尔恰科夫耐心地誊抄普希金创作的所有诗作。讨人喜欢的莫吉尼卡·科尔夫看到后，他自己也这样做了。莫吉尼卡·科尔夫曾很讨厌亚历山大，因为他害怕他笑话自己。

荣誉突然间就来到了。

杂志社的编辑们——人们把他们称作圣贤，因为他们的杂志叫《皇村圣贤》——仿照真正的杂志编辑做法，向他约诗稿。科萨科夫就唱了自己的诗歌《背叛》，由米沙·雅科夫列夫配乐。

有一天，他没找到诗歌灵感。他写好第一诗节，然后删了一个词，然后删了所有诗节。他失去了耐性，生气了，把纸揉成一团，扔在角落里。这是在大厅。阿洛谢·伊利切夫斯基也是诗人，他把纸团拣出来，弄平整，然后写完了这首诗。

科尚斯基让他随便读一首诗，以供选择。他老早前就给这位严肃的批评家起了外号叫阿里斯塔尔库斯和佐伊尔[①]。他并不想给这位佐伊尔读诗，可到底他读了《背叛》这首诗。他读的时候，还记得科萨科夫吟唱的曲调。科尚斯基吃惊地看着他。普希金近乎号叫地读诗，没有体现出一点逻辑，声音时而高时而低。不过，就像阿里斯塔尔库斯说的，读这样节奏跳跃、简短的诗，或者更确切地说，律动感极强，近乎完全是

---

① 佐伊尔（约前四世纪），古希腊哲学家，修辞学家。——译注。

由韵脚组成的诗，也只能这样读。这首诗讲述了女人的背叛，很可能是一种情歌，还有当下流行的华尔兹舞曲的因素。这种风格既非杰尔查文式的朴素，也非卡拉姆津界定的那种雅致。这是一种放荡不羁的风格，极具传染性。现在出现了很多诗人，他们的诗作开始都是可以随着音乐唱和。这类诗歌更容易让人接受，就像当下流行的华尔兹一样。但是这种活力四射的诗却有些不合时宜。这位少年作者是从哪儿了解到妇女的背叛呢？

科尚斯基用欣赏的眼光看着他。他用一种别样的声音，仿佛用别人的激情来读诗。科尚斯基让他再读一遍。这位阿里斯塔尔库斯用手撑住额头，闭上发肿的双眼，鼓起嘴巴，倾听这位年轻人读诗。他也曾让伊利切夫斯基，甚至雅科夫列夫读诗，以给他们提出意见，指导他们作诗，让他们进步。但是他现在沉默了。他皱了皱眉，看着自己的学生，头一次关注他的外貌。他的眼睛充满生气，眨得飞快。脸上也浮现着专注的神情，好像还透露出一丝狡猾。科尚斯基本想说这样的三步抑扬格并不能作为作诗的规范，因为这种诗格会使诗歌听上去过于刺耳，就像马儿被车夫吓到而发出的嘶鸣声。他老早就想说出这个比方，但是他突然闭口不说了。他松了松勒紧的衣领子，又看了看这个少年。亚历山大看上去很悲伤，而阿里斯塔尔库斯自己也好像脸色变白，情绪低落。他没对这个读诗的人说什么，只是突然沉重地叹了口气，拖着双腿，慢慢地在大厅里踱步。他很清醒，只不过面色阴沉。这是一个新的诗歌流派，对这个流派他是不认可的，心里暗暗称他们是趣味低下稍嫌色情的音响淫邪派。他们所有人都在写诗，但他不能不承认，同别人的诗歌相比，其余人的诗作都显得过于生硬和沉重。音乐家即刻为其谱曲，其余人立刻把歌唱出来，紧跟着赞誉和好评接踵而至纷至沓来，这里面有什么奥妙他也说不清楚。巴丘什科夫的创作方法让他很是困惑：抛给听众一两首完美的诗作，激起他们的惊奇和喧嚣，然后自己消失个一两年——赞誉就这样轻而易举地来了。这种审美方式似乎激怒了这个阿里斯塔尔库斯。开始他把这个称作是一种神秘的审美趣味：对诗歌的审美，就像对音乐的评判，甚至是记录。有一次他听到蠢蛋加里尼奇，同样也是吉他爱好者，对齐里科夫说，辨音能力的第一阶段就是听别人是不是走调；第二阶段就是自己不走调，而做到这一点要比品评别人更困难。现在出现了很多的批评家。加里尼奇对这些批评家的指责某种程度上让科尚斯基感到懊恼。他也放弃了自己的判断。现在很多人都在解释一种对称的关系，或者合乎逻辑的手法，并将之运用在诗歌创作的架构上。

> 哦，心的记忆！你比
> 理智忧伤的记忆更有力。[1]

这两句巴丘什科夫的诗让他很困惑。很显然，其中的语法含义模糊不清：究竟是谁比谁更有力？心，记忆，还是理智？他们同时对女士产生作用，而这种作用无法用言语表达。这，大概就是审美的品位，也得到了其他人的赞誉吧。而这三步抑扬格，不就像那些新近流行的晃晃悠悠的步态吗？这样的诗格还容易引起许多歧义，而人们却一直喜欢这样的诗。巴丘什科夫也有一些诗作，这些诗每三行押一次韵脚，而不是通

---

[1] 这两句诗出自巴丘什科夫的作品《我的天赋》。中文版摘自《秋天的哀歌——俄罗斯抒情诗选》第 24 页，汪剑钊译，四川人民出版社 2016 年出版。——译注

常的每两行。为什么不是每四行呢？当然这只是随口一说。这位诗人还可以写出更强有力的诗句。

他试图向普希金，这位看上去喜爱诗歌且有出色才华的人解释，这些诗句会产生什么样的影响，但是他没有。普希金不会听的。他可能不用听他讲这些，自己就能猜到。这个年轻人突然获得赞誉，反而让他感到一丝反感，他什么都没得到。那些妇女确实像飞蛾一样，急匆匆投向年轻诗人的烈火之中，哪怕这些诗人是小孩子。巴枯宁娜向他询问关于普希金和伊利切夫斯基的事情。看来这些少年已经吸引了妇女的注意。有一次在和托尔斯泰伯爵见面时，伯爵想了解一些学校学生创作的爱情浪漫诗。而巴枯宁娜，这位科尚斯基私下为之创作赞美短诗的女士，仅仅期待去参加一次家庭庆祝会，为的就是邀请那些"诗人"，还向他询问这些编造诗歌的学生的近况。这可是让他无法容忍的。

赞誉并没有被那些擅于创作严肃诗歌、阅历丰富的人得到。它就像一个反复无常的少女，期待着同小伙子会面。不仅如此，它似乎会自己去寻找送到它跟前的诗人。比如，能够正确运用语言流畅作诗，清晰明了阐释自己思想的伊利切夫斯基，就一定不如普希金吗？但是也会发生这样的事情：别的年轻人给诗歌配上曲子，第三个人抄出来，而《背叛》的作者则引人注目。而且他的行为让人觉得骄傲自大，高高在上去评判别人，还嘲笑加夫里尔·杰尔查文。而他做这些仅仅是按照自己个人的审美标准，就好像别人给他这个标准，让他当权力去用。如果是他去嘲弄那些年轻人创作的不太好的诗歌，这倒可以理解，但是他自己根本不去考虑这些。如果事情闹了出来，那么他就可能被赶走，而学校本身可能就会受到猜忌。作为诗人和文学家，这样就太不值当了。

马尔蒂诺夫①，国民教育部的一个领导，向科尚斯基打听青年人是否有作诗的才华。他自然耸耸肩作为回应。但是这位领导似乎不赞成他的看法。想必他也受到了时下流行的影响？科尚斯基吃惊地感觉到，新式诗歌的简约、无拘束、轻佻、灵活、普通以及饶舌的特点对他本人开始产生了影响。他很喜欢新式诗歌。这可让科尚斯基生气了。

他去找校长马林诺夫斯基。校长已经病势沉重，大家都认为他不久于人世。科尚斯基心中的野心——他自己都不敢承认——折磨着他：他自己希望能成为校长。

## 2

校长马林诺夫斯基不承认自己生病了。巴黎被攻陷了，新的时代开始了。他想在学校搞一个庆祝活动。

他穿上自己的制服，离开屋子。和从前一样，这位学者一步一步，艰难地走完了从家到学校的这段路程，这条皇村小路。列昂季大叔在台阶上等着他，把校长扶进了大厅。校长气喘吁吁，面色苍白，身体瘦削，但双眼炯炯有神。他像一个幽灵，走遍了学校所有的建筑。学生们都跑过来看他。他发现学校里很冷，就下命令要求生火。他也打了个寒战。然后他签署了一个报告，要求修理火炉。

自从部长警告他，并多次申斥他之后，马林诺夫斯基开始更加关注学校的生活杂事。他签署了申请书后，感到很累，别人就把他送回家了。他还吩咐了庆祝活动的事项，这可是他期待已久的事情了。他想给

---

① 指伊万·伊万诺维奇·马尔蒂诺夫（1771—1833），俄国语文学家，植物学家，出版文学类杂志《缪斯》。——译注

整个学校的生活带来一个崭新的开始,还打算在将来的庆祝活动上为学生、教师及客人做一个长篇讲话。他想讲讲关于胜利的事情。现在所有人都在谈论这件事,但是他还想讲讲别的。

"敌人说过,对事物的恐惧,是俄国人的主要弱点。"而他要打算说的是:"我们所做的勇敢无畏的事业,却印证了一个相反的观点。"他还要谈谈俄国人的优点。俄国人不屈不挠,反对欧陆人的自私自利。还要谈谈在将来,从每一个省的每一个学生身上要证实这一点,就像现在俄国的战士们已经在沙场上证实了这件事。他毫不怀疑,将来俄罗斯民族会得到荣誉,而且农民被奴役的情况也会消失。他穿过大厅,发现所有的学生都吃惊地看着他。他甚至忘了,应该先从何处下手来准备这个庆祝活动。

回到家后,他开始着手列出需要准备的事项安排。新的时代应该有新的秩序。他还记得当年在学校开学时他讲的话,现在他为当时的讲话感到羞愧。那个时候,所有人还陷入在屈辱恐惧之中。现在,胜利赋予俄罗斯民族新的意义。那个时候,不幸的米哈伊尔·米哈伊洛维奇[①]刚刚开始执政,而现在,一个新的时代即将开始。俄罗斯民族即将凝聚在一起。如果这个都不能实现,那他就抛下当前这些空洞无聊的工作,离开这儿,去乌法的草原上做苦工。这是他老早就打算好了的。这次学校的庆祝活动会展示出很多东西。应该把这项活动和考试联系在一起,以向世人展现学生的成绩。他甚至怀疑学生们是否有如此多的成绩,但有一点他确定无疑,那就是皇村学校的精神。

他倾注了极大的热情去构想新的秩序。数十年他都在想这件事,他

---

[①] 指斯佩兰斯基。——译注

甚至都确定了一个内容丰富的计划。这个计划事关国家两院、民族精神、国民教育以及世界和平。他还制定了一个用以衡量生活的按字母顺序排列的表格，据此来考量人的生活。

他坐到书桌前，把所有的东西加到这个大的计划之中，就好像这些东西要跑掉一样。所有根据土耳其以及欧洲书籍做出的计划、笔记和摘抄，他都用细绳子捆好。他的手在颤抖。"事关俄罗斯人的尊严"，他一遍又一遍地读这句话。要想彻底根除受奴役的地位，首先应该从解放农民开始，也就是废除农奴制。他甚至发现，对待外国仆人的态度和对待本国仆人的态度截然不同，原因就在于本国的仆人是农奴。

"公民教育"应该成为全民的事情，而当下在俄罗斯并不是这样。他久久坐在桌子前，制订自己的计划，身子也变弱了。儿子伊万在学校，女儿玛莎在姑姑家，没人会妨碍他。他瞅了一眼表格。在表格里他按照字母顺序，把每个人的特点都描述出来了，他本人也很欣赏这个方法。如果是好的特点，他就在旁边写下如何去发扬；如果是不好的特点，就写下如何去克服。他点了点头。这项计划把他深深吸引住了。他也越来越担忧学生们，于是就着手记录他们的特点。他老早就想按照字母顺序来做一个学生的评定表，来展示他们的才华。没准这个表格在庆祝活动上还有用呢。当然，到那个时候可以把学生的姓氏隐去，只说他们做的事情。

谈到勃罗格里奥，他敦厚老实，但很固执，易怒，知道感恩。杰尔维格慢性子，但是很调皮，性子急，爱嘲笑别人，不虚心，可是心眼不坏。马林诺夫斯基有点不安。这些学生的特点中竟然有很多矛盾之处。把这些特点都列入这个表格中似乎不太可能。三年前他曾经想要创造一个新的人种。新的人种他又是从何得知的呢？有一点很清楚，任何人身上都不应有奴性存在。他突然把评定表中的"性格"一栏删掉,只保留了"才华"一栏。这样,他轻松地舒了一口气。戈尔恰科夫成绩不错,记性很好。瓦尔霍夫斯基能力很强。普辛,成绩很棒,也很认真。科尔夫就像他伯伯一样,很谦虚,非常勤奋,但喜欢讨好别人。丹扎斯除了绘画才能外,尚未发现别的优点。关于他自己的儿子,他亲手写道:不那么忠厚,有些不严谨。关于丘赫尔别凯,他特别标注了 nota bene①:充满热情,进取心,在文学创作上永远不停歇。普希金也一样标注:审美标准高冷,敏锐,爱嘲笑别人,对文学和荣誉有一种独特的喜爱。高冷和爱嘲笑,这两点在皮列茨基到来之后就成了普希金的特点。校长本人也记起了当时对他的不信任。他非常激动,在自己的办公室走来走去,然后坐下写了两句话:致老师和学生们。他想指出,第一,我们身处一个重要的时代,那就是要从最开始狠抓学生教育,给他们充分尝试的机会,但是必须在正确的指引下,才会有好的结果。摒弃个人琐碎的利益,要为未来国家和军事事务战场的重要性做好准备。其余问题他决定要和库尼岑当面谈一谈:宫廷对学校的事业漠不关心。学生中间也会存在尚未被发现的弱点。他还提到了要谨慎从事。他把关于庆祝活动的各种事项都托付给了库尼岑,同时也把需要邀请的客人名单给了他。他早已忘记的,旧时曾有的一种满足感又一次出现了。他的头发热,眼前一阵眩晕。但他还是把这些写完,甚至忘了蘸墨水。羽毛笔在纸上吱吱响,他的呼吸也渐渐沉重。最后他签好字,点上句点,纸上撒了沙子②,倒下了。

---

① 拉丁语:注意。——译注
② 纸上撒沙子用来吸墨。——译注

他很晚才醒过来,然后嘱咐人把儿子伊万和瓦尔霍夫斯基叫来,和他们说了几句无关紧要的话,然后用忧郁的眼光看着他们。

他对到来的库尼岑说,当下战争的结果顺利平安,俄罗斯人应该着手开一个会,来证明自身的优点。可惜的是,学校里的孩子们还没准备好,将来他们会长大的。人民的眼睛就是上帝的眼睛。他要求库尼岑做好一切准备来筹备这个全民族的节日。库尼岑想,校长已经沉浸在自己的想法里不能自拔了。他皱了皱眉头。马林诺夫斯基歇了口气,望向窗外:已经三月了。

他的呼吸越来越困难,脑子也是一片混乱。他艰难地歪过身子,对库尼岑说关于他儿子伊万、女儿以及他们同瓦尔霍夫斯基之间的友谊。

"对我来说,他就是养子一般。"

无论怎么说,他觉得米哈伊尔·米哈伊洛夫斯基的计划是实现了的:这里,这些缺少家庭关爱的孩子们,组成了一个大家庭,他们需要紧密团结在一起。但是注意个人行为不要太出格:普希金就是太爱嘲笑人,当然雅科夫列夫一样,"我很担心他们"。

他沉默了一会儿,就开始谈论他的政敌:拉祖莫夫斯基和阿拉克切耶夫[①]。他们在将来会极力反对召开全俄人民大会。他很急躁,并陷入了昏迷。很快库尼岑吩咐所有人离开病人的房间。

病人说了很长时间胡话,很快说的话别人都听不懂了。看上去说的是土耳其语。醒来后,他问库尼岑关于巴什基尔工长的事。他坚定地说,东西已经发走了,他也就要前往乌法省。在那儿,他要开始从事农

---

① 指阿列克谢·安德烈耶维奇·阿拉克切耶夫(1769—1834),俄国国务活动家。——译注

业活动，并教育当地居民。现在已经是春天，道路马上就开冻，一切都准备好了。他要求库尼岑留在皇村，在他离开后替他照看这座学校。他挥动着瘦弱的双臂，哭了。

突然，他把双手放在胸前，眼光暗淡，似乎把库尼岑当成了其他人，对他说：

"阁下，我所负责的教育机构，它最主要的特点，就是有独立精神。"

萨姆波尔斯基很快就到了。他的头在颤，别人搀着他的胳膊。在门边，他习惯性问道：

"要举行悼念活动了吗？"

然后，他伸直了身子，迈着沉重的步伐来到垂死之人旁边。傍晚时分，几乎所有教授都聚集在校长的办公室旁，但不见加乌恩施尔德。

## 3

四周比平时要安静得多。他们时不时地向校长的小房子那边看去。晚上六点，齐里科夫让学生们排好队，所有人前往校长的办公室。就在那儿，不久前校长还和学生们谈话。骑兵队已经到了，校长身着制服。他的面容十分安详，高高的额头舒展开来。科尚斯基、库尼岑、卡尔采夫和小布德利把棺椁抬出来，放在大车上。

骑兵队在前方引路，后边是身穿丧服的学校看门人，灵柩前是唱诗班。两个侍者把校长唯一的勋章放在衬垫上，仆人们则牵着马，扶着灵柩。

学校师生一直送到大门的岗哨旁。在这儿他们同校长告别，五位代表继续随行，和灵柩一起前往彼得堡：儿子伊万、瓦尔霍夫斯基、普辛、玛秋什金和丘赫尔别凯。他们都是品德高尚的人。

# 4

人们在大厅里，在走廊里，在门洞里走来走去，进进出出自己的房间，没人待在屋子里。亚历山大和杰尔维格说现在是不是要任命科尚斯基为校长。他俩看法一致：不会任命他，因为他俩都不想让他成为校长。大家静悄悄地在暖和的走廊里溜达。他们头一次认真看着这些墙壁、拱形的天花板、马特维大叔刚刚点燃的蜡烛。他们在自己的家里。

这不仅是有修士偷偷溜过的修道院，也不是哄小孩玩的，部长拉祖莫夫斯基心中那样的学校——这是他们的家，家的主人刚刚去世。

亚历山大和杰尔维格手牵着手，望向空荡荡的校长家的窗户。今年很奇怪，不知不觉一切就都变了。这所学校，台阶，他的房间，都是那么古老，熟悉。他还能去敲普辛的墙壁。这是他的家，他的第二故乡。

瓦尔霍夫斯基、丘赫尔别凯和玛秋什金坐在角落里，没有离开哥萨克半步。他们发自内心，为校长的离去而悲痛。

似乎就在昨天，校长还来到这里，迈着沉重的步子，穿过这条走廊。校长好像会永远活下去。他的话引人深思，他的课也是印象深刻。他非常正直、严肃。有一次亚历山大听到他训斥儿子，用姓"马林诺夫斯基"去称呼他。他就像一个普通人，对学校里的一切都平等对待。他憎恶那些上流社会的习俗。他也不喜欢调皮捣蛋的学生。他曾两次训斥亚历山大，两次都很严厉。仅有一次，在战争的时候，他有一天冲他开朗忠厚地微笑，还拥抱了他。现在那座失去主人的房子空闲出来。很快，科尚斯基，或是加乌恩施尔德会像讨钱的债主、性急的继承人一样，迫不及待地搬进去。

# 5

突然间,皇村的一切都变了。在马林诺夫斯基去世后,所有的教授都有了野心,开始依次去造访部长,向他阐释自己关于治理学校的看法。只有布德利和库尼岑没有去过。部长苦着脸,研究着自己手上的饰品,或是活动活动脑袋,或是伸伸手来放松自己。他很困惑:等了好久,想找机会把马林诺夫斯基换掉。现在他死了,却无人可接任。这所学校是什么样的?将来要成为什么样?一切都是未知数。这所学校似乎很怪,好像一个温室,一个苗圃。老师们在其中培育新的果实。当时这所学校的命运未卜,也不可能换掉马林诺夫斯基。他当时要维持一切,同小孩子打交道。可是现在,巴黎被攻陷了。一方面,学校再给皇帝添麻烦,占着皇村的地方,显然不太合适;另一方面,这所学校究竟要办成什么样子,要把它办成什么层次的学校,谁都不知道。总之这所学校应该成为一所按照欧洲办学理念经营的机构。但是,现在学校的权力越来越大。另一方面,阿拉克切耶夫似乎一点也没提及欧洲。

部长很喜欢科尚斯基的穿着打扮,就对他进行了任命。不过让科尚斯基不满的是,他只是代行校长职务。除此之外,还有库尼岑,以及不久前新任命的学监弗罗洛夫[①],也要参与到学校的管理之中。尤其是后者,大大刺激了科尚斯基的自尊心。就好比在文学界,大家都尊敬他,但是并不出版他的作品。现在,在学校的职务上也是这样:不是名正言顺的校长,但干着校长的活儿。鬼知道这是怎么回事!他曾骄傲地扬着头,在大厅里溜达,学生对他鞠躬行礼,他赞许地回应。但过了一周,

---

[①] 指斯捷潘·斯捷潘诺维奇·弗罗洛夫(1765—?),军人出身。——译注

他就咽下了这口苦酒。

库尼岑发现他的境况不么好。

"你的功劳,"科尚斯基用浑浊的双眼看着他,嘶哑地说,"我承认,配得上你现在的任命。可是那个家伙呢?叫什么弗罗洛夫?我甚至都不想叫他'家伙',他就是个假货!"

其实这个弗罗洛夫也有自己的想法。他曾是军人,也经常用"家伙"这个词,而且读这个词的音调独特。

就这样,学校没有校长,每个人都可以自行处理事情。新的"假货"在学校里上任了,弗罗洛夫引发了所有人的猜想。

他负责监督班级以及学生的道德问题。他只要在学校里出现,就身着军人的制服,昂首挺胸向前走。有一次他严厉申斥了大叔列昂季·凯梅尔斯基。看上去他俩早就熟识了。列昂季大叔不管学校里的一些劣习。

弗罗洛夫睁大眼睛,朝着他大声喊叫,不断重复道:

"泽四申末?泽四申末?"①

要不是科尚斯基在一旁袒护,列昂季早就被开除了。但是按照弗罗洛夫的要求,新换了一个仆人:萨佐诺夫·康斯坦丁,一个年轻人,几乎还是个孩子。眼睛淡白,眼神游离,手臂粗壮,面色阴沉。他在弗罗洛夫面前挺直身板,直到弗罗洛夫走过去,对他轻声说:

"稍息!"

他立马把部队里的制度带到了学校:清晨萨佐诺夫·康斯坦丁随着钟声,亲切地喊三次,然后上校本人(他曾经是炮兵中校,但是萨佐诺

---

① "这是什么?"这里作者模仿弗罗洛夫独特的音调。——译注

夫和其他男仆称他上校）把所有人列队三次，然后命令道：

"上帝保佑！"

然后带领大家祈祷。祈祷的时候上校会严格检查队列的横竖排面。

总之，他立刻显示出了自己的活动才华。蜂蜜水取消了，茶和甜面包出现了。午饭后还有酸克瓦斯。

"在部队或者军团里，我们都是这样做的。"他用嘶哑的嗓音对管家说，管家也没敢提出反对。

之前，学生们能够自由进出自己的房间，可以在那儿做自己想做的事情。但弗罗洛夫开始发放回房间的许可证，而且是他亲自发放，还要有他的亲笔签名。

他的签名也是有军人风格的，笔迹粗重圆满。他仿照部队的风格管理学校，把军校学员作为这儿学生的榜样。

"我们在军团，"他说，"都是要列队的！这儿，都是浮于表面文章。"

他对此表示遗憾，而且对学校的自由习气不屑一顾。

萨佐诺夫把报纸和战报送到他那儿，供他审读。这位上校用剪刀剪掉那些多余的内容。

"穆罕默德是不会说废话的，"他嘶哑地说，"多余的统统剪掉。"

他喜欢拿穆罕默德和《古兰经》举例子。

他对学校的世俗教育方针让了步，但是一有机会他还是去和学生们谈话。弗罗洛夫喜欢卢梭。他对丘赫尔别凯说：

"他的《爱弥莉亚》太棒了，俺们军团的人都会背这本书。"

他把《爱弥儿》说成了《爱弥莉亚》，把男主人公说成了女的。

他对仆人们很严厉。按照他的观点，这些仆人纪律散漫。他把马特维耶夫开除了，现在由萨佐诺夫·康斯坦丁服侍亚历山大。这个眼神游离，手臂粗壮的人老是陷入沉思。有时候他会像一个孩子那样微笑。每天早晨，他走路时总是昏沉沉的。

"康斯坦丁是个忠诚的人，"弗罗洛夫说，"脑子不是很灵光，但是很忠诚。"

弗罗洛夫还想去骑马。

"骑马，要保持队形，"他若有所思地说，"马场并不远。我很惊讶，为什么没人带你们去。只有骑上马，才会有自由的神气和姿态。"

很快，他领着学生们去马场骑马。他对亚历山大、瓦尔霍夫斯基和勃罗格里奥很满意。

"弯腰，伏在马鞍子上。你们别怕马。马能理解你们的动作。"

他不屑一顾地评价戈尔恰科夫：

"骑得不错，就是姿势像个娘儿们，用脚尖蹬马镫子。"

丘赫尔别凯怎么也够不到马镫子。弗罗洛夫生气地说：

"预言家都能回答这个问题：是马害怕他？还是他害怕马？"

## 6

现在，在玫瑰田，他们不再听从齐里科夫。

学生们在摔跤，他们勇敢果断，而齐里科夫则前往亭子，向他们挥了挥手。齐里科夫在为他的新诗打草稿。这首诗占了他全部时间。但是学生们并不吵闹。他们喘着粗气，跌倒在地上，翻来覆去，像蛇一样。这时有一个人一高兴，没用膝盖踩住对手。大家立刻哄闹起来。亚历山大也参加了游戏，随便和一个人开始玩，但经常输。勃罗格里奥很强壮，手臂像钢铁一样结实。有一天他提议和亚历山大摔跤。亚历山大同意了，但是很快就被他抱在怀里，被他的手钳制住，动弹不得，最后输了。他的脸发白，陷入一阵狂怒，但再也没和他玩过。他对自己的个头感到羞愧：比勃罗格里奥、马林诺夫斯基、丹扎斯的个头都矮。他很嫉妒他们。

科莫夫斯基的个头更矮。有一次科莫夫斯基同勃罗格里奥摔跤，他们纠缠在一起，在草地上滚来滚去。现在的情况就是：抽出右手，就能控制住对方的脖子，从而摆脱对方的手脱身，然后用腿压到对方的身上。瘦小的科莫夫斯基像鳗鱼一样，被勃罗格里奥强有力的手臂控制住。突然，这个大力士竟然放走了科莫夫斯基。围观的人还没来得及看明白，科莫夫斯基就已经坐在勃罗格里奥的身上了。

亚历山大喊道：

"布拉沃！①"

他非常喜欢科莫夫斯基在那一瞬间脱身。狡猾的，瘦小的，伶俐的科莫夫斯基！真是出其不意，就连能描述皇村200多人容貌的雅科夫列夫，都讲不出这一刹那间发生了什么。

但是，亚历山大喜欢击剑。金属网面具、剑、沉重的手套——这些勃罗格里奥可是经不住。他确实很强壮，个子高高的，肩膀很宽，但是在亚历山大的剑锋面前，他吓得一动不动，还直后退。

瓦利威尔，一个法国老头，胡子染了颜色。他对普希金感到非常高兴。

"在三分位保护自己！"

"前进！"

---

① 棒极了！——译注

"在四分位!"①

剑锋弯曲,发出叮当的响声,大家一阵鼓掌,用鞋跟跺地板。亚历山大没有耐性等待,直接向前拼刺。瓦利威尔止住了他。

勃罗格里奥输了。

"先生们,魔鬼的个子也不高,"瓦利威尔满意地说,"为什么普希金击剑这么好?"他问,"没人知道吗?那我来解释一下:他非常认真,就好像真在决斗一样。有一次,就是在1779年,我被传唤的时候……"

弗罗洛夫来听瓦利威尔的课。他受到振奋,用嘶哑的声音安静地说:

"别往那儿走!棒极了!"

不经意间普希金博得了他的好感。

"他很坚定,动作灵巧,出其不意,速度很快。"他带着一丝敬意谈论普希金。

当他得知,普希金是诗人,而且是创作讽刺诗的,他变得阴郁起来。然后他振作精神,严肃地说:

"去嘲笑别人吧,但是,要在学校之外。杰尔查文是个好手,剑术不差。如果他不是部长,那他也是个部门领导了。他也是创作讽刺诗。听说现在他辞职了。当然他不适合干公职。普希金很灵活,击剑时的冲刺力度很大。在他的冲刺过程中似乎有一种非常强烈的欲望。"

这种欲望让亚历山大在学习跳舞的时候得了倒数第二。最后一名是丘赫尔别凯。现在是胖胖的老头居阿尔教他们跳舞。居阿尔没看到他们的动作没有放开,这样会影响舞步移动。丘赫尔别凯没跟上音乐的拍

---

① "三分位""四分位"是击剑的手部动作术语。——译注

子，挥了挥手，在老师的指挥下左右摇摆了好长时间。他很努力，但是结果不怎么样。同学们笑话他，他在跳舞的时候搞乱了整体的队形。居阿尔要求把丘赫尔别凯从舞蹈队里除名。

"就像聋子一样，"他说，"完全脱离了音乐，聋子就是这样跳舞的。丘赫尔别凯就是聋子。"

亚历山大也笑话丘赫尔别凯，但是他自己也好不了多少：看到别人在做跳跃动作，他也照样去做，不顾老头的指挥，然后直接冲到前面去了。

## 7

被弗罗洛夫激发出来的兴趣让他很满足。一连好几天，在学校值日的时候，他都抽长长的烟枪，弄得云雾缭绕。

"萨佐诺夫，把打火石拿来。"他喊道。

看到萨佐诺夫没反应，他喊道：

"嘿，你这个家伙！"

上校和他的勤务兵、仆人萨佐诺夫有一个重要的特点，那就是每个夜晚都不露面，而在每天早上钟声响之前，他们就会出现。有时候，早上上校就会愁眉苦脸，声音嘶哑，就好像被人勒了脖子，有时候还显得心事重重。上校的秘密很快就大白了：有一天他严厉责骂马特维大叔，说他放松纪律，把手指搭在坎肩上，突然几张油渍斑斑的纸牌掉了出来。原来上校是个赌徒。上校的脸红了，他命令萨佐诺夫把牌收拾好，胡乱塞到自己的兜里，转过身子走了。萨佐诺夫总是很清醒，也很落寞：他的目光冷淡，充满热情的时候不多。有一天他慢吞吞地走着，眼神一动不动，在亚历山大前面站了好长时间，也没听到对方的问题。亚历山大发现，他的手在抖。萨佐诺夫觉察到了普希金的惊讶，就朝他笑了笑，像孩子一般。

弗罗洛夫粗野沙哑的嗓音，以及他经常提及的《古兰经》和《爱弥莉亚》，让亚历山大感到很有意思。弗罗洛夫知道普希金会嘲笑人，就对他的一些过错睁一只眼闭一只眼：比如没系扣子，把手绢弄丢了，在不该散步的时候出去逛，等等。不过，这个哑嗓子实际上还是心肠很好的。他曾和瓦尔霍夫斯基进行过一次类似军人的谈话：

"在你们学习的科学知识中，数学是对你们有用的，能够更好地去瞄准射击。我开始就是个数学家。"

看来，他认为对学生进行非军事化教育只是暂时的。

有时候，一些成绩不太好的学生也聚集在他的身旁：米亚索耶多夫、蒂尔科夫和科斯坚斯基。他和他们讲关于拿破仑的事：

"喏，先生们，我得到一个消息：先锋队已经出现。我来指挥，然后呢？看上去是我们的部队。原来搞错了！真是令人伤心，但是，就像《古兰经》里说的，人总会不由自主地犯错误。"

讨厌弗罗洛夫的齐里科夫谈论他，说他从自己的庄园逃跑了，就在斯摩棱斯克附近的隆基。因为他听到传言，拿破仑的部队来了，就是这样。

弗罗洛夫曾是炮兵，这也是为什么他突然空降到学校。他能博得领导阿拉克切耶夫的喜爱，作为老师出现在学校里。

## 8

严厉、忧虑、苦着脸的马林诺夫斯基走了，留下了长久的怀念。瓦尔霍夫斯基、马林诺夫斯基、玛秋什金和普辛就好像成为了孤儿。讲究穿戴的科尚斯基，因为戒酒患上了谵妄症。大家等了他一个月。第二个月，一个胖胖的，行动迟缓的人替换了科尚斯基。这个人一点儿也不像科尚斯基——他是加里奇①。

学生们急切期待他的第一堂课。他们早已习惯科尚斯基怀疑的眼神，习惯他敲打桌子保持安静，习惯他狡猾的问题和嘲笑，以及习惯了他的叫喊和读诗时的埋怨。他们已经准备好了。

新的教授慢悠悠地舒服地坐在扶手椅里。他透过眼镜果断地看了看学生们，然后不慌不忙打开科尚斯基的书。科尚斯基总是努力去赶上课进度，根据教学计划授课。新的教授看了看教科书，然后不顾自己的学生，瞟了一眼，突然把书合上。他把书放到一边，再也没说教材上的内容。

同时，他不慌不忙，让一个人读另一本他带过来的书。这是科策布②的一部戏。雅科夫列夫读了第一场。教授止住了他，还是不慌不忙地问：

"这一场有什么问题吗？"

他们明白了，他是好人，慢性子，不追求成绩和校长的位子，甚至不对学生强求太多。关于科策布的争论开始了。

亚历山大惊讶地看着这位新来的教授：加里奇的品位很高。

然后教授打开一本破旧的书。学生们了解书的内容：这是康涅利乌斯·尼波斯③的书，科尚斯基给他们读过。科尚斯基欣赏他的每一句

---

① 指亚历山大·伊万诺维奇·加里奇（1783—1848），俄国哲学家，拉丁语教师。——译注
② 指弗里德里希·科策布（1761—1819），德国剧作家。——译注
③ 康涅利乌斯·尼波斯（约前100—约前25），古罗马传记作家。——译注

话,因此也没来得及给他们解释。

"看来我们把这本书弄得太破了。"新教授说。

头一次见面,学生们就喜欢上了他。

## 9

弗罗洛夫的严厉措施,同他自身的爱好习惯完全不符。面对他粗野的习气和对事情的挑刺儿,大家都学会要绕着他走。现在没人去妨碍他。他们都在和自己的父母散步:已经到了会面时间。现在的会面和马尔丁时代的不一样了,那个时代的会面和探监差不多。

谢尔盖·里沃维奇和纳杰日达·奥西波芙娜没有回到莫斯科。在华沙有一个职位,谢尔盖·里沃维奇打算去那儿。路途漫长,距离首都遥远,他没有考虑这些。光华沙本身,以及那么多的漂亮波兰姑娘,就足以让谢尔盖·里沃维奇乐颠颠去赴任了。现在他的脑子里充斥着新的想法:虽然官阶并没有升高,就任地遥远,但无论怎么说,这个职位不是受人尊重,就是充满诱惑。不过,他一点都没急着去那么远的地方赴任。因为先花掉公家给他的差旅费不是不可以的,也不是没好处的。

显然,他开始不怎么给儿子写信了。总之,见面日那天没人去见亚历山大。现在,学生们在不恰当的时候偷偷去花园散步。他们还悄悄去了趟糖果店。戈尔恰科夫无忧无虑地说:

"我们的生活多么悠闲啊!"

他们已经成为朋友了。戈尔恰科夫会讲一些轻松的话题,大家都能明白,对此也不会感到惊讶。戈尔恰科夫有很强的进取心,他追求荣誉,想轻轻松松得到荣誉。所有的教授,就连苦脸的凯丹诺夫都相信,戈尔恰科夫会有一个辉煌的未来。他高兴地听着普希金的诗,时而发表自己的看法，而且相当有道理。他分析得一点也不差。他喜欢诗，因为这些诗歌都很棒。戈尔恰科夫很优秀，他并不是对所有人都那么宽容，有时对人很冷漠。但是对普希金他流露出了好感，并为他感到高兴。

时间有很多。他们并没有进一步钻研科学。马上就要考试了，逝去的马林诺夫斯基打算把这个考试办得隆重些。现在，由于大家意见不一，这场考试也就成了他们唯一的约束和威胁，也能够杀一杀学生们的激情。

"你们要特别注意，不要懒散，"凯丹诺夫说，"科学研究在等着你们。"

## 10

他那首很厉害的、关于修士的诗马上就要完稿了[①]。在这首诗中，魔鬼在嘲笑人类。淘气的魔鬼诱惑了修士；白色的衬裙也引诱修士；而修士则骑着魔鬼飞翔[②]。他在稿纸上画了一个像猴子的老太太，裹着头巾：这是伏尔泰。这和他笔下的"窈窕处女"很相宜。这个菲尔奈的老头子，空谈家[③]，那首奥尔良姑娘[④]失去贞洁的诗获得了极大的荣誉。还有巴尔科夫那来自隐秘深处的粗鲁的声音。作者在诗行中画了巴尔科夫和维庸的肖像，这些坏蛋他并不熟悉。他将巴尔科夫描绘成一个高高的年轻的男子，攥着拳头。

---

① 指普希金的诗歌《僧侣》。普希金生前未发表这首诗。——译注
② "圣洁的僧侣，罪恶的堕落，女人的衬裙""我想歌咏地狱的一个鬼魂……怎样被一个大胡子老头儿骑上飞奔"（本诗的中译本均引自《普希金全集》第一卷，丘琴译，浙江文艺出版社 2012 年出版）。——译注
③ "爱情的歌手，菲尔奈的老头儿"。——译注
④ 指伏尔泰的长诗《奥尔良少女》。——译注

瓦西里·里沃维奇的形象让他很着迷。他回想起伯父的大笑声，说话时的嘶嘶声和口哨声。这简直是恶魔附体了。是的，他生来就是为了秘密的荣耀，创作不为人知的诗。他的诗都藏在秘密的橱子里，危险的荣耀引诱着他。

他现在醉心于自由之中：他没指望他的诗能够发表。他想起了挂在德米特里耶夫房间里的画。画上呆板的微笑，歪斜的有点谄媚的目光，半明半暗，白色的裙子在暗的部分。奥西安含混不清的诗歌，在帕尔尼的翻译中也没显得那么明白。他只是喜欢其中的岩洞、闪电和灰色的海浪。

茹科夫斯基颂扬1812年的胜利，自己用新的风格创作了前所未有的诗《俄国军营的歌手》。这首诗在特点上，让人想起了杰尔查文；整体风格上，让人想起了巴拉达诗体[①]；在诗歌的音乐方面，则让人想到了当下的流行歌曲。诗歌的音乐似乎违背了诗人本身的风格，能够让听者记住。现在，好像所有人都突然开始用这种风格作诗。巴丘什科夫跟在伯父后边，用诗歌笑话老头子希什科夫和他的诗《谈话》。巴丘什科夫的诗其实就是重复了茹科夫斯基那首获得赞誉的《歌手》。巴丘什科夫的这首诗风格诙谐，被人称作《大俄罗斯人的歌手》。在这首诗中，不仅嘲笑了希什科夫那座黄色的房子，还嘲笑了诗人本身。

只读一读这首诗的前四行就可以了：

战场上一片寂静，

---

[①] 中世纪流行于法国、意大利等地的一种诗体。每首诗包括三节八行诗和一节四行诗。——译注

> 帐篷外篝火燃烧。
> 朋友们，月亮给了我们光明，
> 天穹在我们之上。

这首诗自行成韵，就像一个魔法一样。

歌者本人无法对抗自己诗歌的音乐。他仿照这个，写了《克里姆林的歌手》，随后，在自己侄子的婚礼上，他又写了《土耳其巴拉达》：

> 土耳其的小旅店里一片寂静，
> 桌子上还点着蜡烛……

在皇村里，他们还唱关于加乌恩施尔德的诗：

> 学校的大厅里一片寂静，
> 新鲜事儿出现在我们中间，
> 朋友们，撒旦爬来了，
> 嚼着甘草，獠牙狰狞。

就连患了谵妄症的科尚斯基也嘟哝着令人厌烦的诗句。现在没人成为领头的诗人，去创作"歌手"一类的诗，来称颂那些茹科夫斯基还没来得及赞颂的英雄。这是一种赞颂之声响彻云霄的诗歌。

他依然深爱着诗歌，头两句诗就折磨着他。茹科夫斯基的荣誉是巨大的，纯洁的。这两句诗，以及《大俄罗斯人的歌手》也是大名鼎鼎，当然也显得有点滑稽。

夜里,一种焦虑的心情让他不能入睡。太阳穴跳个不停。他梦见了极为夸张、粗鲁猛烈的诗歌。一周之内他就写完了自己的《歌手》。他的歌手是一个高高的、颧骨突出的年轻人,紧握拳头。淫乱的发生地点由修道院变成了小酒馆。爱情和斗殴成为这首诗的一个部分。任何人都得不到宽恕,哪怕是灰白头发的修道院院长。他现在被排除出诗人的行列了。倘若读完了他这些充满丑恶内容的诗,那么茹科夫斯基的原作可能会令人感到恐惧。他没有对任何人读过自己的诗。他把诗稿藏在被子里,心咚咚直跳。有时他还去瞅瞅,看看诗稿还在不在。

他生病了。热度以及诗人创作的激情击败了他,他躺在医院里。医院的墙壁光光的,学校的大夫佩舍尔为他看诊。佩舍尔大夫开着玩笑,随便就做了诊断。他敲了敲病人的脸,自己露出抑郁的神色。他看了普希金好长一段时间,快速开出了药方,从公共药房拿药。这些药不会对任何人产生伤害,就像平常吃"少女的皮"和"婆婆的皮"① 一样:甘草和桂樱液滴剂。他大声吩咐仆人萨佐诺夫,后者说道:"明~白!"但是不久后什么都忘了。佩舍尔大夫有自己的事情:晚上他往扣眼里插一朵鲜花,然后潇洒地登上马车前往彼得堡了。所有人都知道,大夫已经向巴克斯和维纳斯②献身了。在彼得堡他去寻找漂亮姑娘了。

仆人萨佐诺夫和亚历山大一起住在医院里,这样能照顾病号。他俩的床挨着,这样萨佐诺夫就能帮助病人,去照顾他。

亚历山大说着胡话,说他那首特别棒的诗,还在被子里乱摸,好像要找到它。有时他张开眼睛:萨佐诺夫把水杯送到他嘴边,水洒到了他

---

① 这是两种甜点的名字。——译注
② 巴克斯和维纳斯分别指酒神和爱神。这里是说佩舍尔大夫去彼得堡饮酒作乐。——译注

胸上。萨佐诺夫的脸完全没有表情,嘴巴半张。他耐心地把水杯塞进病人嘴里,不顾流出来的水。他在思考自己的事情。

## 11

纳杰日达·奥西波芙娜和谢尔盖·里沃维奇在去华沙的路上。碰巧这一天他们来到了彼得堡。

亚历山大说着胡话,情况很糟。有一天他睁开眼睛,看到了母亲的脸,就闭上了眼睛,想,他一定是在做梦。纳杰日达·奥西波芙娜坐在他旁边,变得更老了,脸色蜡黄,穿着老式的裙子。眼泪在她失去光泽的面颊上流淌。他头一次睡得这么沉,没有做梦,没有猜疑,更没有梦魇。第二天,他生气勃勃地醒过来。萨佐诺夫还在睡觉,张着嘴巴,打着鼾。

谢尔盖·里沃维奇这一次来看亚历山大,和以往完全不同。他和亚历山大讲了茹科夫斯基的成绩,并说,伯父瓦西里·里沃维奇请求给他寄去所有侄子创作的诗歌。茹科夫斯基仍统治着一切。而巴丘什科夫和伯父虽然得到了荣誉,但事实却并非如此。

"原因就是,我的朋友,人的嫉妒心太强了,"他庄重地说,"是的,有人会说,茹科夫斯基有耐心,而其他人更有激情。"

父亲带着一丝敬意看着他,甚至还和他讲了自己的打算,他还没有实施。莫斯科哈利托尼胡同已经没有了,都烧光了。

"家具——你还记得吗,我的朋友?壁炉旁的圈椅——现在都成了一片尘埃。我们——一无所有。我们是流浪汉,灾民,des

vagabonds①,这一个词就代表了所有意思。我现在是乞丐,一无所有。坚持住,我的朋友。现在,所有都要靠你自己了。上帝会保佑所有人的。在华沙,活动的空间还很大。走啦走啦!母亲很快就会和我过去的。经费支出难以置信。"

纳杰日达·奥西波芙娜猛地拉了拉他的袖子。

父母匆忙地和亚历山大告别。他们和往常一样,总是急匆匆。纳杰日达·奥西波芙娜吃惊地看着萨什卡:上唇都长出了绒毛。三年前,他离家来到学校时,他只是个孩子,但现在已经长大了。现在她和亚历山大有些疏远,有些难为情地看着儿子。这个小男孩很快就会用粗糙的嗓音讲话,就像那些近卫军一样。但是,她自己的青春一下子就结束了。她都成为老太婆了!她吻了吻儿子的额头,然后催促谢尔盖·里沃维奇快些出发。谢尔盖·里沃维奇总是喜欢拥抱很长时间,唉声叹气,用洒了香水的手绢擦他干巴巴的眼睛。

亚历山大逐渐康复了。病好转了,也不再受那首诗的折磨了。透过医院的窗户,他能看到树梢。他还悄悄地读巴丘什科夫的诗:

> 我的朋友!我看到过无数的罪行,
> 以及上天的报应所施的严惩:
> 我看见贫苦的母亲……
> 我在十字路口看见她们……②

这首诗是关于莫斯科的。这些重复的诗句触动了他,使他难以用语

---

① 法语:流离失所的人。——译注
② 本诗为巴丘什科夫的《致达什科夫》的一部分,中译本摘自《俄罗斯抒情诗选》(上册),张草纫译,上海译文出版社1992年出版。——译注

言表达。他陷到枕头里，无法理解，为什么自己躺了这么久。他流泪了——可是他还不明白，因为这首诗并不是那么多愁善感。这首诗描绘出了一幅燃烧的莫斯科的画面。这也是巴丘什科夫老早就看到的。

朋友们都来看望他。杰尔维格来了，亲吻了他的额头。

杰尔维格极富热情，回忆过去。这些是从哪儿来的？天知道。他作为一些事情的目击者，总是讲个不停。现在他在和亚历山大讲不久前散步时遇到的一个残疾人。这个士兵在战争中负伤了。他在医院住了好久，慢慢地往远处走去。这个士兵和杰尔维格说当时他们如何在库尔斯克附近的田野宿营，库尔斯克的夜莺在唱歌。杰尔维格说得有声有色，似乎让人觉得他肯定听到了夜莺的歌声。

杰尔维格是个诗人，只不过是转述别人的作品。每次谈话快结束时，他让大家相信他说了很多。大家只要问他，他睡得怎么样，杰尔维格立刻会说，他做梦了，而且马上就能编出他的梦。他并不是话痨。他蜷着身子躺在火炉旁，在角落里，听着其他人谈话，时不时插几句。他十分享受这种乐趣。他有时会插进来几节诗，这是大家集体创作的诗歌中的几句。他喜欢听亚历山大的诗，从他那儿传出的信息准确真实。他指出了所有多余的信息。他自己则是把诗写出来并作为正本，就好像他在小时候就听过。重要的是，他喜欢诗歌，看起来诗歌给他带去了快乐。他是慢性子，从未和别人说过他在列昂季那儿吃了点心。而且他觉得在读诗的时候，他自己也理解了诗的意思。

科尚斯基的拉丁文是最棒的，而且他沉迷在阅读拉丁文诗歌之中，连眼睛都变得迷茫。倘若有人请他翻译拉丁文诗歌，他总是拒绝，说自己不懂拉丁文，而且不想使诗歌丧失其原本的魅力。他不会完整把书读下来。他对此很得意，因为不用读到结尾处，他自己就能决定所有人物的命运。他讨厌纸、鹅毛笔和它们发出的吱吱响声。他反对用这些东西。他好奇地、悄悄地跟着亚历山大,有时候躲在墙角里,看他写诗,改诗,咬紧牙齿,看他用眼光瞟着四周,最后把笔丢掉。

他微笑着告别了:他亲了亲亚历山大的额头,告诉他,自己对尤金编造了一件事。尤金和他开玩笑,而杰尔维格冷冷地回答他的问题,让尤金这个爱开玩笑的人不知所措。编故事让杰尔维格感到高兴。

戈尔恰科夫也来拜访他。他和亚历山大讲了发生在上流社会的新闻。托尔斯泰似乎要排一出戏,想邀请学校的所有学生参演。很快他的妹妹叶莲娜要到他这儿做客。叶莲娜是个好姑娘,很快就要出嫁了。但是她有点懒散,她的人生还是一张白纸,没有写上半点字迹。他高兴地谈论自己的妹妹。妹妹不但懒散,还有点傲娇。舅舅别舒洛夫曾有一个毛病,当然现在基本上已经克服了,那就是闻鼻烟。那又能怎么样呢?叶莲娜竟然也对鼻烟上瘾了。她受到了惩罚,但是她是新娘,所以对她的惩罚实际上也没多大用。怎么样,这难道不是诗歌的素材吗[①]?

还很苍白、虚弱的亚历山大听戈尔恰科夫讲话。突然他的脸变得更白了:他想起在他房间还留着两首诗。确切地说是藏起来了。他请朋友把这两首诗带过来。

晚上,在睡前,戈尔恰科夫成功地潜进医院。萨佐诺夫不知道去哪儿过夜了。亚历山大一个人躺在病房里。两首诗都在戈尔恰科夫手上,他都读过了。太可怕了,诗的危害性可能会招致灾祸的,而且这灾祸不仅对普希金一个人。在《巴尔科夫的幽灵》[②] 这首诗里他甚至记不清内

---

① 普希金有一首诗,名字就是《给一位吸鼻烟的美女》(查良铮译)。——译注
② 这首诗讲述了一个被革去教职的教士的风流史。——译注

容了。要是在这儿,这座宫殿里,在皇帝的眼皮子底下发现这样的诗,普希金会被发配充军的。

亚历山大难为情地问道,这两首诗读起来怎么样。他自己觉得《巴尔科夫的幽灵》过于放纵了,但是《僧侣》在结尾处进行修改后,他还是想寄出去出版的。偶然间他向戈尔恰科夫表达了自己的这个愿望:他希望看到诗歌的出版,结尾署上这样的暗语"1. 14. 16"①。

戈尔恰科夫摇了摇头。他对朋友的轻率考虑感到很吃惊。这两首诗都是很可怕的。他偷偷地瞅了瞅朋友的脸:他的脸上挂满了希望。他又一次重复道,他可能不会被发配充军,但是可能会被关进修道院。他反对灰白头发的修道院院长和修士,这样越轨的行为是有罪的。他可能会被关进修道院,睡在石板上。学校则会被解散、关闭。所有人会咒骂他的名字。戈尔恰科夫说了非常多。亚历山大的罪行可是不小,他已经到了悬崖边上,太可怕了。他,戈尔恰科夫,要救他最后一次,虽然很可能不会成功。

他建议两首诗都要烧掉。他会把他们放进炉子,仆人很快就会生火的。

亚历山大丝毫没有犹豫就同意了。戈尔恰科夫低声对他的规劝产生了效果。他成了罪人,而且不只是由于他嘲笑僧侣——他不能忍受这些人,他们应该受嘲笑;也不是因为他笑话女士,而是因为他嘲笑诗歌。而诗歌应该是美好的,这一点是丢不开的。他这种内容不好的诗歌的记忆,让他自己感到很沉重。戈尔恰科夫是对的,他可能会被判流刑。他

---

① "1.14.16"实际上是普希金自创的一种签名方式。这三个数字分别表示普希金的名字、父称和姓这三个词的首字母 A、C 和 П 在当时的俄文字母表中的位置。——译注

会成为第二个维庸,他的名字也会不体面了,就像巴尔科夫这个名字一样。他的好奇、欲望和想象把他引诱得太远了,而且失去了约束。

戈尔恰科夫很满意,悄悄地走了。萨佐诺夫还没回来,没人看到他来过。

这一晚亚历山大没有睡着。漆黑的夜笼罩在窗外,周遭死一般地沉寂。燃烧的蜡烛滴着蜡油,古旧的钟表发出嘶嘶的响声。他并不害怕监狱,也不怕修道院:他可以逃出来。但是周围实在太安静了,朋友们都在远方,似乎这世界上只有他一个人。他开始读一本法语小册子,这是杰尔维格偷偷带过来的,上面写着:"文学创作的路径在于搜集有意思的故事、历史事件和歌谣。"这本法语小册子多多少少安慰了他。

他醒得很早。他的仆人萨佐诺夫坐在旁边自己的床上,没注意到他醒来。他正在安静地缝补衣裳,他的衣裳满是泥土灰尘。他正专注地、两眼一动不动地盯着衣服,把上边的沙子和绒毛剔除。然后,他还是没发现亚历山大已经醒过来,而是摸着衣袖,把衣服清理干净,开始看自己的手,掰着手指头,摩擦手掌心,好像要将夜间游荡的痕迹擦掉。亚历山大半闭着眼睛。萨佐诺夫突然看了他一眼,然后不作声躺下了。不一会儿他就睡着了。

## 12

第二天,一切都结束了。戈尔恰科夫精神焕发,高高兴兴,脸蛋红扑扑,特别对朋友说,晚上睡得特别好,两首诗都烧了。除了他自己,没人知道这件事,他也绝不会和别人说。作为一个爱管别人事情,还喜欢偷偷摸摸办事的人,戈尔恰科夫是这样做的:《巴尔科夫的幽灵》这首诗,他的确扔进了炉子。但是他觉得,如果除了他和普希金,再没别人知道这些，而这诱人的东西就这样被烧掉，似乎有些不妥。于是他暗地里给小丑米沙·雅科夫列夫看了这首诗。读到《幽灵》这首诗，小丑表现出了惊奇，高兴和害怕，同时他的眼神变得贪婪，好像要抢走这首诗。他的表现让戈尔恰科夫很满足。雅科夫列夫的记忆力很棒，但是他向戈尔恰科夫立誓，要忘掉这首诗，以及名字和作者，还有这位临时保管诗的人。就这样，和这首诗相关的一切就这样结束了。

《僧侣》这首诗看上去没那么严重。他把这首诗卷在厚纸里，然后用自己的私人印戒封好。学校里是不允许把印戒带进来的，但是他保存下来了。这是他姑妈给他的，他在等她的妹妹。他打算把封好的诗转交给妹妹，当然是以自己笔记的名义。她要向他承诺不会启封纸袋，并好好保存，直到戈尔恰科夫从学校毕业，或者身故。他喜欢秘密。更何况，所有事情都要慎重考虑。假如这个秘密被发现了，那么危险也不会那么大。第二首诗的内容远不如第一首那么严重。至于对普希金产生的那些关于监狱、修道院以及学校未来命运的印象，也让他感到满足。能够守护朋友的秘密也是很幸运的。这会让他对朋友产生一定的影响。这样做是很好的。

# 第十章

*1*

他醒了过来,感到很兴奋,还开心地笑出了声。学校医院里裸露的墙壁上映着阳光,窗户外时而传来路人的脚步声——这就是第一层楼的好处。所有的一切都显得那么美好。佩舍尔大夫身上喷了香水,领口上戴着玫瑰花去了城里,为巴克斯和维纳斯献身去了。萨佐诺夫则在寻找昨天晚上掉落的一枚二十五戈比的硬币。一切都这么滑稽可笑。

萨佐诺夫很慌张。

"二十五戈比,"他嘟哝着,"白白地就掉了。"

夜晚时的恐慌已经没有了。戈尔恰科夫把那首罪恶的诗烧掉了。一整夜,那首具有新风格的可怕的巴拉达诗让他发笑。现在,他又开始构思一首新的,轻快的,没有怨恨的诗。在这首诗里他要和茹科夫斯基告别。作为歌者,他要在每一节诗里关注一个主人公,每节诗都献给这个主人公。他要关注的是自己的朋友,同学。他列了一个清单:诗人有懒人杰尔维格、招人喜欢的伊利切夫斯基、公爵家的浪荡子戈尔恰科夫、勃罗格里奥、多年的老朋友普辛、滑稽的雅科夫列夫、英俊的哥萨克马林诺夫斯基、科萨科夫，最后还有唱出他的《背叛》的威廉①。他在这个房间里构思了一场盛宴，学校的盛宴。两节诗已经想好了。这首诗肯定会将那些不幸的、大家不喜欢的、疯狂的讽刺从他的记忆中排挤出去。他再也不会写讽刺诗了。

临近傍晚，普辛和丘赫尔别凯来探望他。

学校的自由散漫还在持续。弗罗洛夫对此也迁就下去。他挥挥手：这本来就是非军事机构，而不是部队。他也搞不清，这些年轻人到底想要什么。这些年轻人身上有很多好的品质：普希金的击剑相当准，瓦尔霍夫斯基擅于列队，玛秋什金遵守纪律。按照弗罗洛夫的看法，他们中间慢慢会形成不同小团体的。戈尔恰科夫不会站队，天生就不是当兵的料，还吊儿郎当，总淘气。但是就像《古兰经》里说的那样，他很聪明。他只对丘赫尔别凯有不太好的看法。

"我的上帝，"他操着嘶哑的声音说，"他连最简单的走路都不会，这可是最简单的事情了！"

既然学校比较自由自在，现在朋友们也可以不被阻拦，去医院探望亚历山大了。

普辛是第一次来到医院，之前他们还是在考试时见过面。那时严厉的布德利问到了他的弱处，管他叫"让诺"②。让诺胖胖的，面色绯红，一双灰色的大眼镜，行动迟缓。他本来高高兴兴，这一来弄得他很伤心，让他处于一个尴尬的局面，等等。理性、笑声和尖锐的话对于他来讲要高于一切。科尚斯基滔滔不绝地说，还总是停下来，瞅一眼他。戈

---

① 指丘赫尔别凯。——译注
② 这个词有"小傻子"的意思。——译注

尔恰科夫远远看见让诺，腿也不瘸了。不知不觉，争论开始朝向他：他高兴地进行分析。

他经常在睡前通过隔板和亚历山大小声交谈。朋友间的讽刺，不适当的羞涩和突然的愤怒让他很惊讶。亚历山大总是认同他的决定，虽然没有责备他。

亚历山大同丘赫尔别凯之间的友谊是另外一种。他可以耐心地忍受朋友丧失理智的行为和争吵。傍晚他们会争论得面红耳赤，早上，他们是朋友坦诚相见。

丘赫尔别凯忍受住了对他的嘲笑和压制，就像穆奇乌斯·斯卡沃拉能忍受将自己的手伸进火里。科尔夫怕他，据说这个人能因为一点小事就在吃饭时用刀捅人，用叉子刺人。丘赫尔别凯知道，他的朋友们把他说成了"摩摩斯的受害者"，但是他相信，诗人总是不幸的，他会成长，在成长过程中得到安慰。他身上有一串不幸诗人的清单：卡蒙斯和科斯特洛夫都是饿死的。让－巴基斯特·卢梭，被判流刑，死于贫困。这个诗人是他崇拜的。老头子布德利也喜欢卢梭的颂诗。他转动着眼球，大声喊叫，去读给卢梭带来名望的颂诗《致幸福》。布德利和丘赫尔别凯的母亲是朋友，所以也在监管他。两个人都不能忍受伏尔泰，那个嘲笑别人的人，就是他促使让－巴基斯特·卢梭的不幸。亚历山大偷偷得到了让－巴基斯特的讽刺诗集。这是那个时候阿琳娜塞给他的，后来被修士皮列茨基没收了。他把这个给威廉看，诗人呆住了：原来他所崇拜的这个蒙难者让－巴基斯特，竟然有这么多的讽刺诗。大概诗人们都在丘赫尔别凯和亚历山大的手里分裂了。比如，他们把布瓦洛也分裂了：亚历山大从齐里科夫那儿得到第一卷，丘赫尔别凯得到第二卷。

第一卷是讽刺诗和《诗艺》,第二卷则是关于朗基努斯①的《论崇高》的论文。丘赫尔别凯成了朗基努斯的学生。他怀着极大的热情誊抄文章。这种高尚的诗歌正是现在那些恶习、缺陷以及堕落的习气所需要的。而一样完美的诗歌就不需要了。因为那些不安的精神在自身堕落的过程中,就认识到了崇高。普辛说,丘赫尔别凯在自己的诗中保留了很多这样的成分。威廉因为听够了希什科夫老爷子的"斯拉夫俄语腔",自己也成了斯拉夫俄语人了。他指出,自身高贵的希赫马托夫很有天赋,但是被瓦西里·里沃维奇的唾沫星子淹死了。同样他也把其列入受害者名单中。

希赫马托夫的诗歌《彼得大帝》篇幅很长,振聋发聩,里面也充满了很多各种各样的思想。但是齐里科夫尊崇这首诗,其诗作《北方英雄》就模仿了这个模式。丘赫尔别凯誊抄了这首诗——工作量不小——完全出于自愿,并读给愿意听的人听。看到朋友手里有希赫马托夫的诗,杰尔维格和亚历山大连忙走开了。

所有人都抄写了巴丘什科夫的讽刺短诗:

> 我这首未完成的诗,
> 大家愿意给个啥名字?
> 长彼得,大彼得,
> 或者就是伟大的彼得?
> ——还是没有名字。

---

① 朗基努斯是古希腊作家,唯一保存至今的作品是《论崇高》。——译注

齐里科夫——这位的诗歌不比希赫马托夫的篇幅短——反对这样的讽刺诗；丘赫尔别凯也对所有的讽刺诗感到愤慨。

晚上听到戈尔恰科夫说"普希金不会有好下场"后，他不顾之前他俩争论过多次，还是觉得他比任何时候都喜欢普希金，并请他原谅这位"摩摩斯的受害者"。现在他和普希金在一起了，他俩还互相拥抱。

丘赫尔别凯去哪儿都随身带着一个厚厚的本子，这就是他著名的词典。按照俄文字母排序，从 A 到 Я 他耐心地抄下了所有他认为优秀的东西。开始，和平时一样，他和普希金一起笑话别人，之后就不这样了。而从那时候起，他开始标注各类词语，最终词典成为他最喜欢的读物。这个勤奋的学生抄录了让－雅克、撒路斯提乌斯、席勒、贝尔纳丹·德·圣－皮埃尔以及瑞士自由主义者维斯的思想，后来自由主义思想逐渐吸引了他。他抄写了维斯的关于特权阶级的思想，卢梭关于美德的思想，席勒关于自由的。另外，别人的他也没有忽视：在 Д 打头的一栏里，他记录了多洛霍夫将军的生平，还有关于"友谊"的两种观点：培根①和瓦西里·里沃维奇的。培根写道，没有友情的生活就像是一口棺材。而瓦西里·里沃维奇说："想拥有友谊的人都想拥有朋友。"

"我四处都能发现自己的善良。"丘赫尔别凯重复莫里哀的话。

瓦尔霍夫斯基教会了他正义。

而他现在就带着这本词典和他的诗歌本。

丘赫尔别凯喜欢读自己的诗歌。他读诗的时候总是很紧张，在高潮的部分近乎尖叫，感叹高呼，然后声音立刻回落：他喘不上气。

现在丘赫尔别凯把六音步扬抑抑诗从德语翻译成希腊颂歌。他的父

---

① 弗朗西斯·培根（1561—1626），英国哲学家、历史学家。——译注

亲当初和歌德是大学同学。这让他从儿时起就产生了对高雅诗歌的热爱。只是现在还有人在争论六音步扬抑抑诗,能将这种方法运用到俄罗斯诗歌中吗?希什科夫兄弟确信可以。丘赫尔别凯选择了这种少见的方法。他借用"阿波罗颂诗",他自己的诗也不是那么流畅。他读完了这首相当长的颂诗。普辛无法忍受他的诗歌以及他的诵读,但是并没有说出来,怕刺激到他的自尊心。最后他还是没坚持住:合上眼睛,假装睡着了。在读到第二页时,他的呼吸还是断断续续。等快到末尾,他开始轻轻打鼾了。不过谢天谢地,丘赫尔别凯过于投入,没听到鼾声。诵读结束了,亚历山大感到非常幸福,他宁可同意培根说的,没有友情的生活就像是一口棺材。同时新的诗句出现在他的脑海中,是关于丘赫尔别凯的。朋友们,大学生们一起吃饭,要求威廉读自己的诗,为的是让大家快快入睡。

他们互相批评对方。但是丘赫尔别凯几乎不同意任何人,一直在争论并坚持自己的观点,直到嗓音嘶哑,也仅仅是修改一下语法错误。相反,亚历山大经常同意丘赫尔别凯、让诺和杰尔维格的看法。奇怪的是,从来没有人去修正自己所说的话。

今天他不想争论。他的朋友害怕他的耐性和固执,学校里都说他是驴脾气。伊利切夫斯基很谦逊,雅科夫列夫整天无忧无虑,杰尔维格则让自己变得高冷。如果换个人在丘赫尔别凯的位置上,他早就放弃自己关于诗歌的想法了。丘赫尔别凯打算开始诗歌创作生涯,就好像赫拉克勒斯[①]要去建立功勋一样。他已经准备好一切了。

同时,在马林诺夫斯基去世后,大家不约而同都开始想自己的将

---

[①] 赫拉克勒斯有"大力士"的意思。——译注

来，等待他们的是什么。有人打算去参军，有人打算去学校教书。皇村学校校长的任命还是不明朗。早先他们不会去想这些，他们没人把希望寄托在父辈的庄园上。丘赫尔别凯的母亲过得很苦。他应该放弃音乐。他想成为著名的音乐家，学习小提琴。小提琴搞到手，并送过来了。但是请老师的钱却不够，他总是欠钱。在给他寄了两卢布还是三卢布，让他还清奇里科夫还是科尔夫的债后，母亲每一次都让他明白，以他的处境，欠债是极其危险的。丘赫尔别凯在自己的词典里，在瓦西里·里沃维奇关于友谊的那句话前记下了一句格言：

债务。避免债务的最好办法，就是不要欠大钱，避免欠小钱。可以和雪球比较一下，雪球越滚越大，债务亦如此。——维斯。

所有人都清楚，他借了五十戈比，到了年末，他给家里写信，要三卢布还债。

戈尔恰科夫对这种事看得很轻，他常常忘记别人欠他的债。而亚历山大对家里给他寄东西的希望渺茫。

只有瓦尔霍夫斯基和玛秋什金知道自己的未来：瓦尔霍夫斯基想成为军人，玛秋什金则想当海员。

丘赫尔别凯暗地里喜欢上了年轻的维莉亚，要塞司令的女儿。他打算和她结婚，还给家里写了封信说这件事。而他从母亲那儿得到的回复是要求他立刻中止这段感情，并告诉他，他还太年轻，只有从学校毕业，在社会上立足之后，才可以考虑婚姻大事。丘赫尔别凯坚信，他将来会是一位诗人，随着时间的推移，这会给他一个牢固的社会地位。他现在就是不幸的诗人，不能在此地停留片刻。从一方面说，他要从事诗歌创作活动，是一个唯一正确而且长期的选择；另一方面，他已经准备好接受别人的讥笑和贬低，就像在火堆上行走一样。

和其他人一样，亚历山大也笑话丘赫尔别凯，同时也悄悄考虑自己的将来。他的朋友就是要写诗，非常顽强，还很固执。在这场关于不幸诗人谈话的背后，亚历山大猜到了他的朋友在诗歌创作方面有着宏大的野心。对崇高和伟大的喜爱，是他的信念。字母 B 这一栏在他的词典中充满了关于崇高和伟大的内容。他四处寻找这些东西，并在朋友的嘲笑中得到安慰。朗基努斯就是他的圣书。他还抄录了品达①的颂诗，还有卡蒙斯的诗；搜集并抄录了勒伯连的关于里斯本地震的颂诗，这首诗模仿了奥西安。马林诺夫斯基给过他一本土耳其诗歌史，诗人米兹克也成为他的最爱。东方诗歌凭借自身浓厚的崇高色彩，而不太讲究的问题吸引住了他。他逐渐成为杰尔维格和亚历山大的活字典。

有一天，他向亚历山大承认，朗基努斯有一句话被他抄录在了字典里，还加上了"注意"的标记。这句话同伟大的诗人要遭遇不幸的观点不符："真正伟大的诗人要考虑到让所有人永远喜欢你。"亚历山大和丘赫尔别凯一样，感到很惊讶。这件事很奇怪：丘赫尔别凯很喜欢他这种令人惊讶的迷误和总爱走极端的见解，他往往紧抓住这些迷误不放，怀着某种幸灾乐祸之心期待他在其诗歌创作中将会遇到灾难，这种灾难对他构成了威胁，而他却不肯承认这种令其不快的真理。亚历山大不明白自己朋友的这种不祥的自豪感。他自己是想让女士的手臂翻开他的诗，泪眼蒙眬。而丘赫尔别凯则认为，真正的诗人要做到总是让人难以捉摸；而他自己则要明白一切，从小到大，当谈到荣誉的时候，伯伯瓦西里·里沃维奇和父亲就变得很机智。库尼岑则开始思索，最后以一首《阿波罗颂》作为结束。

---

① 品达（约前 518—前 438），古希腊抒情诗人。——译注。

亚历山大沉默不语。普辛则精神一振，好像刚从梦里醒过来，伸着懒腰。丘赫尔别凯突然死盯着他，他怀疑地看着他的每一个动作。按照丘赫尔别凯的看法，让诺·普辛是正确但平淡思想的崇拜者，还是精准的词汇，美食等诸如其他的爱好者。他也是嘲笑者的一员。他为什么伸懒腰？难道他在我读诗时是在装睡吗？他已经这样干过一次了。

丘赫尔别凯感到自己怒火中烧，牙齿咬得咯咯响，但这一阵火气马上就过去了：普希金向他借词典，有没有加入新东西呢？朋友对词典的兴趣让这位不幸的诗人感到高兴。丘赫尔别凯说，将来在出版的时候会在"颂诗"这一条里换掉一个短语。他毫不怀疑词典是要出版的。然后他打开了词典。

目前正在摘录 P 栏和 C 栏：冷漠、奴隶制、腐化、植物；力量、公民自由和热情。普辛突然警觉起来。最强烈的热情，就是由人的躯体操控下的感情。比如，爱情使血液产生波动，超过了理智；或者懒散，削弱了所有活动的动力。

只有六种主要的诱因激发热情，并产生了巨大的变化：爱情、恐惧、仇恨、任性、悭吝和狂热。

亚历山大仔细地听着。他突然记起，当时在黢黑的走廊里找娜塔莎，不就差点激起他的热情吗？至于关于懒散，就需要展示一下杰尔维格的生活了。

丘赫尔别凯在他自己的地方发现了善良：美女尼农·兰科罗[①]比任何人都漂亮。按照他的观点，她应该经常体会到什么是爱情。在她年老

---

[①] 尼农·兰科罗（1615 或 1623—1705），法国女作家，文学沙龙的主办者。曾经在经济上资助伏尔泰。——译注

的时候，她碰见了刚从法兰西学院走出来的伏尔泰，并资助了他很多钱。不久前，他在亚历山大的屋子里找到伏尔泰的一本书，里面发现尼农给伏尔泰写的一句话："克服掉爱情之路上的所有障碍后，你会发现最困难的是，在爱情之路上没有障碍。"

"我不明白。"让诺突然说。他两眼直盯着丘赫尔别凯。

丘赫尔别凯愉快地重复：

"爱情需要障碍，"他说，"如若没有，那就会有厌烦了。"

"你是从哪儿知道的?"普辛吃惊地问。

"从维斯那儿。"丘赫尔别凯答道。

他们怀疑这件事情的真实性。这位美女生活在17世纪，而且有好多个情夫，可以说在爱情上既不真实，又很轻浮。她与很多人保持友谊。其中一位朋友莫里哀来做客，称她是自己的"达尔杜弗"①。她应该知道这个可怕的词。看上去，在恋爱过程中没有人怀疑过。丘赫尔别凯只是冷冷地读了这些。他刚刚记下让一雅克的观点："哲学上的冷漠和君主制王国的平静类似：这不过是死亡的平静，比战争本身更危险。"

他们三个人完全同意关于"冷漠"的这段话。普辛还是怀疑这些热情——是不是可以说，只有热情支配着重要的变化。根据他的观点，理智也可以支配一切。

丘赫尔别凯带着一丝胜利的微笑，说：

"但是诗歌，"他说，"因热情、疯狂和狂喜而出现，而不是由于理智。这一点谁都同意，包括巴特和朗基努斯。"

"不，理智也可以产生诗歌。"亚历山大突然快速地说。

---

① 是莫里哀同名喜剧的主人公。"达尔杜弗"意为"骗子"。——译注

丘赫尔别凯被他读到的热情占据了。他坐在病床上，弯着腿，咬着嘴唇。

爱情和腻烦，悭吝，任性——这些都是热情，是他所惧怕的。狂喜不是热情，但是当他作诗时，好像也没有狂喜在里面。遗忘、突然的冷淡、能够确定的正确的韵律、得到知识时的那一瞬喜悦，不满足，所有这些，都是需要的，但没有狂喜。

丘赫尔别凯打开词典，开始争论。亚历山大只是稍作反驳，他们又变得安静了。每个人都在高兴地考虑着自己即将面临的命运。

朋友们早就离开了。第二天他也要回班里了——佩舍尔大夫说"少女的皮肤"起了作用，他痊愈了。

相信友情却不相信爱情的美女，很快就预见了不可靠的快乐。这个热情比其他所有的都要强烈。丘赫尔别凯的固执在她面前算不上什么。他想劝朋友，要从他对诗歌不幸的感情中脱身。威廉想错了，他的诗歌让人发笑，他本可以走上更好的诗歌创作道路的。

在他的病号桌子上没有药了，取而代之的是一本布瓦洛和两本帕尔尼。

## 2

现在他常常到公园里散步，他喜欢走进两旁栽满椴树的小径，他爱上了这个地方：因为在这里没人会注意到他。

给丘赫尔别凯的献诗已经写好。他在诗中向朋友阐述了诗歌创作的诀窍，正如布瓦洛在其第二首讽刺诗中那样。他认为丘赫尔别凯不应该期待诗歌会给他带来财富、荣誉和名声。好几天他都把自己这篇关于布瓦洛的献诗藏起来不给丘赫利亚看。他在诗里还数落了希什科夫老爷子及其"座谈会同人",说他们是导致丘赫尔别凯走入歧途的罪魁祸首。杰尔维格对这首献诗表示赞赏。最终亚历山大还是给丘赫利亚读了这首诗。丘赫尔别凯并未如预想的那样暴跳如雷,尽管亚历山大在其献诗中对他的诗歌没有丝毫敬意。

丘赫尔别凯如今也带着字典,边翻字典边漫步园中。很快他就想好了和诗。丘赫尔别凯认为他之所以那么才气横溢,是因为他属于庇隆那条路的,而庇隆的游戏之作大家耳熟能详,亚历山大自己也很喜欢。丘赫尔别凯的和诗是这样开的头:

"诗人。如果诗作者们正在饱受贫穷的折磨,他们的英勇精神或荒唐举动会迫使他们对缪斯女神说出那样一番话,正如阿格里平娜[①]从神谕中得知她的儿子未来会弑母称帝时所说的话:'Moriar, modo regnet'——'他要是称帝,我就去死。'

"当时庇隆只是正想走进一位著名先生的房间,而那位先生恰好也正打开房门相送另一位达官贵人。客人出于礼貌停下脚步打算让庇隆先进。主人说道:'别杵在这儿不动,先生,这位先生不是外人,是个诗人。'庇隆便说:'现在人人都该知道我是什么人了——那我就按照这一称号所示继续往前走了。'"

丘赫尔别凯同意把处于贫困中的诗歌作者和帝王相比较,甚至对人们的规劝也不让步。尽管两人意见相左,但友谊仍在。

## 3

现在他常常醒得很早,并且感到十分欣悦,非常幸福,究竟为何如

---

[①] 阿格里平娜(16—59),古罗马皇帝尼禄(Nero,37—68)之母。——原注

此他自己也搞不明白原因何在。女性的魅力每逢清晨就会在他的梦中出现。

他一整天都在公园里晃荡，颇不耐烦地等待奇迹出现。这是一种从未体验过的幸福。眼尖的娜塔莎不见了。老太婆沃尔孔斯卡娅身边换了另一个年轻侍女。有一次福马大叔说，娜塔莎好像因为不守规矩被赶走了。他听了心里开始隐隐作痛，晚上他问福马大叔，娜塔莎去了哪里。福马认认真真看了他一眼，阴沉着脸，耸着肩答道：

"我们啥也不晓得。"

叶莲娜妹妹来找戈尔恰科夫了，戈尔恰科夫总是竭力责备她懒惰。他把亚历山大的一首人人喜欢的诗《背叛》拿给她看。亚历山大看到这位美人是如何读自己这首诗的。他多么想让这纤纤玉手触摸他的诗稿，这樱红的双唇对他微笑，这迷人的美目对他脉脉含情。女性的荣誉比丘赫尔别凯的骄傲更加甜蜜也更加可怕。他窘迫地连忙跑开了。作为对美人让自己发窘的报复，亚历山大给她写了一首不是为了发表的献诗：她常用一只小巧玲珑的金鼻烟壶嗅鼻烟。他一一列举了烟灰可能会散落其上的迷人之处。

朋友们读了他写的这首献诗。

丘赫尔别凯起而抗议。

他得意扬扬地嚷道："烟末撒落进鼻孔里，闻到的味道恶劣得很。就这么回事。这首诗不合适。"

# 4

但现在似乎处处洋溢着幸福的气息。宫殿和花园都恢复了生机。这已经不再是库尼岑那荒凉破败的林子了。俄国军队开进巴黎，周围所有人都渴望荣誉。在园子里，他常常会遇到加利奇。加利奇从彼得堡来，在管园人那里搭了个帐篷。因此他在园子里感觉自己就像在家里一样。他和皇村中学其他教授不太一样。那些教授有些是耶稣会会员，有些是雅各宾党人，他们得为学生们的知识和一言一行担负责任，另一些教授想把学生培养成僧侣，还有些教授则想把学生培养成有德之士。加利奇却什么也不想，他只是暂时代理科尚斯基的职位罢了。皇村中学的教学事务并未占据他多少时间，他对待中学的事情态度不像一个教授，而像一个熟人。他们两个最常讨论的话题是诗歌和艺术，而非根据教科书准备答题。库尼岑的眼里总是流露出不安的痕迹——那是内心隐秘的，未来得及实现激情留下的痕迹。加利奇总是睁着一双大而明亮的近视眼，毫无表情地观察这个世界。科尚斯基却是个形容枯槁，易动肝火的阿里斯塔尔库斯式的老学究，而加利奇则是一个快乐的先知，正如伊壁鸠鲁①的老师亚里斯提卜②。对加利奇来说，一切都是愉快而有趣的。科尚斯基教导学生们，诗歌里最重要的是情感，诗歌也仅仅是为了表达情感。丘赫尔别凯便把其字典里有关诗人的喜悦和盲目无知的字眼全都抄下来。而加利奇却说，诗歌最重要的对象是真理。

他们俩在花园里散步，雕像和宫殿使加利奇感到高兴。他是奥廖尔一名诵经士的儿子，心里铭记着自己的家乡，在德国哥廷根大学留过学，并曾游历过法国、奥地利和英吉利，懂法、德、英、西和意大利的语言及文学。作为奥廖尔人，他喜爱花园，作为欧洲人，他赞赏雕像。

椴树刚发出嫩芽，橡树便已经长出了叶子。他还记得在奥廖尔的时

---

① 伊壁鸠鲁（前341年—前270年），古希腊唯物主义哲学家。——译注
② 亚里斯提卜（前5世纪后半期—前4世纪初），北非昔勒尼的古希腊哲学家。——译注

候,老人们常说,现在是捕狗鱼最好的时候。天鹅整日在湖中游弋嬉戏,天鹅绒在水面浮荡。阳光下的雕像也焕然一新。

"这里的园子之所以美,是因为荒废。"他说,"浓密的树荫密密匝匝。在凡尔赛宫可没有这样的景观,那里的公园好像都是欧几里得[①]建的。"

望着宫殿,他将其与路易十四时代做着比较。那些屋顶、房檐和雕塑都曾是明亮的金色;后来叶卡捷琳娜女皇命令将屋顶都涂成绿色,但过去那富丽堂皇的奢华残迹在阳光下还隐隐若现。这条两旁植满椴树的小径,以前是一片树林,彼得大帝在打了胜仗之后,也许曾在这里散步,加利奇和亚历山大都很喜欢这里。加利奇每次都会在为庆贺战胜摩尔多瓦而建的卡古尔纪念碑前驻足,戴上眼镜不慌不忙地阅读碑文。他激烈抨击德利尔的叙事诗,认为诗中的描写掩盖了事实。一切的聚焦点都在人身上,诗歌最主要的是真理。他喜爱哀诗,并且毫不掩饰自己对亚历山大那首《背叛》的欣赏,但他认为亚历山大写得太匆忙了。他走路总是慢悠悠的,脚步渐渐发沉,他喜欢哀诗中那种慢条斯理和高傲的气质。这种高傲气质与科尚斯基所讲过的不同,科尚斯基对于长诗的高傲气质曾经毕恭毕敬地低声谈道:丘赫尔别凯一遍遍抄写弥尔顿[②]和卡蒙恩斯[③]等人的诗作,想寻到那些诗人崇高荣耀的秘诀。这是一种忧郁的、回忆的、如晚间闲来信步的高傲感。

两人散着步,有时会一直沉默,互不打扰,亚历山大尽量收着步子,紧紧跟上"亚里斯提卜"大象一般的步伐。

---

① 欧几里得,(前330年—275年),古希腊著名数学家。——译注
② 弥尔顿(1608—1674),英国诗人、政治活动家。译注
③ 卡蒙恩斯(1524或1525—1580),葡萄牙诗人,剧作家。——译注

一天傍晚，在沉默了一阵子后，加利奇对亚历山大说，他不知道还有什么比历史题材更适合诗歌了，而皇村的许多地方以及那些与其有关的回忆也可能成为哀诗的主题。这里的公园、纪念碑和桥，都与俄国人纪念战争胜利有关——从彼得大帝到叶卡捷琳娜女皇。而现在这些旧时的纪念物也代表了新的回忆：即纪念 1812 年和那位宇宙征服者在莫斯科的陨灭。然后，加利奇心情轻松也毫无顾忌地对他说，《背叛》写得很好，但如写成庄重的哀诗体更好。很快就要到秋天了，也要面临各种考试，为应付考试得读书，还将有会餐。现在人人都在寻找庆祝节日的借口，亚历山大满可以为这个节日写哀诗。届时会有朗诵会，也会有全体集会。他说：

"您该锤炼自己写作高级题材的能力了。"

说完，加利奇压低嗓音，请亚历山大不要对任何人透露这个消息：拉祖莫夫斯基这次想邀请杰尔查文出席。

他对自己出的主意和建议感到非常满意，一连数次老老实实地夸奖自己。

"永远都要考虑手边最近的事情，而这也是最难做到的。"

就在两人道别分手后，加利奇又追上亚历山大说：

"我忘了告诉您，如果您想逛遍整座园子，并从中发现最最精妙之处的话，需要在各种不同的情形下，从不同的角度来欣赏它，以免把每座雕塑给弄混。而最合适的欣赏时间莫过于阴暗，您不妨傍晚时候来，您会看到所有大的轮廓全都清晰地显现出来。但您可别像个逃难的人一样四处乱窜，夜晚是思绪自由驰骋的时刻，而早上则是检验思想的时机。"

教授双眼放光，就像是在做一个有趣的实验。

"这是诗歌艺术的铁律。"

总是温柔敦厚、自由在的加利奇,每当事情涉及真理和想象力时,他的信念就变得坚定不移。

就这样,亚历山大每晚都会出来散步,当然是悄悄的,而且也不会走太远。弗罗洛夫如今已经很少关注纪律问题,因为他正全身心关注着纸牌游戏。康斯坦丁·萨佐诺夫大叔照旧是一到晚上就不见踪影,任何人都没留意到。亚历山大现在知道的,不是弗罗洛夫的纪律,而是加利奇的另一门学科——"诗歌学"。

晚间他常去园子里走一走,这违反了纪律,但他并不怕被弗罗洛夫发现。在昏暗中,胜利纪念碑们像奥西安的幽灵一般矗立着①。这里已经看不见方方整整的园林,阴森蓊郁的森林像在彼得大帝时代一样黑压压的。

## 5

杰尔维格承认:他寄出这首诗作是为了刊登在《欧罗巴导报》上。诗的题目叫《攻克巴黎》,他签的是他的笔名:鲁斯科伊。部长很久以前颁布的禁止写作和发表的禁令,并未被任何人取消。现在所有人都会被重要的诗歌所吸引。杰尔维格现在是杰尔查文的铁杆支持者,他说没人能像杰尔查文那样讴歌胜利。他反对人们拿杰尔查文开玩笑,他夸赞杰尔查文用短小精悍的押韵词句来歌颂胜利,如同在圣坛上跳舞。他还说,古希腊诗人品达和当下俄国的品达杰尔查文都是他诗歌创作最重要的导师。他也作了首颂诗《攻克巴黎》,暗暗盼望能让杰尔查文知道。

---

① 奥西安,(传说中)三世纪时凯尔特人武士和游吟歌手。——译注

在这诗中,他用不押韵的几行称颂杰尔查文:

> 俄罗斯的品达,杰尔查文!
> 请给予我飞扬的灵感!
> 请赐予我永久的光荣!
> 让我嘹亮的竖琴
> 响彻四方。

亚历山大寻思起来。他从前住在莫斯科的父母家里时,大伯和父亲曾经嘲笑杰尔查文既傲慢又粗鄙。他用词老土,说他勇敢莫不如说他粗鲁不堪。瓦西里大伯好像说对了,说他的诗都是鞑靼人味儿的,但杰尔查文的声誉完全是另一回事。好像皇村中所有的纪念物:玫瑰色和蓝青色的石头,造型优美的悬崖和水中矗立的圆柱——都令人想起他的诗歌。亚历山大想起了马林诺夫斯基。校长从不与亚历山大谈论马林诺夫斯基的诗歌,也许他不喜欢这些诗,抑或是他不愿将马林诺夫斯基的诗歌和其他人的划分开来。写诗人案牍劳形是上流社会的一种通病,校长不喜欢这种风气。但有一天他在同亚历山大聊俄国文学——他如此称呼诗歌——时,忆起了杰尔查文。他突然咧嘴笑了起来。

"加夫里洛·罗曼内奇。"他怀着柔情,抑扬顿挫地拖长音调,像是在品味诗人普普通通的名字一般说道。令亚历山大感到讶异的是,怎会有人如此喜爱一个写诗者,喜爱一个如今在各种杂志上跌跌撞撞,一个被大伯和卡拉姆津百般嘲笑的老头子。

如今大家都开始想起这位老诗人,就像怀念刚刚被遗忘的往昔的荣光。就在今天,当亚历山大走过切斯缅斯基角他最喜爱的杰尔查文墓碑时，他心里想的也只是这些园林的荣光：这些荣耀不属于卡拉姆津、巴丘什科夫或大伯，而属于杰尔查文，这荣耀沉甸甸的声震寰宇历史悠久。

亚历山大并不喜欢杰尔维格那些无韵诗。他和杰尔维格都认为，自己也应该投寄一些作品给《欧罗巴导报》，这是一家最大也最重要的刊物。他们选择了给丘赫尔别凯的题献诗和《致诗友》。亚历山大将这两首诗誊写了一遍，用的是曾经被加里尼奇赞许为公文体或官方文件体，没有多余的笔画、粗笔道和花饰的字体。作品署名为亚历山大·НКШП①。他将作品寄给了报社。当时《欧罗巴导报》的主编是伊兹梅洛夫②，他是卡拉姆津的仰慕者，并乐于关爱青年人。杰尔维格本以为报社不会发表这两首诗，但应该发表亚历山大的作品，因此他幸灾乐祸地想象编辑们一读到这些作品便会给予严厉批评。

他和亚历山大都默默地微笑。两人心中都喜忧参半。

## 6

皇村中学现在成了一个毫无秩序的共和国。这些贵族教授们七嘴八舌纷争不断，钩心斗角，在部长面前争相告密，没完没了。只有布德利老头子、库尼岑和自由公民加利奇不参与这些纷争。校长不在，科尚斯基生了病，衣着时髦的别舍利医生关了诊所，跑到城里去勾引那些风骚女子去了。弗罗洛夫如今开始请人吃饭。加利奇和其他人也都如法炮制。大家聚集在加利奇居住的管家的房间，举起盛满柠檬汁的高脚杯，

---

① 由普希金（Пушкин）的辅音颠倒而成。——译注
② 伊兹梅洛夫（1779—1831），俄国诗人、寓言作家，在卡拉姆津之后担任《欧罗巴导报》主编。——译注

为主人的健康畅饮。加利奇被大家一致选举为共和国总统，这个好心肠的人一本正经地接受了这一尊号。马上就要面临公共考试了，而他们什么课程都还没讲完。

甚至就连对自由的普遍法则恭恭顺顺的丘赫尔别凯，也两次被人看到在德国甜食店里偷偷享用美食。

皇村的居民们注意到了他们的行为。

# 7

瓦尔福洛梅·托尔斯泰伯爵既是一位戏剧爱好者，也是一位科学文艺事业的赞助人。他爱好演奏大提琴，但只是个外行。他认为用琴弓子使劲拉就是演奏的主要精髓。他有一个私人剧院，他是这个剧院的经理、独裁者、导演、老爷和苏丹王。他的乐队十分整齐有序，每天傍晚都在花园里进行表演。

很快，皇村中学的人们都受到了他的邀请。伯爵排演了歌剧《一日京兆》①。亚历山大至今还仅仅是从父亲的讲述中、从父亲脸上的表情里、从安娜·里沃芙娜姑姑的眼神里，还从瓦西里·里沃维奇在讲到那些女演员时唾沫飞溅的兴奋中，才对剧院有了一点概念。安娜·里沃芙娜姑姑常常严厉指责剧院，有时一提到女演员就气得浑身发抖。对于亚历山大来说，就此一点就够了：他喜爱剧院，尽管还一次也没去过。

托尔斯泰伯爵的剧院不大，但非常奢华。剧场仿照埃尔米塔什的样式，建成了半圆形。舞台上厚重的帘幕用金色的带子绑束着。观众席的

---

① 《一日京兆》是俄国诗人、剧作家德米特里·戈尔恰科夫（1758—1824）创作的歌剧。——译注

过道上站着仆人们充当的引座员：个个身穿仆役燕尾服，领子的颜色各不相同。乐队成员们也身穿带肩章的特制服装。托尔斯泰伯爵为剧院花钱毫不含糊，他最关心的只有一点：让所有来到这里的人都觉得像是来到大剧院一样。伯爵的包厢在紧邻舞台的一边，他对皇村中学的客人们予以优待，让他们坐在离自己最近的座位，他是皇村中学学生们的庇护人。由于剧院不接纳女士，所以有许多空座位。

皇村中学所有诗人都受到了邀请，包括戈尔恰科夫——歌剧《一日京兆》就是他叔叔和会弹吉他会唱歌的科萨科夫写的。瓦尔福洛梅·托尔斯泰伯爵是爱好戏剧的外行，他能感觉到皇村中学正有一批戏剧爱好者在茁壮成长。但有一点他比其他任何人都知道得更清楚，在剧场里，公众中的戏剧爱好者是最最要紧的：观众的笑声、拼命鼓掌，甚至就连不登大雅之堂的喝倒彩声，也比一潭死水、死气沉沉好。作为剧院的主人，每当有人迟到了，同引座员吵嘴，在半明半暗中踩到邻座的脚之类的事，他也喜滋滋地咂摸着味道。

原来这就是剧院。烧干了的灯盏冒着烟，灯油咝咝作响。剧院主人坐在池座里，面前放着一本打开的空白纸张的本子，手里握着根铅笔。他一拍手，乐队就开始演奏。大幕随即便吱吱响着被拉开。然后一切都沉寂下来。

舞台上是巴格达街头的夜晚：带凉棚的房屋；红色和绿色的灯在闪烁，整个布景都是仆人画的。托尔斯泰伯爵吹嘘说，这剧院里的一切都是自己制作的，没有任何外来人和外来的东西，就连大幕也是女仆们亲手缝的。未婚夫哈桑头上裹着带玻璃珠和羽毛的缠头巾，站在舞台上。然后，罗科珊娜走了出来，这时亚历山大就明白了，为什么安娜·里沃芙娜姑姑一说起女演员们，就会情不自禁眯起眼睛，还要暗暗地啐上一口。他也不自觉地眯起眼睛来。胸部丰满,肤色雪白的女演员睁着一双空洞的大眼睛,穿着不太适合溜肩的华贵的灯笼裤,脸色苍白,呼吸沉重,她无助地在台上走动,惊恐地望向伯爵池座的方向,完全没看到向她伸出手的未婚夫。

这时候托尔斯泰伯爵在本子上写了点什么。她戴着绣着金色月牙的短面纱,孱弱却浓妆艳抹的乳母法提玛走在她身边。罗科珊娜停下脚步,情不自禁唱起歌来,她的声音发抖,低垂着头,不知道把双手放在哪里。她先是害羞地把双手交叠在胸前,随后又放下了右手,左手想要叉腰,却顺着腰滑了下来,于是她又把双手交叠在了胸前。她并不看一眼哈桑,从他身边走过时还差点撞到他,然后又一次,没有任何表情地唱起来,嗓音颤抖着,眼睛扫视着不同方向,低垂下头做哭泣状:

> 只要是陷入了爱情呀,
> 一切都会让心儿害怕,
> 一切都会让灵魂痛苦,
> 热恋的激情,
> 带来的是想要毁灭爱人的,
> 无尽的不幸。

亚历山大忽然情不自禁地鼓起掌来。尽管这女演员唱得很糟,在舞台上也沉不住气,因为半裸着胸脯而感到羞愧无助,但她的笨拙却很动人,因为她是个美人。

不知是谁嘘了一声,托尔斯泰伯爵立马振奋起来,用铅笔敲了下本子。女演员一看见正在悄悄向自己靠近的陌生人,轰然一声跌坐在了街边的花缎面扶手椅上,但她跌坐下之前还不忘拾起了面纱,看得出来她很珍视这东西。

托尔斯泰又在本子上写了些什么。

女演员还没唱完,穿长衫戴包头的哈里发就提前登场了,急匆匆地说了台词:"多美妙的嗓音啊!"哈里发很局促,慌乱地喘着粗气。观众席里发出了嘿嘿的窃笑,托尔斯泰伯爵脸涨得通红,他吩咐了引座员几句话,引座员转身离开了。

第一幕结束了。皇村中学的观众们鼓起掌来,演员们走出来谢幕。饰演罗科珊娜的女演员深深地鞠躬。直到此刻她才掌握了自己的角色——即一个女演员。她匆匆地鞠躬致意,脸上带着忧虑的神情,有些上气不接下气。

亚历山大鼓掌并大喊:"好!再来一个!"

于是她向他鞠了一躬。

她叫作娜塔莉亚,托尔斯泰伯爵找到的第一个女演员,在这之前她是个侍女。

托尔斯泰伯爵邀请皇村中学的客人们参观后台,他希望这里的一切都能让人想起大剧院来。

剧场里很豪华,但后台却低矮狭窄,演员化妆间看起来像马厩。托尔斯泰对此不满意,阴沉着脸。饰演哈里发的男演员穿着豪华的长袍紧贴墙站着。伯爵抽了他一记响亮的耳光。

"我告诉你该怎么走出来,"他说,"你是哈里发,但你演得没有一点哈里发的样子。记住,蠢货,你是哈里发,是最尊贵的人。"

他伸出手指冲着娜塔莉亚做了个威胁的手势,她赶紧垂下了眼睛。

## 8

托尔斯泰对自己的剧院大发雷霆,这出歌剧也就只上演三四次。他对此剧感到厌烦了,于是马上打算排演一出新戏。他在三个月之内排了三出戏。亚历山大一次演出也没有错过。他成了剧院的常客,伯爵称之为"瓦克斯格尔①",所有歌剧和芭蕾舞剧他都反复观看:《突尼斯帕夏》《后宫诱逃》《苏丹的女奴》和《塞维利亚的理发师》。他知道托尔斯泰剧院里所有台上的情节和幕后秘密。娜塔莉亚身兼女主角、侍女、舞者、歌手和情妇女主人多重身份。她永远都在烦恼、焦虑和恐惧。她已经习惯于在亚历山大面前化妆。她向他承认,她很喜欢亚历山大的到来,和他在一起她感到很平静。说这些话时,娜塔莉亚压低声音并环顾四周,以免被伯爵听到。她脸上永远都是紧张的表情:不是在回忆角色,就是在主人面前隐藏本性。她根本无心玩乐。

有一天在上演《苏丹的女奴》第二幕后,幕间休息拖延了一会儿。亚历山大走到后台,发现她在流泪:她刚刚因为没做好芭蕾舞里的空中拍足这一动作而挨了打。泪水从她的眼睛里流下,她却没有擦拭,因为不想让眼睛变红,为了不弄花脸上的妆容而倾斜着头。她紧紧抱着亚历山大啜泣。五分钟后,她继续在台上跳舞,演绎着苏丹最心爱的女奴隶,穿着白色的多米诺斗篷和黑人奴隶们旋转舞动,这后宫真正的主人伯爵则坐在其池座里,手里拿着那本令人害怕的"账本"。她的脸上只有恐惧,没有微笑,也想不起来何时应该微笑。这次她没有出错。

---

① 在俄语里这个词本意是指散步游玩、节日庆典和戏剧演出的场地。此词来自伦敦附近一个叫沃克斯霍尔的地名,18世纪时,那里曾经为上流社会建起了一座园林。——译注

过了一段时间，托尔斯泰对亚历山大逐渐冷淡，也不再给予特别关照。亚历山大预感到该分手了：剧院可能不会长久了。托尔斯泰花了太多心思，现在娜塔莉亚受到了更严格的监督。亚历山大给她写了封信，所有人都读过。信中的题词引自一位敢于给国王情妇写信的法国诗人。他认为诗人有自己的自由和权利。这对娜塔莉亚的"国王"来说无异于挑衅。娜塔莉亚只是个奴隶，却让主子沉迷于她的魅力。这件事让他觉得好笑，又很嫉妒。但他又觉得很得意，因为有诗人给他的女演员写满是溢美之词的书信。这会更让他的剧院声名大噪。

他决定教训一下这位常来看戏的年轻小诗人，让他知道该怎么做一个晚辈。看到亚历山大过于狂热地为娜塔莉亚鼓掌，托尔斯泰嘘了一声。但此时却发生了一件意料不到的小插曲，观众席里突然站起了一位小伙子，大喊一声："好！"

托尔斯泰气坏了，他想熄了灯让观众全滚蛋，但又突然改了主意。不管怎样，这是他的女演员，是他的私有财产。而他对于一件事还是很满意的：幕间休息时他在后台看到亚历山大之后，便立即吩咐打铃，并故意用所有人都能听见的声音宣布，迟到的人不得入场。

"闹够了。"他说。

对这一失礼举动，亚历山大只是笑了笑，便马上离开了后台。

回到皇村中学后，亚历山大去丘赫利亚的小单间找他，逼着他再读一遍词典里关于庇隆的内容。

"这位先生不是外人，是个诗人。"丘赫利亚用困倦的嗓音读着，"现在人人都该知道我是什么人了——那我就按照这一称号所示继续往前走了。"

"而这个人并不知道我是什么人。"他快活地说。

丘赫利亚继续为他朗读关于美德的新摘录,但亚历山大已经跑掉了。

## 9

当最新一期的《欧罗巴导报》发行后,亚历山大装作漠不关心。他咬着嘴唇,脸色苍白地看着戈尔恰科夫和科萨科夫翻着那本刊物。他期待惊喜和赞叹,但什么也没发生。他俩翻看完了,戈尔恰科夫问亚历山大想不想看,还说现在这些杂志越来越没劲了。亚历山大继续装作漠不关心的样子,翻了翻那本刊物,他的心跳得厉害。他不敢相信自己的眼睛:找遍了所有作者名和诗歌名称栏,都没有他的。他咬着嘴唇又翻了一遍,还是没有。他的诗歌如泥牛入海,无影无踪。他把书一丢,缩在角落里,咬着指甲。没人向他靠近,大家都在想他是在写东西。但他此刻并未写东西,而是在发愁。看来丘赫利亚关于诗作者命运的观点是对的。他感觉受到了侮辱,没人注意到他们的诗歌,没准那些编辑们还嘲笑了一番。他开始痛恨这本刊物,厚厚的封皮,粗劣的纸张,这本刊物无聊透了。杰尔维格的诗也没有刊登,但他并不沮丧,反而还挺乐呵的。

他将这本可恨的刊物又塞到了亚历山大手里。

在这一期的最后一页,用小小的字体刊印了报社的一则声明:"我报社收到一篇题为《致诗友》的诗作,按照本报社规定,敬请投稿人告知姓名及地址,否则将不予刊登。本社承诺不会损害作者权利,如果作者不愿公开发表姓名,本社将尊重作者意愿。"

他们立即给报社写了信,然后等待回音。报社编辑承诺不会向任何人透露诗作者的姓名和地址,这让杰尔维格感到放心:他没忘记部长严禁写诗的禁令，发表更是想都别想。杰尔维格感到遗憾的是不能署上自己的全名。亚历山大则勇敢得多，他的姓名辅音首字母 НКШП，别人是绝对猜不到的。

之后的每一期《欧罗巴导报》他们都要仔细慢慢翻阅，并装作淡定的样子。终于在第十二期刊登了杰尔维格的诗，这一期被人们争相传阅。亚历山大坐在一旁咬着嘴唇想，他又被遗忘了。他仿佛身处一个陌生的国度，这里的规矩就是人们会迅速地互相遗忘。

现在他对于这些刊物的感觉和从前不一样了——他自己亲身参与其中了。他突然开始理解科尚斯基堕落成酒鬼的原因：这些刊物的奇怪风气和规矩真能让人发疯。

他感觉自尊被严重侵犯了，于是不再谈论诗歌和《欧罗巴导报》。杰尔维格的那种幸福感他无法体会，甚至无法靠近。那些发表的诗歌没有他的署名，而亚历山大·НКШП 的署名的确更好，更直截了当。然而亚历山大的作品却没有发表，尽管他已经看到了发表预告。他摆了摆手，彻底沉迷到剧院去了。

## 10

在一个不合时宜的时刻，为了不错过晚饭，亚历山大从玫瑰田野小跑着回皇村中学。他没有认出那些本来熟悉的道路，周围的一切仿佛都变了，池塘里的半圆形月亮，湛蓝的天空，都仿佛离他更近了一些。

前一天晚上他和娜塔莉亚约好今天在玫瑰田野见面，随便聊一聊，但当他去赴约时，并不相信她会来。她的主人和守卫总是紧紧盯着她，使她很难溜出来。一开始她害怕各种声音，顾虑重重，怕自己的老爷。亚历山大觉得有些难为情，因为这还是他头一次陷入女性的魅力。他很久前就从父亲书柜里那些隐晦的书籍中了解了一切,他曾花了两天时间读奥维德的《爱的艺术》①,他想按照这本爱情教科书上写的去做,但又记不得内容了。他不知道女性被亲吻脸颊后会愣住,奥维德对此一句也没提过。而后他期待着无尽的喜悦和夸张的诱惑力。而现实既不像《夜莺》,也不像庇隆和巴尔科夫的诗,更丝毫不像父亲书柜里和大伯家架子上的那些书里所写,此后的一切就像没入死寂。

他记得帕尔尼②对他的埃列奥诺拉所说的每句话,但他们二人的对话却完全不同,因为她根本没空。娜塔莉亚急着跑回去彩排了,而亚历山大只得回了学校。他遇到了瓦尔霍夫斯基、科萨科夫和米亚索耶多夫正要去吃晚饭。他们看到亚历山大,跟他说了两句话,便一道去吃晚饭。亚历山大有点惊讶,他们居然没发现有什么不对劲。晚餐和平时没什么区别。亚历山大觉得头晕,他一点也不想离开同学们,于是他和普辛、马林诺夫斯基、杰尔维格、戈尔恰科夫一起走着,不停地说笑。一切似乎比以往任何时候都好。甚至连丘赫利亚也变得可爱多了。亚历山大爱他们,因为他们对他的经历一无所知,也并未察觉到他的异样。他觉得旧的生活此时此刻已经结束。而他们所有人还和从前一样。他不停地谈笑。一切都像从前一样继续着;那些他从未留意过的亲密和兄弟情谊。随后大家回到各自的小房间,秩序井然,井井有条。

萨佐诺夫大叔帮他铺好床之后离开了。

他在房间里走来走去,然后探出窗外,朝着侍女们居住的地方张望,但什么也没看到。托尔斯泰的剧院就在那里。直到今天他都还没有

---

① 奥维德(前43—17),罗马著名诗人。——译注
② 帕尔尼(1753—1814),法国诗人。——译注

爱上她，他的心完全没有被她、她的命运以及今天的戏剧所占据。他只是觉得她窘迫的样子很可爱。他想象着她此刻在舞台上的样子，他后悔没和她一起走。他轻轻鼓掌为她祝福。然后，亚历山大的脑海里又出现了傲慢的托尔斯泰，他正威严地坐在包厢里，严厉地盯着舞台，在厚厚的笔记本上记录着，亚历山大突然大笑起来。

"你在笑什么？"——普辛昏昏欲睡的声音从隔壁传来。

"我想起莫里哀剧本里那个戴绿帽子的人。①"亚历山大答道。

隔壁没声音了，但他仿佛感觉到普辛耸了耸肩，于是便笑了起来。窗户开着，普辛也莫名其妙笑起来了。

第二天，上完第一节课之后，丘赫利亚给亚历山大展示了自己的新词典：他想给亚历山大读一读自己有幸在贝尔纳丹·德·圣皮埃尔的书里找到的关于幸福的定义。

亚历山大拿过丘赫利亚的词典翻开。

"爱情的过程：欲望、关注、狡猾、冷淡、厌恶、争吵、怨恨、鄙夷、遗忘。"

他还读了一些魏斯②的无稽之谈："应该努力使所有人，甚至包括猫和狗，喜欢自己。"看得出，丘赫利亚对爱情一无所知。

最后他读到了斯特恩③的话：

"我们生命的愉悦是在一种迹近病态的战栗中结束的。"

昨天他还和丘赫利亚一样看不懂这句话。他俩都喜欢这个奇怪的想

---

① 莫里哀的喜剧《斯加纳雷尔》中的人物。——译注
② 魏斯（1885—1960），瑞士哲学家。——译注
③ 斯特恩（1713—1768），英国作家，感伤主义文学思潮奠基人，著有《特里斯坦·香迪先生的生平和见解》和《感伤的旅行》。——译注

法。而现在他惊讶地发现：有这一体会的竟不止他一人，但要怎样谈论这种感觉？又该怎样发现它，并将其写出来呢？

快到晚上的时候，布德利从城里给丘赫利亚带了第十三期《欧罗巴导报》。杰尔维格头一个看见，便叫来了亚历山大。亚历山大脸色苍白地笑着。他凑过来，看到了第九页上印着《致诗友》。亚历山大看了看自己的诗，脸色煞白地跑掉了。

今天在托尔斯泰的剧院里上演歌剧《美国人》，娜塔莉亚在剧中扮演一个粗野的美国姑娘。他害怕会迟到。

## 11

一名警察中尉带着三个士兵来到了皇村中学。他们向弗罗洛夫打了个照面后，又悄悄地报告了些什么。弗罗洛夫后退了一步，惊讶地张开了嘴巴。随后门被关上了，马特维叔叔脸色苍白地穿过回廊；他们跑到窗户下，看到屋里面拿着军刀的士兵们正押着一个双手被扭着的高个子男人。他身体前倾着向前走，低着头痛哭道：

"东正教徒们，请原谅我！"

一个士兵用军刀在他背后戳了一下，然后所有人都走过来向右转弯。那个被扭着双手的男人是康斯坦丁·萨佐诺夫大叔，曾经服侍过亚历山大，还和他一起在校医院睡了一夜。

一周后大家得知，萨佐诺夫曾在夜间离开皇村去做抢劫和谋杀等勾当。他和同伙一共杀了九个人。有一天萨佐诺夫在校医院怎么也找不到 25 戈比，而那笔钱，就是他从当晚花 50 戈比雇的马车夫那儿抢来的。因为不想付钱给车夫，萨佐诺夫杀害并洗劫了他。

萨佐诺夫喜欢听人家朗读诗歌，有一天他还和杰尔维格争辩过。但他并不像亚历山大从前在小说中看过的那些强盗。他长着浅黄色的头发,人不大聪明,总是郁郁寡欢。如果亚历山大很有钱的话,这个恶棍应该也会杀了他。他们曾经挤在一起睡觉,四周一个人都没有。亚历山大回想起萨佐诺夫用茶碟给他端茶的样子,一夜没合眼。

## 12

所有人似乎都发生了变化。每个人的声音都变得像破碎了一般,下巴上开始长出绒毛,他们开始得意扬扬地刮脸;但他们的友谊依然如初。和他比较要好的有诗人杰尔维格和丘赫利亚;伊利切夫斯基仍旧写寓言故事,他写得越发工整零碎,亚历山大和他没什么话说。他的朋友中还有普辛和马林诺夫斯基。瓦尔霍夫斯基是个道德高尚的人,常常严厉地指责亚历山大。他十分尊敬自己的养父马林诺夫斯基校长,发誓终生维护道德的纯洁。他向丘赫尔别凯抱怨道德衰落的现状,并声称,如果瓦西里·费多洛维奇在世,将会重新掀起改革的狂风,普希金也就不会变成这样游手好闲的放荡子。丘赫尔别凯虽说对他言听计从,并以感情泛滥来为朋友辩护,可亚历山大并不对这位朋友的热情表示感激。

亚历山大如今彻底沉迷在园子里。正值秋季,他沿着椴树小径徐行。朋友们怀疑他在和谁秘密约会。瓦尔霍夫斯基摇着头说:"他现在什么也不做,离开了正道。"丘赫利亚绝望地听着。

对于亚历山大的戏剧激情,弗罗洛夫没什么反应,但却引起了正义之士们严厉地谴责。那些善良的人对他避而远之,并用同情的目光看他,对此亚历山大只是付之一笑。

一天,布德利看着亚历山大,对大家讲了自己年轻时,他那个既是智者又是医生的哥哥是如何保护他不让他走上放荡的邪路。当时他哥哥刚好写了一篇关于献给维纳斯的祭品的论文。哥哥向他展示了痛苦,赤裸裸的创伤,以及被剥夺了理智和行动能力的半死不活的游荡汉。

亚历山大好奇地听着他的故事。布德利说话很快,他的舌头很硬实,嗓音沙哑。巴黎的医院太可怕了。但这一切都和他与娜塔莉亚的约会没有一点关系,她的魅力和喜悦,按照斯特恩的说法,总是在莫名其妙的、令人痛苦的战栗中结束。然而这种约会如今也已经停止了,剧院关门了。他不再和娜塔莉亚见面,朋友们都搞错了,亚历山大在写作。

# 第十一章

*1*

杰尔查文缓缓地拾阶而上,走到他那张大沙发前时被绊了一下,差点摔在上头,翘着两腿。抱在怀里的白狗仍在熟睡。冬天清晨的阳光洒在地毯上,变成金黄、绯红和蓝青色。窗户罩上了一层白霜,院子里到处都是积雪。沙发上很暖和。他打了个盹儿,嘴唇微微颤动,并没注意到帽子从头上滑落下来。他的头是秃的,像一颗长着绒毛的黄色台球。沙发就是他的王国:他将所写的东西都放在上面,还在这儿睡觉。他爬上沙发,并在脑子里打算:在他左边,不久前放石板的小柜子里,放着他承诺给拉祖莫夫斯基写的悲剧《阿塔巴里勃》手稿。他知道自己肯定不会忘了写字的石板,因此才把它和手稿放在一起。出于迷信他斜眼瞟了一眼石板,突然拿起石笔开始写诗:这种情况在他的一生中很常见。眯着眼睛拿起石笔,看着窗外的雪还有雾蒙蒙的喷泉河,写几个字然后抹掉,再写几个字,又抹掉。然后把石板放回小柜子里。小狗泰卡乖顺地坐在他怀里,温暖着他的心窝。它的名字叫戈尔诺斯泰卡,他亲昵地唤它为泰卡。

趁着马车还没套好,没换衣服之前,那篇悲剧中有几行需要修改一下。但突然间他又不想改了,不愿意破坏一篇最伟大的作品。除此之外，他有些舍不得交出这篇作品，于是他决定不交了。他认为自己这部最近杀青的作品才是最好的，尤其是对秘鲁国王死于日食之日的描写，更是精彩之至。他一生创作的所有作品中，大部分颂诗和《阿塔巴里勃》相比都不值一提，他每次想起都为自己的付出感到不值。他有时会觉得一切仿佛刚刚开始。他有点被今天的旅行吓倒了。他的生活中充斥了许多次旅行：沿伏尔加河的旅行，在奥伦堡的草原上纵情驰骋，在彼得罗扎沃茨克、莫吉廖夫和卡卢加之间往返。然而这趟皇村之旅对他来说却变得更加艰难：穿着参议员的制服，戴着绶带，穿毡靴，戴手套，外穿毛皮大衣，竖起领子在雪地里飞奔，平静的生活因此被搅乱。除此之外别无他法，因为所有人都在等着他露面，听他说振奋人心的话，和他一起喝茶，远远地就在路上张望，看他来了没有。他从不缺席公务活动，尽量早些到场，多待一会儿，观察琢磨。那些整天待在家安逸享乐，无所不知的轻浮的机灵鬼们的成功，总会让他感到气愤。

每次省城中学的考试他都去参加。而皇村中学的考试更是不能错过：这个刚成立的教学机构声名大噪。他熟知的皇村中学前任校长马林诺夫斯基突然意外离世，现在的校长是谁他并不清楚。周围许多人去世的消息早已无法引起他的悲伤，但仍然强烈地刺激着他。好像在故意跟他作对似的，所有同龄人都死去了，然后是年轻些的，一切都开始了，但没有结局。对这个混乱的时代他已经见怪不怪，一些人主张革新，认为他已经落伍，对此他并不赞同。他不愿意在考试中遇见诗人茹科夫斯基，茹科夫斯基曾用十二万分恭敬的语气给他写信，用美妙愉悦的诗歌讨他欢心：希望他能将自己的诗歌投给由他主编的选集，引诱他，随后拿走他全部最重要的诗作，并在其主编的书里发表了。现在没人愿意买货真价实的出版物，却对茹科夫斯基的选集趋之若鹜，就这样，茹科夫斯基毫不费力，就可以在家里坐收渔利。茹科夫斯基关于1812年的诗作令人怀疑：通篇采用罗曼司的调子，还迫使人物大跳其华尔兹。不过他的确很有才华。

他一生都不擅与人相处，现在所有年轻人都对他恭恭敬敬，而实际上他们都是两面派。很多小伙子嘲笑他，这就是生活。现如今，他除了放在沙发两旁靠墙柜子里的著作外，也开始关注人了。他忙得没有空闲时间：要操心的事真多，有些刚刚获得优秀艺术家做版画插图的著作需要出版——这已经让他倾家荡产，郁郁寡欢了，还要操心房子、操心兹万卡庄园①以及继承人的事。

他没有子女，这是他的一大遗憾。他不希望杰尔查文这个姓氏就此绝后。他挑选了一个小外甥，想让他改姓杰尔查文，但小外甥拒绝了，因为觉得自己配不上这个姓氏，担不起这副重担。他没有放弃，又找了同乡一个做骑兵团团长的亲戚，想让他娶了自己的外甥女，继承这个姓氏，可是外甥女不干。女人的怪脾气他可对付不了。他又想让一个相貌标致的喀山姑娘继承自己的姓氏，也没有成功。年轻人勃鲁多夫②常来拜访他。他想把姓氏送给勃鲁多夫，但他亲爱的夫人达利亚·阿列克谢耶夫娜③把勃鲁多夫从家里请了出去。

变老是一件很麻烦的令人忧伤的事。他无论如何也不愿意变老：首先，对女人失去兴趣；其次，不愿走向死亡，或称作"彻底毁灭"。一两年前米连娜和他吵了一架，他要是没了心跳，就看不到女人淡蓝色的

---

① 杰尔查文晚年居住的庄园。——译注
② 勃鲁多夫（1785—1864），俄国国务活动家。——译注
③ 达利娅·阿列克谢耶夫娜，杰尔查文的第二任妻子，他曾在诗中称她为"Миленою"（我亲爱的）。——译注

血管如何因为充血而变红。从前他为了美人什么都愿意做。她们拥有至高无上的权力。要是有个美人一直盯着他看,他便会再次神志不清起来,而要是有个美人用竖琴或钢琴演奏巴赫或者克拉默①的曲子,他立刻就要去窗户边的书桌上拿起石板开始写作了,但是一定要让美人多留一会儿,就那样静静地坐着就好。对他来说,年轻的外甥女们是家里最必不可少的。一想到自己的姓氏将要后继无人他就特别难受,因此他总愿意在人堆里待着,喜欢细细端详别人,思量着把自己的姓氏传给谁才好。他在遗嘱中处理了自己的财产,但又来回改了很多次,他从不会一次就敲定任何事。

除此之外,他还担心自己的所有诗作会随着他的死亡消失无踪。现在他在创作悲剧。而诗歌对他和牌戏一样,年轻时差点将他毁灭。现在妻子常给他一些小钱,供他打输了用。无论是庄园还是名誉他都不能抛弃。

沙发要散架了,成捆的手稿和抄本一页页散落在两侧书橱里,放在下层抽屉里的,则是一捆捆的书稿。继承人还在世时,还能保存下来点什么,可一旦他们不在了呢?需要把自己的诗歌和才华转交给什么人,而不仅仅是抄本。因此他很生茹科夫斯基的气——茹科夫斯基本可以成为他的继承者。一些年轻人曾经来拜访他,为他朗读他们的习作,也曾一度令他重燃希望,但很快这些希望就暗淡了:很多人转而搞翻译去了(这是老头子们该干的事,而那些年轻人却不敢把自己头脑里的东西写出来),现在的人和他那个时代比,都变得琐琐碎碎,谨小慎微了。他

---

① 约翰·巴普蒂斯特·克拉默(1771—1858),侨居英国的德国著名钢琴家、作曲家。——译注

选中一个继承人，很快就忘了，再选中一个，又忘了。他不想将希望寄托于成熟老练的诗人。那些诗人的绝大部分才华都已经展露无遗，他们也不盼着名垂千古，并且他们也和那些年轻继承人一样，不愿意接受他的姓氏，也不理解他的荣誉。

他迫不及待地找寻这样的人，热切地聆听他们，盼望着他们。

今天拉祖莫夫斯基的邀请函还附有考试日程。新学校里孩子们由低年级升入高年级的考试规模很大。第一次考试共有四天，他没参加，因为他对那些永远千篇一律的考试内容（神学、逻辑学、地理、历史、德语和道德规训）不感兴趣。第二次考试他仍然没有出席，因为他不懂那些拉丁语、法语、数学和物理。但最后一门考试是俄国语文，受邀嘉宾可以向学生们提问题，于是他决定好好利用这种权力。对于考试题目他已经提出了自己的意见，并且大体上比较满意：各类语体和言语修辞格，最后也就是第四大题是朗诵自己的作品。

他喜欢年轻人用胆怯的、磕磕绊绊的、刺耳的嗓音高声朗读他们的作品。他自己有时搞混了词语便会大喊大叫起来，他出席了最后一次考试。

他还决定留到考试最后，他要给学生们传授自己的绘画、书法、剑术和舞蹈的经验。

马车夫孔德拉季套起马车来总是没完没了。他一直想拥有一辆银粉色的马车和浅黄色的马，但是一辈子都没得到，现在他的马车是灰色的。

他还在打盹的时候，夫人进来唤他："加纽什卡[①]，加纽什卡，你

---

[①] 杰尔查文的名字"加夫里拉"的爱称。——译注

该出发啦!"

他站起来,恋恋不舍地让仆人为他脱下暖和的灰鼠皮衬里长睡衣,蹬上棉靴,换上参议员制服和绶带。贴身男仆孔德拉季为他戴上灰白色的蓬松假发,弄得他摇晃了一下。然后,他被塞进毛皮大衣,搀出门带下楼,扶上马车,四面都被掖得严严实实,出发去皇村了。

## 2

谢尔盖·里沃维奇不喜欢谈论华沙。他现在和家人住在喷泉河岸,杰尔查文也住在那里。不过他们住在河流最下游的科洛姆纳市。不论在莫斯科的德国街①,还是在这里,在圣彼得堡,他都跟手艺人很投缘:他身边全是些手艺人、长舌寡妇和贫苦人。谢尔盖·里沃维奇说过,他在这里过得开心,只是因为这里的花园和空气,这些东西在彼得堡是很难得一遇的。他发福了。造成这一结果的罪魁祸首是虚荣心:假如他依然一门心思奔仕途——如今却没有什么值得遗憾的了。失去那些狐朋狗友,他此刻只能以孩子为借口满足自己的虚荣心了。谁又会料到奥莉加变漂亮了。他送她去和亚历山大见面时更加确信了这一点。以前他没注意到,连她自己也没注意到。但亚历山大见到她很高兴,也很惊讶,亚历山大的同学——戈尔恰科夫,还有一些他不认识的,都用那种所有小伙子特有的眼神看着奥莉加,而他自己也曾用这样的眼神看过女人。谢尔盖·里沃维奇也看了看奥莉加,头一次发现她变漂亮了。

他用陌生的眼光看着一切。萨什卡在《欧罗巴导报》发表了诗作,这种事从未发生在谢尔盖·里沃维奇身上。他很高兴,给人家展示《欧

---

① 1922年之前,莫斯科的鲍曼街曾叫作德国街。——译注

罗巴导报》，还抱怨皇村中学墨守成规：

"可怜的萨什卡，人家不许他用普希金的署名发表，您想想，他只能用一个笔名，一个字母换位的把戏，一个莫名其妙的字谜来代替。"

他把萨什卡的作品传了个遍之后，踩着小碎步回到自己的书房，立刻拿了一沓纸张坐了下来：他想要回忆在搬家中丢失的自己从前那些珍本哀诗小册子。他的藏书和书橱已经凋零了，搬家时几乎失去了一切。

但是很快他收到了瓦西里·里沃维奇的一封信，里面充满了惊叹，信中说这两首诗将是萨什卡辉煌的开端。谢尔盖·里沃维奇读完这两首诗后，也更加确信报社编辑发表这两首诗并非单纯只为了鼓励一下作者而已，这的确是一个辉煌的开端。

和所有家长一样，他收到了考试邀请函。因为赶时间，他没讨价还价，被马车夫狠宰了一顿，花了二十五个卢布和一瓶伏特加才出发了。一些重要的人物将受邀出席这次考试，和车夫还价会让人家以为他小气吝啬。

## 3

孔德拉季从马车后踏板上跳下，打开车门将他扶出来。他路上有点颠着了。他吩咐孔德拉季留在原地，自己要走一走，舒展一下筋骨。过了一会儿，他什么都不想，走上了那条熟悉的道路，走到了宫殿，他有点惊讶。他经常咬嘴唇。

他在大理石台阶上停下了脚步。巨大的拉克勒斯和佛罗拉雕像站在入口处，雕像上落满了积雪。

他看着佛罗拉的雕像，嘀咕道："瞧，把她都搬来了。"

然后他小心翼翼地爬着台阶，嘴里还止不住地埋怨。

天黑了，照明却很差。他忽然间有一种想把佛罗拉身上的积雪清扫掉的冲动。他伸出手杖想要拂去女神胯部的积雪，费了挺大劲才够着一点，但积雪已经冻住了；他用手杖敲了几下雪壳子就停下了，随后他从很滑的台阶上走下来，站在路上用手遮在眼睛上方往柱廊看。穿过白雪覆盖的杨树，他什么也没看到，但却感受到了一种古老强烈的欣羡。那边矗立着许多古希腊罗马智者的铜像。他发现罗蒙诺索夫的雕像也在其中，从那之后他两个月都没睡好，希望自己的雕像①也能出现在那里的想法折磨着他。为实现这个愿望，他找来了雕塑家拉舍特②和普连妮拉③，他拿了一大笔钱，把雕像做了。但它没有被放进柱廊，现在他的雕像被放在达利娅·阿列克谢耶夫娜的沙发旁边，而普连妮拉的胸像则被第二任妻子藏在了沙发里面。而他去世后，他自己的雕像也遭到了同样的命运。

他羡慕了一阵之后，突然明白了这有多不值得：周围人们对这些雕像的态度其实很冷淡。的确，在柱廊那里并不是所有雕像都完好无损。如果他的雕像在那儿也会有同样的遭遇：人们在爬上台阶时会瞅它一眼，在脑子里默默算着台阶数目。就在他现在站过的这级台阶上，他曾经在这里因为秘书给他下的套而有过一次不愉快，而且还哭过一鼻子。虽然一切都过去了，但这一切对他来说都不值得！现在他对此已经完全无动于衷了。

忽然间他忘记了那些考试，也忘了人们在等他。他希望，即便这花

---

① 此处原文是"кумир"，意为"偶像"，这里用以指雕像。——译注
② 让-多米尼克·拉舍特（1744—1809），雕塑家。——译注
③ 杰尔查文曾在自己的诗作中称呼其第一任妻子叶卡捷琳娜·雅科夫列夫娜为"普连妮拉"。——译注

园里有什么东西可以在与时间的官司中获胜,时间也总是令人感到恐惧,此时此刻时间也正从四面八方将他包围。他既不想看见这些雕像,也不想看见这些亭子,更不想往另一边略走几步去看那些尚未完工的中国村,总之他不想陷入回忆。他就像了解自己的家一样了解这座园子。在那里他曾遇见怒气冲冲的别兹博罗德科①,奥尔洛夫喜欢在这里散步,并向人吹嘘他是怎样英勇地拦住了一辆从山上滚落的双轮马车。他曾经以为是生活的一切,忽然销声匿迹了。再不会有亚洲式的娱乐和享受,华丽和奢侈,有的只是赤裸裸而又聪明智慧的亚历山大时代。是啊,就连胜利也具有别样的意味,而且他对此类胜利也缺乏理解,正如从前的他只能理解苏沃洛夫的意义一样。他的《驱逐法国佬的抒情史诗颂》不愠不火,这首诗和茹科夫斯基的《歌手》并列,却没有一个人察觉它的存在。他总是写时间和死亡,写万物如何不坚牢,但他从未预料到,这一切会在如此短的时间内尽数变为现实。要不是腿脚不便利,他现在倒是想去湖边走一趟,从前他曾和普连妮拉划着小船在湖上荡舟,哪怕湖面已经结冰,他也想拿拐杖敲敲冰面。

他朝皇村中学走去,新居民们现在住在宫中女官的厢房。

他十分疲惫,他觉得这次来皇村完全是白跑一趟。可要是不来的话,马林诺夫斯基校长会见怪的。

他走进大门,把貂皮大衣扔到看门人手上,他若有所思地看着看门人,开始怀疑马林诺夫斯基校长是不是还活着。几个穿制服的人急匆匆地跑下来迎接他,小心地扶着他的胳膊。他生气地甩掉了他们的手,费了一会儿工夫才努力地爬上楼梯。到了大厅,他想起来这位校长已经去世了。

---

① 别兹博罗德科(1747—1799),俄国国务活动家和外交官,特级公爵。——译注

他被安排坐在了一张扶手椅里。他转头四下看了一圈，立刻精神起来：许多双年轻的眼睛看着他，仿佛看着一个珍贵的宝物。他闭眼小憩了一会儿，但清楚地听到了一切声音，只不过这些声音仿佛罩着薄雾，也没有什么特别的意义。朗读开始了。他在想，以后不要再玩击剑和跳舞了，但早餐还是要吃的。

忽然间他听到了自己的名字，人家开始朗诵他的诗了。他坐在椅子上转过身，摇着头听着。读的是他很多年前写的旧诗，早就被读烂了，但他已经开始忘事了，因此听自己的诗有种陌生感，甚至被触动了。

随后响起了铿锵有力的声音。他仔细看了看，这声音很洪亮，有些断断续续，但很富有感染力，仿佛一只被风吹来的鸟。他赶紧摸索，慌忙地找长柄眼镜，发现自己没带眼镜来。这声音突然间，仿佛只对他一个人说道：

"皇村的回忆。"

他颤抖着，用他那耷拉下来的粗糙的士兵一样的嘴唇无声地重复这些词。他看着这个中学生，而学生好像也在看着他。他的视力早就变差了，他看着他，仿佛隔着一层迷雾：这学生的眼神灵活炽热。从没有人像他那样读诗：起伏有力，抑扬顿挫，好像音乐家在演奏乐器。就像在欣赏巴赫的音乐，他不理会任何人，甚至忘记了他们的存在，伸出干瘦苍老的食指打起节拍。尽管对这小孩来说还没什么好回忆的，但他听着学生的回忆，想起了自己关于这座园子的所有记忆：那些旧的和新的胜利。

朗诵者在诗中提到了他的名字。他恍惚中伸手想拿石板，但手却悬在空中。他不是在家，而是在一个公开的会议上。因此没有石板可拿，而且显然也不需要什么石板。他想写的是：

忧郁的夜的帷幕……

……这美丽的皇家园林

莫不就是我们的乐土？

当亚历山大朗诵结束后，仅有几个人看着他，大多数人都看向了杰尔查文。这位骨瘦如柴的驼背老人现在挺直了身躯，高扬着头站了起来，他的脸上带着难以理解的老年人的狂喜，在座的考官中间只有萨尔蒂科夫老人见过他这种表情。他那布满皱纹的粗糙的脸庞上老泪纵横。突然间他一把推开扶手椅，跑过去想要拥抱朗诵者。

但是亚历山大已经跑开了。

他趁着自己还没开始犯困，精神抖擞地和拉祖莫夫斯基聊起来。拉祖莫夫斯基什么都没搞懂。他表示想要教普希金写散文。

"让他成为一个诗人吧。"杰尔查文对他说完这句话后便无礼地不理睬他了。

接下来是一个时间很长的宴会，他坐在那里只能用力摇晃脑袋以保持清醒，这次他趁妻子不在身边，贪心地吃了不少，妻子总是听医生的话，不许他吃饭桌上最美味的甜食。他还喝了点酒，听了谢尔盖·里沃维奇的唠叨，甚至还回应了几句。当他坐着马车离开皇村时，已经开始昏昏欲睡了，只听他嘟嘟囔囔地对那个和老仆人孔德拉季同名的马车夫孔德拉季嘀咕道：

"快马加鞭！"